これからの保育シリーズ 17

保育士・栄養士・調理員等のための

保育現場の食物アレルギー対応 改訂版

基本から応用・保護者支援まで実践力が身につく

栄養セントラル学院［編著］

原 正美［監修・著］・五十嵐条子［統括・著者代表］

貝原奈緒子、小島菜実絵［著］

はじめに

　近年、社会は急速に多様化して子育てや子どもを取り巻く環境も変化しています。保育現場では、子どもの発達段階に合わせた食育・アレルギー疾患に関するさまざまな課題への対応が必要だとする声が日増しに高まっています。そして、保育士に求められる役割・負担も次第に大きくなり、より専門的なアレルギー疾患の最新知識が必要とされています。特に、命の危険を伴うアレルギー疾患の緊急時対応について、不安を抱えている保育関係者は多いと思います。

　保育所・こども園・幼稚園ではアレルギー疾患への対応に関して様々な対策を行い、正確な情報の把握と共有を以て、事故防止に努めなければなりません。各自がアレルギー対応に気を配ったとしても、万一事故が発生した時には関係者に向けられる社会の目には厳しいものがあるのではないかと感じています。しかし、事故は正しい知識を得ることで未然に防ぐことができます。そうした現況の中、保育士の専門性の向上と処遇改善を目的とした保育士等キャリアアップ研修が実施されています。この研修は一度履修を修了すれば、保育所を退職後も無効になることはなく、たとえ居住地が変わっても積み上げたキャリアの効力は失われません。本書は保育士等キャリアアップ研修での教材としても活用できる内容となっております。

　さらに、保育所という狭いコミュニティの中で、保育関係者がお互いを支えあいながら日々懸命に活動されておられると思いますが、そのような環境下で大切なことは何かということを改めて考えてみましょう。私は保育関係者同士のコミュニケーションが円滑であるか、平たく言えば仲良く楽しく仕事が行われているかということがとても大切だと思っています。実際、コミュニケーションがとれていない人と情報の伝達や話し合いの場を設けようとしても気が重くなり、つい簡単に済ませたりしがちです。大切な子どもたちが常に中心の存在であり続けられるように、コミュニケーションを深める工夫も模索してゆきたいものです。そのような取り組みは様々なリスク因子を下げて、事故を未然に防ぐことにも繋がります。

　また、忙しさにかまけて保育士に笑顔が少なくなると、それは如実に子どもたちの心や振る舞いに良くない影響を与えます。正しい知識を持つことで心に余裕が生まれ、適切な行動と対応が行えるようになり、笑顔も増えることでしょう。

　保育現場で毎日ご苦労されながら子どもたちのために懸命に働いておられる保育関係者の皆様に敬意を込めて、さらに食育・アレルギー疾患に関連した知識の習得と、自己啓発を目指して勉強する保育関係者の皆様、ならびに食物アレルギー疾患を有する子どもの保護者の方のために本書をまとめました。子どもは日々成長し、いずれ卒園の時を迎えます。元気に小学校に入学していくその日まで、皆様が本書を手元に置いて活用してくださることで多くの気づきが生まれ、毎日の保育所や家庭の生活がより安全で、豊かに楽しく送れることを心から願っています。

原　正美

目次 contents

- 2 はじめに
- 3 目次
- 4 監修者・著者紹介
- 5 保育現場の職員で共有したい10point

Part 1 アレルギー疾患をもつ子どもの"食"の考え方

- 10 管理栄養士から学ぶ　栄養学のはじめの一歩
- 20 …… 食事のバランスと除去の考え方
- 23 食育から見る食物アレルギー
  - …… 食育から見る食物アレルギー
- 25 …… 知っておきたいアレルギーのしくみ
- 27 …… 保育所で見られるアレルギー全般
- 29 …… 子どもの食物アレルギー
- 40 …… 医療機関の上手なかかり方
- 43 必要最小限の除去の考え方〜食のコントロール〜
- 44 …… ポイント1　「医師の診断に基づいた必要最小限の原因食物の除去」が原則
- 47 …… ポイント2　誤食に注意
- 52 …… ポイント3　食物経口負荷試験のススメ
- 56 …… ポイント4　除去食で不足が心配な栄養素の補完
- 58 …… 複数アレルゲンに対応したアレルギーコントロールレシピ
- 61 食品ごとのアレルゲン特性（正しい除去と代替食）
  62鶏卵／67乳／71小麦／75大豆／78甲殻類・軟体類・貝類／80そば／82落花生（ピーナッツ）・木の実（ナッツ）類／85ごま／87果物類・野菜類（いも類含）／89肉類／91きのこ類／92魚介・魚卵／95海藻／95その他（ゼラチン・米・カフェイン・コチニール色素〈着色料〉・香辛料）
- 98 おそれず無理をしない離乳食のススメ
- 106 …… 食物アレルギーに配慮した離乳食 基本の「キ」
- 108 ヒヤリハット事例から学ぶ　対策のキホン

Part 2 ケース別の対策と支援

- 110 就学を見据えたアレルギー対策と支援
- 112 発達特性を踏まえたアレルギー対応・保護者支援
- 122 災害時の備えと保育所での食の支援

Part 3 知っておきたい栄養学と法令・ガイドライン

- 132 おさらい栄養学
- 142 法令・ガイドラインと各種様式

- 144 むすびに

- ■ 編　　　　　著：栄養セントラル学院
- ■ 監　　　　　修：原　正美
- ■ 統括・著者代表：五十嵐条子
- ■ 著　　　　　者：五十嵐条子、貝原奈緒子、小島菜実絵、原正美、平川麻希（五十音順）

監修　原 正美　HARA Masami

博士(食物栄養学)。京都光華女子大学健康科学部健康栄養学科教授、昭和女子大学食健康科学部非常勤講師、昭和女子大学大学院女性健康科学研究所所員、東小岩わんぱくクリニック 栄養指導員、管理栄養士、アレルギー疾患療養指導士。総合病院の小児科外来・入院でアレルギー専門医とともにアレルギー患者への外来栄養指導・入院食事指導に携わる。東京都栄養士会理事を経て、日本保育保健協議会理事、学校給食物資開発流通研究協議会　学識経験者、日本給食経営管理学会理事、特定非営利活動法人千葉アレルギーネットワーク理事、多くの講演、市民講座、研修会講師、保育士等キャリアアップ研修講師、アレルギー料理教室講師などを務める。「子どもの食物アレルギー」、「食物アレルギーの栄養指導」、「電子版食物アレルギーの基礎」等著書多数。実践女子大学大学院 生活科学研究科 博士前期・後期課程修了。

統括・著者代表　五十嵐 条子　IGARASHI Nagako

株式会社栄養セントラルジャパンCEO。東京都他自治体受託の保育士等キャリアアップ研修講師、管理栄養士・保育士・ヘルスケアフードアドバイザー®・クッキングコーディネーター®。栄養セントラル学院保育者養成科・フードビジネス科教育訓練就業支援事業統括、食品・製薬会社アレルギー対応弁当等開発・販促、医療・福祉施設、小児科病院等栄養管理指導、園内研修、小学校給食アレルギー対応献立開発・提供、保育所給食・食育アレルギー対応指導等児童福祉施設給食の質の向上・子育て支援等に携わる。栄養セントラル学院国試対策（保育士・管理栄養士・調理師等）講師、人間総合科学大学講師、保育栄養系教育機関講師、一般社団法人保育栄養安全衛生協会・LEC・日本社会福祉マネジメント学会研修講師、厚生労働省・都道府県保育等就業支援臨地訓練指導員、めだかの学校子どものまなびとあそび代表、特定非営利活動法人ちゅーりっぷの心おはな保育園顧問管理栄養士、認可保育園委員等を務める。「保育現場の食育計画（風鳴舎）」「管理栄養士国家試験の要点（中央法規出版）」「保育士精選過去問題集（風鳴舎）」等著書。二児の母。栄養・医療・保育等福祉分野で30年の実績。

お勧め！栄養セントラル学院の保育士等キャリアアップ研修
栄養セントラル学院では、保育士等キャリアアップ研修を実施しています
10時間のオンデマンド動画視聴＋5時間のリアル研修（zoom又は高田馬場大学キャンパス）
※無理負担の少ない現場実践力が身につく研修内容です／全7科目☆選べる豊富な開講日程

特定非営利活動法人ちゅーりっぷの心

一般社団法人保育栄養安全協会

栄養セントラル学院では、出張型及びオンライン型の保育現場実地研修等を全国で展開しております。

〒273-0005 千葉県船橋市本町6-4-23ケイウッドビル3階
株式会社栄養セントラルジャパン 栄養セントラル学院 教育事業部
e-mail：eiyo@eiyo3.jp　URL：https://eiyo3.jp/

保育現場の職員で共有したい
10 point

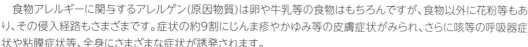

保育所での生活全般において、食物アレルギー疾患を有する子どもにも適切で安全な給食環境を提供することが基本です。食物アレルギーの子どもが、アレルギーでない子どもと同じ様に給食やおやつを食べたり、遊んだり、お昼寝するなど長い時間生活をともに過ごす教育現場では、とりわけ集団としてのアレルギー対応への配慮が必要となります。

1. 食物アレルギーとは

アレルギーとは、本来からだに無害なものを異物として捉え、防御反応である免疫が過剰にはたらいて自分自身を傷つけてしまう疾患です。免疫はからだを病気から守るシステムですが、アレルギーはその免疫システムに異常が起こる病気のひとつです。食物アレルギーは、ある特定の食物を食べたり触れたりした後に、その食物が原因となり、免疫学的機序を介してじんま疹やかゆみ等のアレルギー反応があらわれる疾患です。

食物アレルギーに関与するアレルゲン(原因物質)は卵や牛乳等の食物はもちろんですが、食物以外に花粉等もあり、その侵入経路もさまざまです。症状の約9割にじんま疹やかゆみ等の皮膚症状がみられ、さらに咳等の呼吸器症状や粘膜症状等、全身にさまざまな症状が誘発されます。

アナフィラキシーとは、アレルゲン等の侵入により複数の臓器に重いアレルギー反応が起き、生命が脅かされる過敏反応のことです。アナフィラキシーに血圧低下や意識障害等のショック状態を伴う場合をアナフィラキシーショックといい、非常に危険な状態となります。

知っておきたいアレルギーのしくみ ➡ **P.25**

2. 原因食品の種類

表1 年齢群別の原因食物　　　　　( )内は解析対象人数

	0歳 (1,736)	1・2歳 (848)	3—6歳 (782)
1	鶏卵 61.1%	鶏卵 31.7%	木の実類 41.7%
2	牛乳 24.0%	木の実類 24.3%	魚卵 19.1%
3	小麦 11.1%	魚卵 13.0%	落花生 12.5%
4		落花生 9.3%	
5		牛乳 5.9%	

各年齢群で5%以上の頻度の原因食物

食物アレルギーの治療は、必要最小限の原因食物の除去が基本です。即時型食物アレルギーの原因食物は鶏卵が最も多く、次に牛乳、木の実類、小麦、落花生です。

年齢群別原因食物の初発例を示しました(表1 年齢群別の原因食物)。年齢によって原因食物は大きく変化します。多くは成長とともに、次第に原因食物が食べられるようになります。

必要最小限の除去の考え方 〜食のコントロール〜 ➡ **P.43**

年齢ごとに新規発症の原因食物は変化 ➡ **P.114**

消費者庁「令和3年度食物アレルギーに関連する食品表示に関する調査研究事業報告書」(https://www.caa.go.jp/policies/policy/food_labeling/food_sanitation/allergy/assets/food_labeling_cms204_220601_01.pdf)より加工して作成

3. アレルギー対策実施の体制作り

　子どもの主体的な活動を大切にしつつ、全職員の共通理解のもとで体制づくりをはかりましょう。食育・アレルギー対応のリーダーが中心となって、園長、栄養士・管理栄養士、給食担当者、保育士、看護師等関係職員が一丸となって子どもを支援します。さらに園内のみならず、家庭や地域の関係機関との密な連携も欠かせません。

　常にみんなで子どもを見守る体制とし、個人情報に留意しつつ記録を残すことを習慣化しておくと、園内で情報が可視化しやすく情報の共有に役立ちます。そのためにはみんなが確認や追記がしやすいよう、一定のルールを整理しておきましょう。子どもの食域の広がり、原因食物が食べられるようになった経緯、食物アレルギーに対する意識が芽生えた等の変化にも気づきが得られるよう、記録が時系列に整理できていると便利です。

　　　　　　　　　　　　発達特性を踏まえたアレルギー対応・保護者支援 ➡ P.112

　災害発生時のアレルギー対応や、アレルギー疾患を有する子どもの災害時の安全な食の確保、エピペン®の取り扱い等について、災害時アレルギー対応マニュアルを園独自に具備し、保護者と連携をもち、事前に園内で準備・確認をしておきましょう。

　　　　エピペン® ➡ P.57　　**災害時の備えと保育所での食の支援 ➡ P.122**

　安全な保育環境づくりとして、仕事中にヒヤッとした、ハッとしたことをヒヤリハット報告にまとめておきましょう。リスクマネジメントの報告や評価は特定の職員に留まることなく、みんなで再発防止に努めるために必要な視点と改善案を整理し、日頃から現場をイメージして取り組めるところから始めましょう。

　　　　　　　　　　　ヒヤリハット事例から学ぶ 対策対応のキホン ➡ P.108

4. 保育所での対応手順

　入園時の健康診断や説明会等の機会を捉えて、保護者と面談を行い、アレルギーの有無を申し出るように促します。そして保護者と協議して、特別な配慮や管理が必要と判断した際に生活管理指導表を配布します。

　医師が判断し記載した生活管理指導表を保護者に提出してもらい、それをもとに面談を行います。そして、アレルギーの種類、生活における配慮や管理、予定献立表の確認、弁当持参の有無等を保育所側と保護者とで話し合い、実施計画書を作成します。個別支援のためのプランや緊急時の対応方法等の情報も皆で共有します。

　さらに保護者との意見交換の場を設けて、1年に1回以上は生活管理指導表の再提出を促してください。

　　　　　　　　生活管理指導表はアレルギー対応のベースになるもの ➡ P.46

5. アレルギー表示

　容器包装された食品には誤食による事故を防ぐために、アレルギー表示があります。園と保護者皆で共有しておくべき大事な情報です。

　表示の必要性が高い食品は、アレルギーの発症数が多く、誤って食べると重症になることが多く報告されている食品です。特定原材料8品目(えび、かに、くるみ、小麦、そば、卵、乳、落花生)は表示が義務付けられています。特定原材料に準ずるものとして20品目に表示の推奨がなされています(表2)。

　気をつけることは、表示の義務がない食品です。たとえば、ファストフードやレストラン等の外食全般や、その場で調理して販売される総菜やパン等で、これらは表示義務の対象外となります。

表2　特定原材料

根拠規定	特定原材料等の名称	理由	表示の義務
食品表示基準 (特定原材料)	えび、かに、くるみ、小麦、そば、卵、乳、落花生	特に発症数、重篤度から勘案して表示する必要性の高いもの。	義務
消費者庁次長通知 (特定原材料に準ずるもの)	アーモンド、あわび、いか、いくら、オレンジ、カシューナッツ、キウイフルーツ、牛肉、ごま、さけ、さば、大豆、鶏肉、バナナ、豚肉、マカダミアナッツ、もも、やまいも、りんご、ゼラチン	症例数や重篤な症状を呈する者の数が継続して相当数みられるが、特定原材料に比べると少ないもの。	推奨(任意)

※食品中に原材料のアレルゲンが総たんぱく量として数μg/g含有または数μg/ml濃度レベルのものが表示の対象となります。

消費者庁HP「食物アレルギー表示について」
(https://www.caa.go.jp/policies/policy/food_labeling/food_sanitation/allergy/)より加工して作成

　　　　　　　　　　　　　　　　アレルギー表示って？ ➡ P.49

6. 安全な給食の提供

　安全な給食を提供するために、2つのポイントがあります。1つめは食べたことがある食物しか給食で提供しないこと、2つめは、原因食物は完全除去か解除の二者択一にすることです。

　まず初めに入園前にアレルギーの有無に関わらず、家庭で食べたことがある食物の調査を行います。これは保育所給食で、初めての食物を食べるというリスクを減らすためです。施設ごとに給食で使用している食物を調べて、その食物を含めた食事調査表を作成して配布します。家庭で2回以上はその食物を食べて、試してもらいます。ピーナッツ、そば、くるみ、アーモンドは全年齢で給食に出さないことが多い食物です。3歳児未満ではえび、かに、さば、いか、バナナ、キウイフルーツは使用しないことが多いですが、3歳児以上では使用することがあります。また季節の果物も順次試してもらってください。入園前の早い段階で保護者に調査を依頼することで、ゆっくり家庭で試してもらえます。食べられる食物が少ないと献立がワンパターンになりますので、保護者には積極的に新しい食物にチャレンジすることを勧めてください。

　未摂取のために給食で提供していなかった食物が家で食べられるようになった場合、食事調査表に書き加えていく方法で記録を残しておきましょう。

　さらに食物アレルギーの場合、保育所で安全な給食を提供するために、原因食物は完全除去か解除の二者択一が原則となります。誤食事故が起きないように、除去する場合は完全除去ですので、調理や配膳にも注意をしましょう。誤食発生となる原因食物は年齢による違いは少なく、卵、牛乳、小麦が多いです。

主な食物アレルゲン ➡ P.32

　食物経口負荷試験を行って症状が出ないことが確認され、食べられるようになった場合は、保護者からの除去解除申請書の申請により、除去食物の解除を行います。なお、この除去解除申請書は医師ではなく、保護者が書くものです。

「除去の解除」の進め方-医師の指導のもとにご家庭で- ➡ P.53

除去解除申請書例

7. 生活管理指導表の除去根拠

　生活管理指導表の「C.原因食品・除去根拠」の枠内に除去の根拠が示されています(表3)。この意味を理解することは重要です。

①明らかな症状の既往:過去にアレルゲンの摂取により、明らかなアレルギーの症状が起きている場合は、除去根拠として1番高い位置づけとなります。

②食物負荷試験陽性:食物負荷試験とは、原因食物と思われる食物としてたとえば、牛乳を試験的に少量摂取したことにより症状が出現するかをみる試験です。この試験の結果は①に準ずるため、除去根拠としては高い位置づけになります。ただし、1年以上前の試験結果は再検討する必要があります。

③IgE抗体等試験結果陽性:特に食物アレルギーの関与するアトピー性皮膚炎では、IgE抗体の数値が高いだけで除去している場合があり、実際は食べることができる子どもが多くいます。検査陽性は診断の可能性を示すものですので、③だけの場合は、保護者と面談をして状況を確認してください。

④未摂取:乳児や幼児の早期にはまだ与えていない食物に対して診断ができないので、アレルギーの関与が疑われる未摂取の食物だけが書かれています。

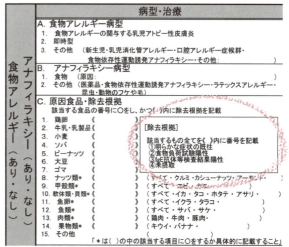

表3　生活管理指導表の一部

厚生労働省「保育所におけるアレルギー対応ガイドライン(2019年改訂版)」
(https://www.mhlw.go.jp/content/000511242.pdf)より加工して作成

生活管理指導表はアレルギー対応のベースになるもの ➡ P.46
生活管理指導表の様式 ➡ P.143

8. 発育段階に合わせた食育

　食物の制限によって心が後ろ向きにならないように食育をしましょう。子どもたちに食物アレルギーのこと、食事のことに関心を持たせることで、どのような食べ物に注意をすべきかを知らせましょう。お友達がなぜ違う食事をしているのかを知らせることも大事ですが、子どもに怖いと思わせることがないように、また驚かせることがないように、やさしく説明をします。

　食事の手伝いや食べ物に興味を持つ時期ですから、食べていいものやいけないものを知らせたり、食べた時に口の中がイガイガしたりかゆくなったりした時に我慢しないで、きちんと周りの大人に伝えることができる等、生きる力を育てましょう。

　子ども自身がアレルギーと上手に正しく付き合っていくことで、事故を未然に防ぐことができます。

発達特性を踏まえたアレルギー対応・保護者支援　➡ **P.112**

9. リスク因子と予防

　小児期の食物アレルギー発症のリスク因子には家族歴、短い日光照射、特定の遺伝子、皮膚バリア機能の低下、環境中の食物アレルゲン等があります。特にアトピー性皮膚炎は食物アレルギー発症の大きなリスクになりますので、湿疹、アトピー性皮膚炎のスキンケアを行い、適切な治療を受けることが大事です。また、テーブルやベッド、ちり・ほこり等の環境中にはわずかですが、アレルゲンが存在しています。

　予防に関して、妊娠中と授乳中の母親が食事制限をしても効果はないとされています。さらに、離乳食の開始時期を遅らせても食物アレルギーの発症を予防できず、固形食の導入が遅れるとかえって食物アレルギーのリスクが高まるという報告もあります。「授乳・離乳の支援ガイド（2019年改訂版）」（https://www.mhlw.go.jp/content/11908000/000496257.pdf）では生後5～6カ月頃の開始が適当であるとしていますので、これより早めたり、遅らせたりしないようにしましょう。

おそれず無理をしない離乳食のススメ　➡ **P.98**

図1　小児の食物アレルギーのリスク因子と予防法（日本小児アレルギー学会食物アレルギー委員会「食物アレルギー診療ガイドライン2021」より）

10. 食べることを目指す

　原因食物を除去することが治療の基本ですが、小学校に入学するまでに食べることを目指して、医師の診断のもとで、少しずつ原因食物を食べてゆくということが大切です。ただし、自己判断で進めることはやめましょう。

　食物アレルギーの重症度はそれぞれ違いがあり、軽症な場合は食べられる範囲で食べることを目指す必要最小限の除去とします。食べられる範囲を食べることで食生活が豊かになり、次第に食べられる量や範囲が増えていく可能性があります。卵、牛乳、小麦、大豆アレルギーの子どもは就学前に負荷試験の適否を検討するとよいでしょう。

就学を見据えたアレルギー対策と支援　➡ **P.110**

Part 1
アレルギー疾患をもつ子どもの"食"の考え方

管理栄養士から学ぶ
栄養学のはじめの一歩

　食物アレルギー疾患を有する子どもへの最新の治療法のひとつは、「必要最小限の除去」。しかし、保育所では給食に加えておやつがあり、食事の種類や回数が多く、また、対象の発達年齢幅が大きいため、安全を最優先とした「完全除去」の対応が基本です。

　完全除去を行う場合、子どもの成長過程に必要な栄養面の配慮を、可能な限り行うことが肝心です。そして、弁当を持参いただく場合や代替食で対応する等の際にも、ただ食材を変更すればよいのではなく、代わりにどのような食材を補うか、どのように栄養バランスの工夫をすればよいか、子どもが健やかに育つことを軸とした栄養的支援が必要になります。

　ここでは、保育所給食の食物アレルギー対応の基本、「完全除去」をするに当たって、あるいは代替食にする際、**子どもにとって適切な栄養素をどのように確保すればよいか、を理解するための**「栄養学」のキホンについて学びます。

「栄養」と「栄養素」は同じもの？

　「栄養をバランスよく配合」「手軽に栄養が摂れる」等の言葉をよく耳にしますが、正確には、「栄養＝状態（こと）」、「栄養素＝物質（もの）」となります。　おさらい栄養学　➡　P.132

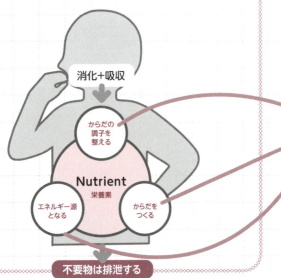

栄養
食を通した一連の生命活動（こと）
体内で営まれる一連の流れ（代謝）

自然界から摂ったさまざまな物質を、食べることを通して体内にとり込み、分解や合成（つくる）を経て、生命を維持する活動に必要な成分に変換させる一連の流れ、そのもの（こと）をいいます。

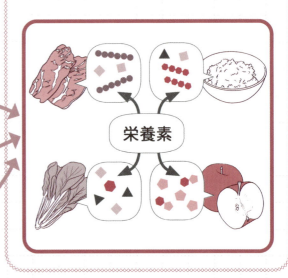

栄養素
栄養活動を支える物質（もの）
体外からとり入れられる、栄養に必要な物質

「たんぱく質」や「カルシウム」等のように食べ物に含まれ、外からとり込む物質で、からだにとって生命活動を支える必要な物質（もの）のことをいいます。

栄養学とQOL（クオリティー・オブ・ライフ）

「食生活」は「生きること」そのもの
単に栄養摂取のためだけでなく、"食"を通して子どもたちの
生きる喜びや楽しみを見出していくことが大切です。

QOL (Quality of Life)
"より良く""心身が満たされた生活"
を目指す考え方

　栄養活動を支える栄養素。食品に含まれるこの栄養素が、食べるという栄養活動を通して、どのようにはたらき、からだやこころの健康へ関わっているのかを知ることは、子どもたちが今を最もよく生き、長い人生に、質の高い食生活を送り続ける上で欠かせません。小学校就学のその先を考えて、"食"という一点だけでなく、"食生活"で見る、このことは食習慣と置き換えて考えることもできます。

　QOLは"Quality of Life"の略で、『より良く』『毎日が充実して心身が満たされた生活』に焦点をあて、それを目指す考え方です。

　子どもたちにとって生きるということは、食べることで栄養素をとりこみ、からだを維持、成長させていくということを抜きに語れません。栄養活動は生命維持そのものだからです。

　栄養活動のためには、「食べること」が不可欠ですが、食べることは「栄養素の摂取」だけが目的ではありません。「病は気から」という言葉もあるように、栄養素をからだにとりこむことは、からだの健康を維持しますが、子どもたちにはからだの健康だけではなく、こころの健康も必要なのです。

　からだもこころも健康でいるためには、栄養素だけに焦点を合わせるのではなく、視覚や聴覚（フライパンで肉を焼く音やきゅうりを噛んだ時の音や会話等）を感じながら楽しみ、嗅覚や味覚、触覚（舌触り）で味わうこと、つまり、食事を楽しみ、食生活を豊かにすることが、こころもからだも健康に、子どもたちがより良く生きることにつながっていくのです。子どもたちの質の高い食生活を考える上で、"QOL"の視点もとり入れつつ栄養を意識し、どのようにすれば心身ともに健康でいられるのかを考え支援することがとても大切です。

栄養素のはたらき

主なはたらきは3つ

　「栄養素の摂取だけ」ではより良く生きることはできません。特に食物アレルギー疾患を有する子どもは、周りからの食の支援や理解があってはじめて豊かな生活を送ることができます。

　ヒトは「栄養素」を摂取し続けないと、生命を維持することができません。その栄養素が生きる上でどのようにからだにはたらきかけ、どのような作用をもたらすのかを、きちんと理解することは、食物アレルギー疾患を有する子どもがより良く生きることにつながります。それでは、栄養素の基本的なはたらきにはどういったものがあるのでしょうか。主なはたらきは、次の3つに分けられます。

◎エネルギー源となるもの
◎からだ（筋肉・血液・骨等）をつくるもの
◎からだの調子を整えるもの

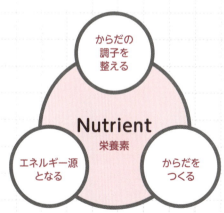

成長に必要不可欠な栄養素を知る

3色食品群と6つの基礎食品群

　ヒトは食物を摂取し、消化・吸収・代謝といった一連の栄養活動を通して、生命を維持するために必要なエネルギーやからだの成分・組織をつくり出します。このシステムは、大人も子どもも同じです。また、からだの機能を正常に維持したり、調整する物質も、ヒトの体内ではつくることができないので、食物から補う必要があります。

　子どもと大人の大きな違いのひとつは、「成長」の有無です。子どもは日々成長するため、成長のために必要なエネルギーやからだをつくる成分がより多く必要になります。

　一方で、乳幼児は内臓機能が十分に発達していないため、消化・吸収の能力が低く、1回で大量の食事を摂ることができません。そのため、成長に必要な栄養素を十分に補給するためにおやつ等の補食が必要となります。

　栄養素の主なはたらきは大きく分けて以下の3つとなり、栄養学ではそれぞれ分かりやすく次に示す通り、色分けされています。

黄：エネルギー源となるもの
赤：からだ（筋肉・血液・骨等）をつくるもの
緑：からだの調子を整えるもの

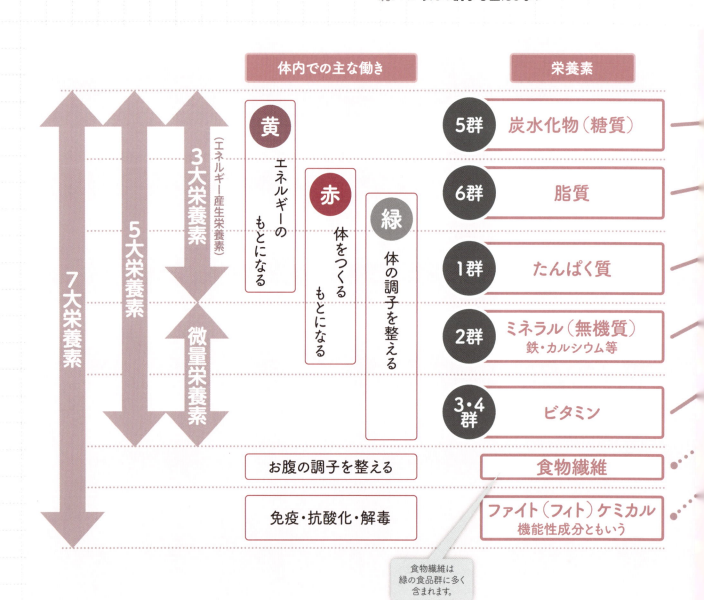

3つのはたらきは、ヒトが生きるために大切であり、このはたらきのもととなる栄養素を「5大栄養素」といいます。

おさらい栄養学 ➡ **P.132**

この5つの栄養素を多く含み、そのはたらき別に食品を3つのグループに分けたものを「**3色食品群**」といい、3色食品群を、食品に含まれる主な栄養素別にさらに細かく分類したものを「**6つの基礎食品群**」といいます。

次のページからは3色食品群をベースに6つの基礎食品群と栄養素について見ていきましょう。

「7大栄養素」という考え方

最近では、お腹(腸)の調子(健康)に欠かせない第6の栄養素「**食物繊維**」や、リコピンやカロテン(カロチン)等の植物由来の化学物質「**ファイト(フィト)ケミカル**」を5大栄養素に含め「7大栄養素」という考え方も大切にされています。食品の色や香り成分等も含めて食べ物にはたくさんのはたらきが期待されています。

6つの基礎食品群				はたらき
黄	炭水化物	5群	穀類・いも類・砂糖 (例)ごはん・そば・パン	エネルギー源となる からだの各機能を調整
黄	脂質	6群	油脂類・脂肪の多い食品・種実類 (例)ごま油・栗	エネルギー源となる
赤	たんぱく質	1群	魚・肉・卵・大豆・大豆製品 (例)魚・肉・卵・豆腐	筋肉やからだの組織をつくる エネルギー源となる
赤	カルシウム	2群	牛乳・乳製品・海藻・小魚類 (例)牛乳・チーズ・わかめ	歯・骨をつくる からだの各機能を調整
緑	カロテン	3群	緑黄色野菜 (例)にんじん・かぼちゃ	皮膚や粘膜の保護 からだの各機能を調整
緑	ビタミンC	4群	淡色野菜・果物 (例)なす・りんご・ぶどう	からだの各機能を調整

MEMO チーズは虫歯予防にひと役?!

カルシウムが豊富なチーズ。WHO(世界保健機関)のテクニカルリポートの報告書によると、虫歯のリスクに係る科学的根拠を『確実』から『根拠不十分』までの4段階に分類したなかで、リスク軽減の効果が『確実』とされる物質はフッ素。次いで効果が『ほぼ確実』とされたのがハードチーズでした。『ほぼ確実』には、キシリトール配合ガムで馴染みのシュガーレスガムも含まれていましたが、チーズはその上の格付けです。

唾液には、食事で酸性に傾いた口腔内を中性に戻す緩衝能力があって、虫歯になりにくくすることが知られていますが、チーズには歯の再石灰化を促す働きがあって、チーズを噛むとその刺激で唾液成分が増え、カルシウムイオンやリン酸イオンによる修復が進みます。ハードチーズのなかでも、子どもに食べやすいパルメザンチーズ、そしてチェダーチーズ等が特にカルシウムとリン酸の量が多いことが分かっています。乳アレルギー対応の給食を提供している場合でも、調理に使用する乳は不使用としつつ、可視化できる"おやつ"としてチーズを提供する等、採用可能な方法でおやつ献立にチーズを組み入れるのも良いでしょう。

からだをつくる 赤の食品群
たんぱく質・ミネラルを多く含む

たんぱく質（1群）
3大栄養素1g当たりのエネルギー
たんぱく質4kcal

からだづくりの主役

特徴

子どもたちのからだを構成している筋肉や臓器、髪の毛や爪、腱、骨等、頭の先からつま先まで、あらゆる部分がたんぱく質でできています。また、代謝をスムーズに行うために欠かせない酵素やホルモン、免疫反応において重要な抗体もたんぱく質からつくられています。

たんぱく質は、糖質や脂質とあわせて3大栄養素といわれています。**1gあたり約4kcalのエネルギーを持つたんぱく質は、エネルギー源になるよりも、からだの組織や酵素、ホルモンの材料として優先的に使われます。** 成長が著しい子どもたちにとって大変重要な栄養素であることが分かります。

1群の食品で副次的にとれる栄養素は？

- 肉類：脂肪―豚肉：ビタミンB₁、レバー：鉄 B₁
- 卵類：ビタミンA・B₂
- 大豆・大豆製品：カルシウム

不足すると？

さまざまな症状が引き起こされる

- 皮膚や髪、歯や骨、筋肉が弱くなる。
- 内臓の衰え。　● 血管がもろくなり、出血しやすくなる。
- 子どもの成長に影響が出る。　● 代謝が悪くなる。
- 細菌・ウイルスに感染しやすくなる。

良質なたんぱく質って？

必須アミノ酸をバランスよく含んでいるもの

口からとり込んだたんぱく質は消化酵素によって小さなペプチドやアミノ酸に分解され吸収された後、からだに必要なたんぱく質へと再合成されます。

私たちのからだのたんぱく質の材料となるアミノ酸は20種類あり、ひとつでも欠けるとたんぱく質をつくることができません。20種類のうち、子どもは10種類（大人は9種類）のアミノ酸は体内でつくることができないため、食事から摂る必要があります。そのため、特に大事な10種類は**必須アミノ酸**と呼ばれています。

質の良いたんぱく質とは、必須アミノ酸それぞれの必要量をバランス良く含まれているものということができます。そのバランスを評価する指標として「アミノ酸スコア」という考え方をみてみましょう。必須アミノ酸がすべて必要量を満たしていればスコアが100となります。（右図参照）

おさらい栄養学 ➡ P.135

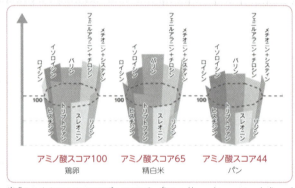

出典：ハイパフォーマンススポーツセンター（https://www.jpnsport.go.jp/hpsc/study/sports_nutrition/tabid/1483/Default.aspx）

> たんぱく質が豊富な鶏卵が食べられない場合等は、たんぱく質を多く含む1群の食品から意識してとり合わせましょう。

糖質や脂質も過不足なく摂りましょう

たんぱく質は糖質や脂質の摂取量が少ない時、からだに必要なたんぱく質を再合成するよりも先に、優先的にエネルギー源として使われてしまいます。

からだにとって必要なたんぱく質をつくるためには、エネルギー源となる糖質や脂質が不足することのないよう、バランスよく摂取する必要があります。

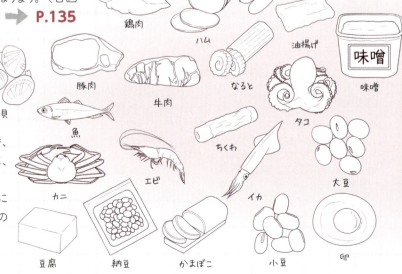

ミネラル（2群）
無機質

★思い出してみよう★
1群と2群を併せて赤の食品群のグループですが、鶏卵は1群に、牛乳は2群に分類され、日常的によく食べられる食品です。また、アレルギー反応が強く出るえび・かには、1群に分類されます。

特徴

ミネラル（無機質）は、5大栄養素のひとつで、からだを構成する主要な4元素（酸素、炭素、水素、窒素）以外のものの総称です。体内でつくることができないため、食品から摂る必要があります。また、互いに吸収やはたらきに影響を与えるため、バランスよく摂ることが求められます。ミネラルの摂取量は少なすぎても多すぎてもいけません。

2群の食品で副次的にとれる栄養素は？

- 牛乳・乳製品：良質たんぱく質・ビタミンB_2
- 骨ごと食べられる魚：鉄

不足すると？
さまざまな症状が引き起こされる

- 骨がもろくなる。
- からだがむくむ。　●代謝が悪くなる。　●成長の妨げになる。
- 血液量が減り（血液中のヘモグロビン濃度の減少）、からだのすみずみまで酸素や栄養素が行きわたらない。

必須ミネラルって？

主要（多量）と微量の13種類

必須ミネラルは、ヒトが生きていく上で欠かせないミネラルで1日に必要な摂取量が約100mg以上のものを主要（多量）ミネラル、約100mg未満を微量ミネラルと分けています。
「日本人の食事摂取基準（2020年版）」では、主要（多量）ミネラルを、**カルシウム、マグネシウム、リン、ナトリウム、カリウム**とし、微量ミネラルを、**鉄、亜鉛、銅、マンガン、ヨウ素、セレン、クロム、モリブデン**として基準を設定しています。

＜骨や歯に深くかかわる＞カルシウム・マグネシウム・リン
＜からだ内のpHバランス（酸性/アルカリ性）をとる＞ナトリウム・カリウム
＜不足すると免疫や成長に悪影響をおよぼす＞鉄・亜鉛・銅

【不足しがち】
カリウム・カルシウム・鉄・亜鉛
【過剰摂取に注意】
ナトリウム・マグネシウム・リン
【過不足の心配が少ない】
銅・クロム・マンガン・モリブデン・ヨウ素
（マンガンは3大栄養素がエネルギーになるのを助ける）

鉄欠乏性貧血に注意

乳児用調製粉乳に比べ、母乳は鉄が少ないため完全母乳栄養児は鉄が不足しやすくなります。鉄欠乏予防のために、乳児用ミルク等を併用しても良いと言われています。また、牛乳は鉄が少なく、鉄の吸収を阻害するリン・カルシウムが多いため1歳ごろまでは牛乳を飲料としないことが望ましいと言われています。
　鉄はヘモグロビンの材料となるだけではなく、脳神経の発育に大きく影響しているため、鉄が不足しないよう、鉄の吸収率の高い肉や魚を上手に献立にとり入れましょう。

牛乳が摂れない場合には、カルシウムを多く含む2群の食品からバランスよく取り合わせましょう。

牛乳／豆乳／小魚／ヨーグルト／ひじき／昆布／チーズ／のり／しらす干し／わかめ

※海藻類（わかめ、のり、昆布、ひじき）は、「緑の食べ物」に分類されることもあります。

Part1 アレルギー疾患をもつ子どもの"食"の考え方

からだの調子を整える 緑の食品群
ビタミンを多く含む

★チェック!!★
口腔アレルギー症候群を引き起こすとされる食材
キウイ、りんご、桃、メロンが4群に
トマト等は、3群に含まれます。

特徴

5大栄養素のひとつであるビタミンは、体内ではほとんど合成すること（つくること）ができないため、食物から摂る必要があります。ヒトのからだに必要なビタミンは13種類。水に溶ける水溶性ビタミンと油に溶ける脂溶性ビタミンに分けることができ、他の栄養素のはたらきを助ける役割があります。3大栄養素（エネルギー産生栄養素）のたんぱく質・脂質・炭水化物(糖質)はビタミンが不足した状態ではうまくはたらくことができません。不足しないよう気を付けましょう。緑の食品群は子どもたちのからだの調子を整え、健康を維持するのに欠かせない栄養素を含んでいます。

水溶性ビタミンの特徴

① 水に溶けて熱に弱い。→加熱調理によって壊れやすい。
② 血液や体液に溶け込んでいる。
③ 代謝に必要な酵素のはたらきを補う。
④ 余分なものは尿として排出、摂りすぎても直ちに問題となることはあまりない。

【9種類】
ビタミンB群：B_1、B_2、B_6、B_{12}、ナイアシン、
パントテン酸、葉酸、ビオチン
ビタミンC(アスコルビン酸)

<エネルギー代謝の補酵素>
　ビタミンB_1、B_2、ナイアシン

<DNA合成・アミノ酸代謝・卵黄に多く含まれる>
　ビタミンB_6、B_{12}、葉酸

<一般代謝>
　パントテン酸、ビオチン

<抗酸化作用・コラーゲンの生成>
　ビタミンC

脂溶性ビタミンの特徴

① 水に溶けにくく油に溶け、熱に強い。
　　　→熱を通しても壊れにくい。
② 脂肪組織や肝臓に貯蔵されている。
③ からだの機能を正常に保つはたらきをもつ。
④ 摂りすぎると過剰症や中毒をおこすことがある。

【4種類】
ビタミンD、ビタミンA、ビタミンK、ビタミンE
※脂溶性ビタミンはこれDAKE(だけ)と憶えましょう！

<カルシウムの吸収・骨の形成> ビタミンD
<目の網膜の保護> ビタミンA(カロテン類)
<血液凝固・骨の形成> ビタミンK
<抗酸化作用> ビタミンE

おさらい栄養学　→　**P.137**

例えば、トマトが食べられない場合等、同じくカロテンを多く含む3群の食品から意識的にとり合わせましょう。

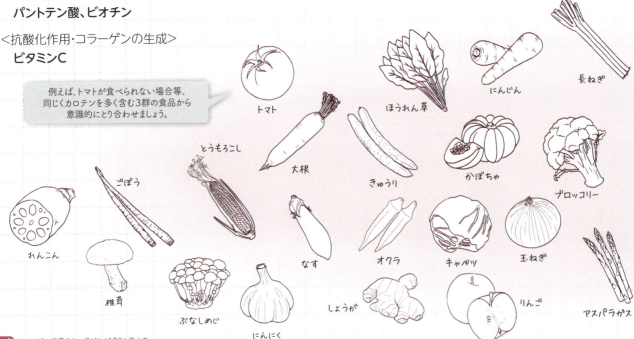

トマト、とうもろこし、ごぼう、れんこん、椎茸、ぶなしめじ、にんにく、大根、きゅうり、なす、しょうが、ほうれん草、かぼちゃ、オクラ、キャベツ、にんじん、ブロッコリー、玉ねぎ、りんご、長ねぎ、アスパラガス

Part 1　アレルギー疾患をもつ子どもの"食"の考え方

緑黄色野菜（3群）
ビタミンA（カロテン類）

その他の野菜・果物（4群）
ビタミンC

Part1 管理栄養士から学ぶ栄養学のはじめの一歩

緑の食品群で副次的にとれる栄養素
- 緑黄色野菜：ビタミンB_2・ビタミンC・カルシウム・鉄
- その他の野菜：カルシウム・ビタミンB_1、ビタミンB_2

不足すると？
さまざまな症状が引き起こされる

- 疲れやすくなる
- 口内炎等の皮膚炎
- 成長の妨げになる
- 肥満
- 頭の回転が遅くなる
- 免疫力の低下
- 目のトラブル
- 骨への悪影響
- 生活習慣病
- 食欲不振
- 貧血

第6の栄養素・食物繊維も多く含む
便通をよくし、免疫力アップ

第6の栄養素・食物繊維は、ごぼうやこんにゃく、きのこ類の緑の食品群に多く含まれます。

1990年代まで、食物繊維は栄養素としてほとんど注目されていませんでしたが、便通をよくし、免疫力をアップさせる等のはたらきが分かり、現在ではからだに不可欠な栄養素として位置付けられました。

食物繊維には水に溶けない不溶性食物繊維と、水に溶ける水溶性食物繊維があります。

【不溶性食物繊維】
豆類やきのこ類に多く含まれ、便の量を増やし、便通の改善に役立つ。

【水溶性食物繊維】
アボカドやこんにゃく等に多く含まれ、血糖値上昇抑制や血清コレステロール値を低下させます。

健康をサポートする機能性成分

第7の栄養素フィトケミカルって？

フィトケミカルとは、野菜、果物、豆類、芋類、海藻、お茶やハーブ等、植物性食品の色素や香り、辛味、苦味等に含まれる機能性成分です。

抗酸化作用・免疫アップ等健康に生きる手助けをする栄養素です。

かぼちゃやにんじんのオレンジ色に含まれるカロテンもフィトケミカルの一種です。

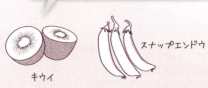

キウイフルーツが食べられないような場合には、ビタミンCを多く含む4群の食品から意識して多くの種類を取り合わせましょう。

ウェルニッケ脳症

体内にビタミンB_1が足りないことで起きる病気で、眼球運動障害、運動失調、意識障害をきたします。ビタミンB_1を多く消費する糖質の多いイオン飲料の与えすぎには注意が必要です。

くる病

くる病は、小児期のうち特に骨の発育期に骨にカルシウムが沈着せず、強靭な骨の組織が形づくられない状態をいいます。骨の成長障害や骨格や軟骨部分の変形がみられます。原因として、リン（P）、カルシウム（Ca）の不足と合わせ、リンの過剰摂取（インスタント食品等に多く含まれるリン酸塩による）等も考えられ、骨が固く丈夫にならず足の骨が曲がってO脚やX脚になってしまうこともあります。

ビタミンDは食事から摂取する他、紫外線を適度に浴びることでも体内でつくられるため、過度の紫外線対策が、くる病の発症の原因となる場合もあります。

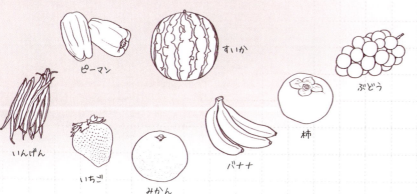

Part 1　アレルギー疾患をもつ子どもの"食"の考え方

糖質（5群）
最速のエネルギー

＝炭水化物ー食物繊維

3大栄養素1g当たりのエネルギー
糖質4kcal

エネルギーのもと
黄の食品群
糖質・脂質を多く含む

特徴

炭水化物は、ヒトが消化・吸収することができる糖質と、消化・吸収することができない食物繊維に分けることができます。糖質は、どの栄養素よりも素早くエネルギーになることが可能です。主食となるごはんやパン、麺類に多く含まれ、一部はからだを構成する成分にもなります。ごはんの甘味は、糖質であるでんぷんが、唾液に含まれる消化酵素によって分解されて感じるものです。

糖質は、単糖類・二糖類・少糖類・多糖類に分けられ、そのうちのブドウ糖（単糖類）は脳や赤血球、神経系のエネルギーになります。脳・赤血球・神経系のエネルギーになるのはブドウ糖のみですから、糖質の摂取はとても重要だということが分かります。

5群の食品で副次的にとれる栄養素は？

- 胚芽米：ビタミンB_1
- いも類：ビタミンC

不足すると？

- 脳がはたらきにくくなり、集中力・記憶力が低下する。
- イライラしやすくなる。
- たんぱく質がエネルギー源として使われ、筋肉量が減る。

血糖値って？

血糖値は血液中のブドウ糖濃度

血糖値とは、文字に表されているように血液中のブドウ糖（単糖類・グルコース）の濃度のことです。ブドウ糖（グルコース）が血液によって脳や神経系へ運ばれ、エネルギーが補給されます。そのため、血糖値を保つことは、ヒトが生きる上でとても重要なのです。

また、血糖値がある程度上がると、子どもは満たされた気もちになります。毎回の食事で糖質を摂ることは、こころの安定にもつながります。

糖質の種類

糖質で代表的なものをピックアップしました。単糖類は最も小さい糖質の単位。2～10個前後の単糖類が結びついたものを少糖類（オリゴ糖）（2個結びついたものは二糖類）、11個以上を多糖類と呼びます。
おさらい栄養学 ➡ P.133

- 【単糖類】 ブドウ糖（グルコース）、果糖（フルクトース）、ガラクトース
- 【二糖類】 ショ糖（スクロース）、麦芽糖（マルトース）、乳糖（ラクトース）
- 【多糖類】 でんぷん、グリコーゲン、デキストリン

> 小麦が摂れない場合等は、糖質を多く含む5群の食品から意識的に上手に取り合わせましょう。

一緒に摂りたいビタミンB_1

糖質を燃焼させてエネルギーにするためにはビタミンB_1が必要です。豚肉やまいたけ、大豆製品、ごまに多く含まれています。

マーマレード　スパゲティ　もち　パン粉　中華麺

砂糖　SUGAR　麩　マカロニ　麦

ながいも　さつま芋　そば　薄力小麦粉　片栗粉　白玉粉　米

じゃがいも　さといも　小麦粉　片栗粉　うどん　パン

★思い出してみよう★
食物アレルギーのアレルゲンとして上位の小麦は5群に含まれます。
また、アレルギー反応が強く出る落花生（ピーナッツ）は6群に含まれます。

脂質（6群）

3大栄養素1g当たりのエネルギー
脂質9kcal

特 徴

　脂質は3大栄養素のひとつで、1g当たり9kcalもの大きなエネルギーになる他、細胞膜やホルモンの構成成分にもなります。消化スピードがゆるやかなため腹持ちが良く、また、消費されなかった脂質は脂肪として体内に貯蔵することができます。
　脂質には、コレステロール、中性脂肪（グリセリン＋脂肪酸）等の種類があり、それぞれからだにとって重要なはたらきをします。

6群の食品で副次的にとれる栄養素は？

● バターや強化マーガリン：ビタミンA

※マーガリンや揚げ物、ファストフードに含まれるトランス脂肪酸（不飽和脂肪酸の一種）はLDL（悪玉）コレステロールを増やし、HDL（善玉）コレステロールを減少させ、動脈硬化を起こしやすくすると言う報告があります。現在日本の平均トランス脂肪酸摂取量はWHOの基準を大きく下回っているため過剰な心配は必要ありませんが、過剰摂取にならないよう献立作成をしましょう。

不足すると？

● 皮膚や髪のハリツヤがなくなる
● 血管がもろくなり、出血しやすくなる
● ホルモンバランスの乱れ　● 免疫不全　● 子どもの成長障害
● 子どもの脳の発達障害

健康な油って？

注目すべきは脂肪酸

　さまざまな成分が結びついてできている脂質。その脂質を構成する成分のひとつに脂肪酸というものがあります。この脂肪酸は大きく「飽和脂肪酸」と「不飽和脂肪酸」に分けられます。

【飽和脂肪酸】※常温で固形の脂
● 体内で合成可能（つくることができる）
● 摂り過ぎは中性脂肪やコレステロール値を上げ、血液ドロドロに。

【不飽和脂肪酸】※常温で液状の油　※ω＝オメガ
● コレステロール値を下げ、血液サラサラに。
● 一価と多価に分けられる。
　多価不飽和脂肪酸にはn-6（ω6）系、n-3（ω3）系がある。

n-3系はアレルギー抑制に寄与

　n-3系脂肪酸（ω3）に含まれる、α-リノレン酸・EPA・DHAは、n-6系脂肪酸（ω6）のリノール酸の過剰摂取で誘発されるアレルギーやアトピー性皮膚炎等の炎症作用を抑制する効果があります。
普段使っている油を見直すことで、アレルギー性疾患の改善が期待できます。

<α-リノレン酸を多く含む油>
・亜麻仁油・えごま油・しそ油

<EPA（IPA）を多く含む食材>
・さば・いわし・まぐろ

<DHAを多く含む食材>
・さば・ぶり・さんま・まぐろ脂身

一緒に摂りたいビタミンB₂

　ビタミンB₂は脂肪を分解・燃焼しエネルギーに換える際に不可欠な栄養素。ビタミンB₂を多く含む魚や卵、レバー等と一緒に摂ると良いです。また、脂溶性ビタミン（ビタミンD・ビタミンA・ビタミンK・ビタミンE）は脂肪と一緒に摂ると吸収率がアップします。小食の子どもは特に吸収率を考えた献立を心がけましょう。

ピーナッツが×でも脂質を含む6群の食品はたくさんあります。

マーガリン／油／ごま油／栗／アーモンド／落花生（ピーナッツ）／マヨネーズ／バター／くるみ／ごま／生クリーム

ポイントを押さえれば怖くない！ 食事のバランスと除去の考え方

子どもにとってバランスの良い食事って、どういうこと？

からだが必要とする栄養素を必要量摂取できている状態のこと

3色食品群を基本として、ヒトの生命維持や健康に必要不可欠な6つの基礎食品群と栄養素をとらえながら子どもの食事を考えることが大切です。

各栄養素はそれぞれ相互に関わりながら、からだにとって重要で効果的なはたらきをします。だからといって、各栄養素全てを同じ量ずつ摂ったり、特定の栄養素ばかりをたくさん摂ればよいというわけではありません。年齢（月齢）や性別、日常の活動量等、さまざまな要因によって、最適な栄養価も変わってきますが、まずは、何をどれだけ食べればよいかを知る必要があります。適切な栄養素をどのように確保すればよいか理解するための「栄養学」のキホンについて考えましょう。

> 食べてきたことの経験は、齢を重ねても生涯にわたって引き継がれていきます。2歳児くらいになると、少しずつ品数を多くバランスのとれた食事を普段から食べることでいろいろな食材の噛み応えや味・香りに慣れ親しむ経験ができます。また、食物アレルギー予防の視点からも、少量ずついろいろな食品を摂ることにつながる一汁三菜食を意識した献立が望ましいです。

バランスの良い食事の目安

昔ながらの「一汁三菜」、日本型定食スタイルを心がける

必要な栄養素を、できるだけ過不足なく摂取できるよう、バランス良く食べることが望ましいとはいうものの、実際どのような食事・献立を心がければよいのでしょうか。

乳幼児が摂取すべき栄養素等、難しいことを考え過ぎなくても、自然に理想的なバランスを整える方法があります。それは「一汁三菜」。昔ながらの和食です。和食は2013（平成25）年にユネスコ無形文化遺産として登録され、日本が世界に誇ることのできる食文化となりました。「一汁三菜」は、ごはんと汁物、3種類のおかずで構成されています。おかずを3種類も?! と思われるかもしれませんが、メインのおかず（主菜）を決めてしまえば、あとは足りない栄養素を補うおひたしや酢の物等の「つけあわせ」で十分です。次の「一汁三菜」の見本を参考にしてみましょう。

副菜
野菜やきのこ、海藻類、チーズ等、主菜に不足しがちな2～4群のビタミン・ミネラル・カルシウム・食物繊維を補う小さなおかず。

副々菜
おひたし等、野菜や海藻を中心としたもの。果物等でもOK。

主菜
肉や魚、卵、豆腐等1群のたんぱく質中心の料理。からだをつくる赤の食品群。

主食
ごはんやパン、麺類等5群の炭水化物（糖質）中心のメニュー。素早くエネルギーになる黄の食品群。

汁物
野菜やきのこ、海藻、大豆製品等1～5群（3色）の食品を組み合わせて具だくさんにすることで、ビタミンやミネラル等さまざまな栄養素を手軽に摂ることができる。

「一汁三菜」、日本型定食スタイルの見本

子どもの成長に欠かせない栄養素を過不足なく摂るために…
保育所給食では、どのようにとらえれば良いのでしょうか？

保育所（園）の給食提供は、子どもの健やかな発育・発達を目指して、家庭と連携しながら子どもの食事・食生活を支援していくことを目的に実施します。給食における栄養素量については、食事摂取基準（日本人の食事摂取基準2025年版※5年に1回改訂）をモトにして、適切なエネルギー、栄養素量を各保育所の状況に応じて設定します。子ども一人ひとりの身体状況を把握することと、それに応じた給食における栄養素の目標量（給与栄養目標量）の設定をすることは不可欠です。

また、子どもの発育・発達は個人差が大きいことを考慮して、柔軟な対応がのぞまれます。各自治体で独自に数値を示し、「給食の給与栄養目標量設定の手引き」等で保育所給食の栄養管理等について分かりやすく示されていることが多いので、それらを活用して、子どもの成長に欠かせない栄養素を保育所給食で過不足なくとれるよう設定しましょう。同時に食物アレルギーをもつ子どもや保護者に向けた個別の栄養管理のアドバイス・支援も欠かせません。

ある保育所における1日の3歳以上児（3〜5歳）の食品構成表に基づく目安量

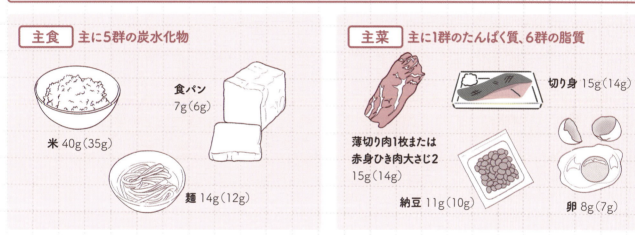

（　）内は3歳未満児（1〜2歳の）目安量

ある保育所における食品構成表

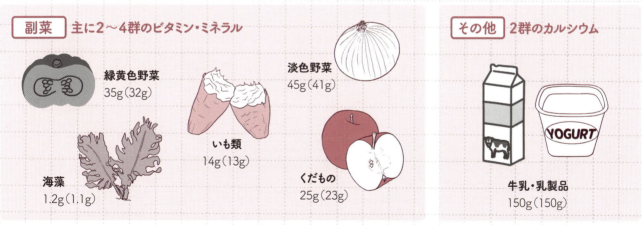

食物アレルギーの食事のキホン「除去」

①必要最小限の食物除去 → ②不足分の栄養素の補給

食物アレルギーの食事のキホンは「必要最小限の食物除去」です。原因となる食物（アレルゲン）を必要な量だけ正しく除去することが原則です。最終的には除去解除を目指します。

現在、食物アレルギー疾患を有する子どもの治療法としては、徐々に食べる量を増やせるようにする耐性獲得を目的とした「食べる治療法」も支持され広まってきています。

一般的に、乳幼児期に発症した食物アレルギーは小学校就学までに、その7-8割が耐性を獲得することが報告されています。

ところで、除去した分の栄養素を「どの食品（代替食品）」で「どのくらいの量」を補えばよいのかを知ることは、子どもの成長をサポートする上で欠かせません。乳幼児期に必要なエネルギーやたんぱく質、鉄、カルシウムの1日に必要な体重1kg当たりの量は大人の2-3倍多く必要です。

各食品のアレルゲンの除去、代替食品や栄養価について他のページ

必要最小限の除去の考え方〜食のコントロール〜 　➡ **P.43**
食品ごとのアレルゲン特性（正しい除去と代替食）　➡ **P.61**

に照らしながら、理解を深めてください。次に示すのは、3大アレルゲンのひとつ「牛乳」を除去する場合の一例です。

乳・乳製品完全除去の場合

乳・乳製品は
★**からだをつくる赤の食品群**
★**6つの基礎食品群の2群に属しカルシウムが豊富**
ー牛乳・乳製品に含まれるカルシウムは成長期の骨や歯等の形成に必要
ー乳・乳製品は他の食品よりもカルシウムの吸収率が高く、効率よく摂取できる。
★**毎日摂りやすい**
ーカルシウム以外も・良質のたんぱく質・ビタミンB_2等も副次的に摂ることができる。

牛乳やヨーグルト、チーズ等は子どもも馴染みがあり、量も摂れる食品ですが、その牛乳を除去することで不足が心配される栄養素は
「カルシウム」「たんぱく質」「ビタミンB_2」等です。

▼

牛乳・乳製品以外でカルシウムを多く含む食品は
**骨ごと幼児にも食べやすいやわらかい小魚、
豆腐・納豆等の大豆製品、野菜類や海藻（海苔等）**です。
のりまきやのりサンドにして食べると、手づかみしやすく食が進みます。
※のりはほっぺの内側にくっつくことに注意して提供しましょう。

> カルシウムの吸収を助けるはたらきをサポートする栄養素はビタミンDです。
> カルシウムの利用効率を高めるために、ビタミンDを含む食品として園の給食でも提供しやすいイワシや鮭、サンマ、キクラゲやシイタケを積極的に献立にとり入れましょう。

牛乳・乳製品の除去について　➡ **P.67**

カルシウムが多く摂れる食品

食品群	食品名	摂取量(g)	カルシウム含有量(mg)
牛乳乳製品	普通牛乳	200（コップ1杯）	220
	ヨーグルト	100（1パック）	120
	プロセスチーズ	20（1切れ）	126
野菜類	小松菜	70（1/4束）	119
	水菜	50（1/4束）	105
	切り干し大根	15（煮物1食分）	81
	菜の花	50（1/4束）	80
海藻	ひじき	10（煮物1食分）	140
小魚	ししゃも	45（3尾）	149
	桜エビ（素干し）	5（大さじ1杯）	100
豆腐	油揚げ	100（1/2枚）	240
	木綿どうふ	150（1/2丁）	180
	納豆	50（1パック）	45

> 左記の食材以外等にもカルシウムが摂れる食材があります。

農林水産省HP「子どもの食育」（https://www.maff.go.jp/j/syokuiku/kodomo_navi/letstry/sample.html）より加工して作成

食育から見る食物アレルギー

食を通じた保護者への支援 食育から見る食物アレルギー

食べる力=生きる力、食育

「食育」は、明治時代の医師・薬剤師でもあり、食養医学の祖と言われた、石塚左玄の著書で使われたのがはじまりとされています。

日本は世界でも有数の長寿国です。その長寿の一助となっているのは、バランスの良い食事だと考えられます。一方で、生活習慣病や食品ロス等、食生活をめぐるさまざまな問題が頻出しているのも事実です。こうした食生活をめぐる問題を踏まえ、国民がどのような食生活を送れば良いかをより詳しく示すために、2000(平成12)年3月に「食育」の土台となる**食生活指針**が策定されました。

食生活指針策定後、2005(平成17)年に、国民の食生活の方向性を示す食生活指針を起点とした**食育基本法**が制定されます。その中で「食育」とは

> 生きる上での基本であって、知育、徳育及び体育の基礎となるべきものと位置付けるとともに、さまざまな経験を通じて「食」に関する知識と「食」を選択する力を習得し、健全な食生活を実践することができる人間を育てる
> （食育基本法より抜粋）

と明記されています。

保育所保育指針の改定ポイントは「健康及び安全」

保育所保育指針平成29年3月（厚生労働省）は、保育所保育の基本となる考え方や保育のねらい及び内容等保育の実施に関わる事項と、これに関連する運営に関する事項について定めたものです。

2017(平成29)年の改定では3つの視点、3つの柱、10の姿が追記された他、離乳食が始まる、0～2歳児を中心とした保育所利用児童数の増加に伴い、乳児・3歳未満児保育の記載の充実や「健康及び安全」の記載が見直されています。

**「保育所保育指針」
第3章「健康及び安全」**

2 食育の推進
(2) 食育の環境の整備等
　ア　子どもが自らの感覚や体験を通して、自然の恵みとしての食材や食の循環・環境への意識、調理する人への感謝の気持ちが育つように、子どもと調理員等との関わりや、調理室等食に関わる保育環境に配慮すること。
　イ　保護者や地域の多様な関係者との連携及び協働の下で、食に関する取組が進められること。また、市町村の支援の下に、地域の関係機関等との日常的な連携を図り、必要な協力が得られるよう努めること。
　ウ　体調不良、食物アレルギー、障害のある子ども等、一人一人の子どもの心身の状態等に応じ、嘱託医、かかりつけ医等の指示や協力の下に適切に対応すること。栄養士が配置されている場合は、専門性を生かした対応を図ること。

保育所における食育とアレルギー対応

2004(平成16)年、保育所における食育の方向性を示した『楽しく食べる子どもに〜保育所における食育に関する指針〜』が策定されました。

「食育」の実施については、家庭や地域社会と連携を図り、保護者の協力のもと、**保育士、調理員、栄養士、看護師等の全職員がその有する専門性を活かしながら、共に進めることが重要**である、としています。

また、乳幼児期の特性を踏まえた保育所におけるアレルギー疾患を有する子どもへの対応の基本を示した、**保育所におけるアレルギー対応ガイドライン（2019年改訂版）**では、「**生活管理指導表**」の位置付けの明確化や、新たに「**関係機関との連携**」に係る項目が設けられました。他にも、「**食物アレルギー・アナフィラキシー**」、「**緊急時の対応（エピペン®の使用）**」、「**記録の重要性（事故防止の取り組み）**」、「**災害への備え**」等についても記載の充実が図られており、個別の疾患に関する記載の改善も図られています。

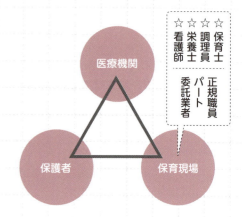

保育所におけるアレルギー対応の連携トライアングル

保育所の標準保育時間は8〜11時間と長く、1日の大半を過ごします。その中での保育所における食事の意味は大きく、また、給食は園児の楽しみのひとつでもあります。園によっては食育の一環として季節を感じられるメニューや、栄養バランスが考えられた献立から栄養素について学んだりと、さまざまな取り組みが行われています。そのような給食は保育所や幼稚園の特色となり、保護者の園選びのチェックポイントにもなっています。

近年では乳児の10人に1人は食物アレルギー患者と言われており、また、0〜2歳児を中心とした保育所利用者数の増加も相まって、保育所では食物アレルギー対応が求められるようになりました。

アレルギー疾患はさまざまありますが、アレルギー反応で重篤な症状に陥るケースがあるのが食物アレルギーです。子どもたちが「**安全に楽しく**」食事ができるように保育所では、さまざまな立場にある関係者全員が正確に情報を共有し、危機管理のための計画を立て、実行する必要があります。

それとともに、食物アレルギー疾患を有する子どもや保護者は、他の子どもとの違いを感じ、我が子の自己肯定感の低下や、いじめ要因になることを心配しているケースもあります。保護者の気持ちに寄り添いながら、多様性のある保育を実現することが大切です。

みんなが安心して過ごせるように
知っておきたいアレルギーのしくみ

そもそもアレルギーってなぁに？

アレルギーは免疫が過剰に反応する"過敏症"

　私たちのからだには、細菌やウイルス等が入ってきた時、それらの病原体からからだを守るためのメカニズム「免疫」があります。免疫は、からだに入った有害物質を「抗原」と認識し、抗原をやっつけるための「抗体」をつくります。通常であれば、抗体の攻撃によって未然に病気を防ぐのですが、この免疫反応が、食べ物や花粉といった無害なものに過剰にはたらいてしまい、生体に不利益なマイナスの症状を引き起こすことがあります。このことを「アレルギー」といい、アレルギーの原因となる物質を「アレルゲン」または「抗原」といいます。

　母乳やミルクから始まり、段階を経てからだにとり込まれる食物。本来は人間のからだにとって食物は異物ですが、何の問題もなく摂取できるのは、食物をからだが受け入れることのできるしくみが備わっているからなのです。
　このことを「**寛容**（かんよう）」といいます。

からだが受け入れる＝寛容

　ウイルスや細菌から引き起こされるかぜ症候群。一般的に軽度のものであれば数日から1週間程度で自然と治っていきます。なぜ治るのかと言うと、からだにはウイルスや細菌を排除するしくみが備わっているからです。
　このことを「**免疫**（めんえき）」といいます。

からだから排除するチカラがはたらく＝免疫

　食べ物や花粉といった、からだにとって無害なものをとり入れた際に、「寛容」がおこらず、「免疫」が過剰に働き、生体にとって不利益な症状が現れることがあります。
　このことを「**アレルギー**」といいます。

行きすぎた免疫反応がはたらく＝アレルギー

アレルギー反応の起こるしくみ

発症のカギは「IgE抗体」と「マスト（肥満※）細胞」
※マスト細胞は肥満とは関係はありません。

　下図に示す通り、抗原といわれる病原体やアレルゲンがからだに侵入すると、これらをやっつけようとするたんぱく質（免疫グロブリンと呼ばれ種類は5つ）のひとつ「**IgE（アイジーイー）抗体**」が作られます。
　この**IgE抗体は皮膚や粘膜に多くあり**、細胞内に化学物質のつぶつぶをたくさん抱え込んでいる「**マスト（肥満）細胞**」の鍵穴にくっつきます。
　アレルギーの発症は、再度アレルゲンが体内に侵入した際、鍵穴にくっついた抗体とアレルゲンが結合し、マスト（肥満）細胞の中のヒスタミン等のつぶつぶを放出することで、かゆみ等のアレルギー症状を引き起こします。

ポイントは異物との接点「皮膚」と「腸」

　外界との接点である皮膚は、外の刺激から皮膚というバリアを張って守っています。また、腸は胃で細かくされた食物から栄養素をからだの内部に取り入れるための臓器で、毎日異物を取り込んでいます。つまり両者ともに異物との接点、といえるのです。
　この接点が、炎症等でもろくなってしまったらどうでしょう？
　免疫が過剰に反応して、本来無害であるはずのたんぱく質を攻撃し、アレルギー反応が起こりやすくなるのです。

＼豆知識／
IgE抗体を見つけたのは日本人！
免疫学者の石坂公成（きみしげ）博士と
照子博士夫妻です。

免疫とアレルギー
抗体の関与する場合を例に挙げて説明

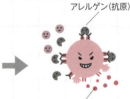

［免疫］	［アレルギー］
病原体（抗原）が体内に入ってくる	アレルゲン（抗原）が体内に入ってくる
▼	▼
病原体に対して主にIgG抗体が作られる	アレルゲンに対してIgE抗体が作られる
▼	▼
再び同じ病原体が入ってくる	再び同じアレルゲンが入ってくる
抗体が抗原を攻撃して、病気が起こるのを未然に防ぐ。	抗体が抗原に反応して、マスト（肥満）細胞から出る化学伝達物質がアレルギー症状を起こす。

アレルギーの起こる仕組み

参考資料：環境再生保全機構ERCA（エルカ）「ぜん息予防のためのよくわかる食物アレルギー対応ガイドブック2021改訂版」
（https://www.erca.go.jp/yobou/pamphlet/form/00/pdf/archives_31321.pdf）
マイラン製薬HP アナフィラキシーってなあに.jp　（https://allergy72.jp/cause/allergy.html）

安全の基本 保育所で見られるアレルギー全般

保育所で押さえておきたいアレルギーって？

乳幼児がかかりやすいアレルギー疾患

右の図は年齢と抗原（アレルゲン）、発症するアレルギーの関係を図式化したものです。この図から、乳児期に発症しやすいアレルギー疾患は、食物アレルギーとアトピー性皮膚炎ということが分かります。

また、厚生労働省「保育所におけるアレルギー対応ガイドライン」（2019年改訂版）では、乳幼児期にかかりやすい代表的なアレルギー疾患を次のように示しています。

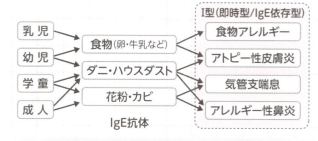

年齢と抗体・アレルギーの関係

出典：厚生労働省「平成22年度リウマチ・アレルギー相談員養成研修会テキスト」より改編

(1) 食物アレルギー・アナフィラキシー

乳児有病率：5～10％、学童期：1～2％（厚生労働省「アレルギー疾患の現状等」平成28年）

<特徴>　**食物アレルギー**
特定の食物を摂取した後に皮膚・呼吸器・消化器あるいは全身にアレルギー症状が生じる。そのほとんどは食物に含まれるたんぱく質が原因。

アナフィラキシー
アナフィラキシーを起こす要因はさまざま。乳幼児期に起こるアナフィラキシーは食物アレルギーに起因するものが多い。中でも、直ちに対応しないと生命にかかわる重篤な状態を「アナフィラキシーショック」と呼ぶ。

(2) 気管支ぜん息

園児有病率：19.9％、6～7歳：13.8％（厚生労働省「アレルギー疾患の現状等」平成28年）

<特徴>　発作性にゼーゼー、またはヒューヒューという音（喘鳴[ぜんめい]）を伴う呼吸困難をくり返す疾患。

(3) アトピー性皮膚炎

4か月～6歳：12％前後（厚生労働省「アレルギー疾患の現状等」平成28年）

<特徴>　皮膚にかゆみのある湿疹が出たり治ったりすることをくり返す疾患。乳幼児では、顔、首、肘の内側、膝の裏側等によく現れる。

(4) アレルギー性結膜炎

<特徴>　目の粘膜、特に結膜に、アレルギー反応による炎症が起こり、目のかゆみや目やに等の特徴的な症状を起こす疾患。

(5) アレルギー性鼻炎

全国11か所における有症率：47.2％（厚生労働省「アレルギー疾患の現状等」平成28年）

<特徴>　鼻の粘膜にアレルギー反応による炎症が起こり、発作性で反復性のくしゃみ、鼻水等の症状を起こす疾患。

いまの子どもの大半はアレルギー体質なんだと理解しよう

近年、アレルギー疾患は、年々増加傾向にあり、この10年は特に急増しているようです。

2016（平成28）年に厚生労働省が発表した「アレルギー疾患の現状等」によると、日本人の2人に1人は何らかのアレルギー疾患に罹患していることが示され、国民病ともいわれるようになりました。また、そのほとんどが乳幼児期に発症します。

乳幼児を預かる保育所では、アレルギー対応を特別なことと捉えるのではなく、日常的に起こり得ることとして捉え、保育所職員が一体となって対応することが肝心です。

これらの疾患の中で(1)～(3)は乳幼児での発症が多いため、**保育所では特に丁寧な対応が求められます。**

保育所における基本的なアレルギー対応

乳幼児が発症しやすいアレルギー疾患

アレルギーという言葉は、広く一般的に知られるようになった言葉ですが、すべての人がアレルギーを理解しているか、というと十分ではありません。

先述の通り、日本人の2人に1人はアレルギー疾患に罹患していると言われています。このことからも分かるように、保育所における子どもの健康と安全の確保の一端を担うアレルギー対応は必要不可欠な要素です。

厚生労働省「保育所におけるアレルギー対応ガイドライン」は2011(平成23)年に策定され、2019(平成31)年に改定が行われています。アレルギー疾患に関する最新の知見、新常識を正しく理解し、保育現場で活用することが大切です。

保育所における各アレルギー疾患の対応の基本は次の通りです。他の章と併せて理解を深めることで、子どもへの対処を適切に行うことにつなげましょう。

食物アレルギー・アナフィラキシー

★ 安全への配慮を重視し、対応を単純化。保育所給食では「完全除去」か「解除」で対応。

★ 保育所で「初めて食べる」食物がないよう入園時も入園後も保護者と連携。

★ アナフィラキシーが起こった時に備え、緊急対応の体制を組織的に整備。

> 食物アレルギーはアトピー性皮膚炎と合併するケースがよくあります。アトピー性皮膚炎が食物アレルギーの原因になると考えられています。

アレルギー性結膜炎 アレルギー性鼻炎

★ プールの水質管理(消毒)のために用いる塩素は、結膜炎がある場合には悪化要因となる。

★ 季節性(花粉症等)の場合、花粉の飛散時期(特に風の強い晴れの日)は飛散量の増加に留意。

アレルギーの原因物質 アレルゲン

ダニ / 花粉 / 卵・牛乳・小麦粉など食品のたんぱく質 / ペットの毛 / カビ

アトピー性皮膚炎

★ 皮膚の状態が悪い場合には、皮膚への負担を少なくする配慮が必要。

気管支ぜん息

★ アレルギーの原因となるアレルゲンが乳児期から幼児期にかけて食物からダニ、ハウスダストなどに変化していくとされている。そのため、アレルゲンを減らすための環境整備が極めて重要(特に寝具の使用に関して配慮)。

★ 保護者との連携により、治療状況を把握。

厚生労働省「保育所におけるアレルギー対応ガイドライン(2019年改訂版研修テキスト)」より加工して作成

きちんと知っておきたい 子どもの食物アレルギー

成長とともに疾患が変わるアレルギーマーチ

1歳未満の乳児が最初に発症するアレルギー疾患「食物アレルギー」

　日本では、約50年前までは「アレルギー」はほとんどありませんでした。ですが、今では日本人の2人に1人は何らかのアレルギー疾患に罹患しているとされています。

　これは戦後の工業化、近代化と密接に関係しているようです。事実、戦後の復興のため、大量に植林され放置されたスギの花粉は、多くの日本人をアレルギー性鼻炎やアレルギー性結膜炎で悩ませています。

　こういったアレルギー疾患は、実は年齢により症状やタイプが変化して発症する場合が多く、アレルギー体質の人は、成長とともに別のアレルギー疾患を次々と発症してしまうことがあります。

　この現象のことを「アレルギーマーチ」と言います。

　アレルギーマーチで最初に発症が認められるのは、乳児湿疹です。次にアトピー性皮膚炎、食物アレルギーと続きます。食物アレルギーは1歳未満の乳児に最も多く発症するため、保育所で対応を求められる疾患と言えます。

　遺伝的にアレルギーになりやすい素質（アトピー素因）のある人が、年齢を重ねるごとにアレルギー疾患を次から次へと発症してくる様子を表したものがアレルギーマーチです。全員がそうなるわけではなく、ひとつの疾患だけの子どももいますが、多くの場合、こうした経過をたどることが多いといわれています。

　アレルギーマーチについては、「保育所におけるアレルギー対応ガイドライン」2019年版P5も参照しましょう。

アトピー素因のある子どもに、アレルギー性疾患が次から次へと発症してくる状態をアレルギー・マーチ（アレルギーの行進）と呼んでいます。

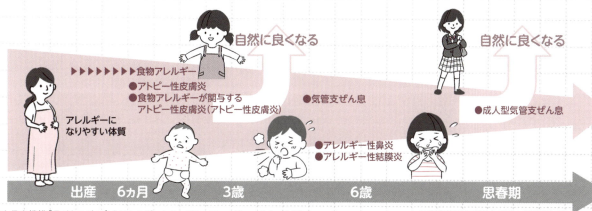

環境再生保全機構「子どものぜん息＆アレルギーシリーズ1　アレルギーって なぁに？」
（https://www.erca.go.jp/yobou/pamphlet/form/00/pdf/ap028.pdf）より加工して作成

※思春期は年齢的には8～9歳頃から17～18歳頃までの間をいいます。

アレルギーマーチ ※アレルギー疾患の特性上、ここでは、2歳までを乳児期と幅広く捉えています。

　乳児期に鶏卵や牛乳等を口にすることによって、湿疹やアトピー性皮膚炎等の皮膚症状、下痢、腹痛、便秘等の消化器症状が発症し、生後6カ月位になるとぜん鳴、1～2歳になると呼吸困難等も合わさり、気管支喘息発作を発症するようになります。

　この頃から、食物抗原と代わって、ハウスダスト等の吸入性抗原に感作されることがあります。気管支ぜん息の一部は7～8歳で治りますが、多くは学齢期まで引き継ぎ、約70％が15歳前後に改善されていきます。残りは、成人型気管支ぜん息に移行していきますが、この間にはアレルギー性鼻炎が出たり、じんま疹が出現することもあります。このような形で、次から次へとアレルギーが様子を変えて、進行していく傾向があります。そのモトにはアレルギー素因があって、母体で牛乳や鶏卵等のたんぱく質によってアレルギー反応を既に出現していて、それが生後乳児湿疹等の症状として出てくるものです。

　アレルギーの素因が見られる場合、早期にアレルギーの予防をしていく上で重要な考え方でもあります。

乳幼児期での発症が1番多い食物アレルギー

乳児の10人に1人が食物アレルギー患児

前ページの図「アレルギーマーチ」からもよみとれるように、乳児期はアレルギーマーチの始まりの時期で、食物は最初のアレルゲンと言われています。

食物アレルギーは、乳児の10人に1人、幼児では20人に1人が発症していると言われており、また、食物アレルギー患児の約80％が5歳以下です。

しかし、右のグラフに示されている通り、年齢とともに有病率は低下しています。成長にともなって、消化吸収機能が発達し、アレルゲンであるたんぱく質を消化できるようになるからだと考えられています。

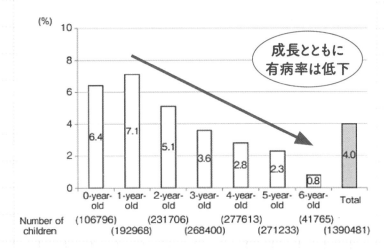

出典：厚生労働省「『平成27年度子ども・子育て支援推進調査研究事業』保育所入所児童のアレルギー疾患罹患状況と保育所におけるアレルギー対策に関する実態調査結果報告」

アレルギーに関する保育施設・幼稚園等への希望

東京都の3歳児全都調査によれば、保護者の約半数（おおよそ2人に1人）が「職員の理解と知識の向上」を要望しています。「職員の理解と知識の向上」に欠かせないのは科学的根拠に基づいた適切な対応です。

アレルギー疾患を有する子どもの保育が日常となった現代、注目すべきは「相談体制の充実」です。

全体の約3割（26.8％）の保護者が希望している事に具体的にどのようにしたらニーズを満たすことができるのか、保護者の希望に寄り添った園の体制を再考してみましょう。

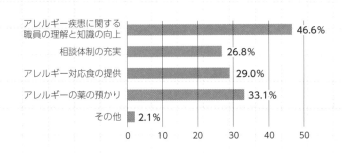

東京都福祉保健局HP「アレルギー疾患に関する3歳児全都調査（令和元年度）報告書」
(https://www.fukushihoken.metro.tokyo.lg.jp/allergy/pdf/20203saiji_1.pdf)
より加工して作成

食物アレルギーで引き起こされる症状

食物アレルギーで現れる症状はさまざま

食物アレルギーで引き起こされる症状は、表1の通り、実にさまざまです。眼のかゆみやくしゃみは花粉症というイメージがありますが、食物アレルギーでも引き起こされる症状です。

アレルゲンを食べてから2時間以内に症状が現れる即時型食物アレルギーの場合、最もよく見られる症状は、じんま疹や湿疹等の皮膚症状です。次に呼吸器症状、粘膜症状と続き、血圧低下、脈の異常等の循環器症状、元気がない、ぐったりしている等の神経症状が見られる場合もあります。

最も重症になると、複数の症状が現れるアナフィラキシーが起こり、アナフィラキシーショックに陥ることもあります。

この重篤な症状は、全体の約10％に見られることが分かっています。

食物アレルギーの症状を知ることは、万が一危険な状態に陥ったとしても、いち早く発見し、対応できる一助となります。

表1 食物アレルギーで引き起こされる症状

皮膚症状	かゆみ、むくみ、じんま疹、赤くなる、湿疹、灼熱感（ヒリヒリ、ちくちく）
呼吸器症状	のどが締めつけられる感じ、声のかすれ、犬が吠えるような甲高い咳、咳き込み、ぜん鳴（ヒューヒュー、ゼーゼー）、呼吸困難、陥没呼吸、チアノーゼ
粘膜症状	眼：白目が赤くなる、プヨプヨになる、かゆくなる、涙が止まらない、まぶたがはれる 鼻：くしゃみ、鼻汁、鼻がつまる 口やのど：違和感、腫れ、のどのかゆみ、イガイガ感
消化器症状	腹痛、気持ちが悪い、嘔吐、下痢、血便
循環器症状	血圧低下、脈が速い、触れにくい、乱れる、手足が冷たい、唇や爪が青白い、顔面蒼白
神経症状	頭痛、元気がない、ぐったり、意識障害、尿や便をもらす
全身症状	アナフィラキシー：皮膚・粘膜・消化器・呼吸器等の症状が複数現れ、進行してくる アナフィラキシーショック：ぐったり、意識朦朧、反応がない、顔色が悪い

食物アレルギーの原因となる食物の種類

　全国約10万人の乳幼児のデータを追跡し、アレルギー症状・疾患の実態や推移を調査した研究による食物アレルギーの原因となる年齢別食物を下記の図表に示しました。

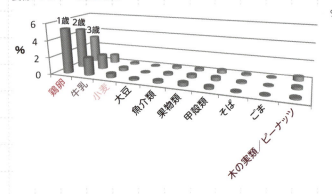

食物アレルギーの原因物質

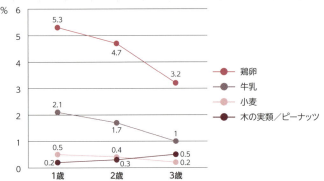

成長に伴う上位品目の症例比率の変化

Kiwako Yamamoto-Hanada et al, Allergy and immunology in young children of Japan: The JECS cohort, World Allergy Organ J. 2020 Nov 7;13(11):100479. より改変

　即時型食物アレルギーの原因物質として1歳、2歳、3歳のすべての年齢において、鶏卵と牛乳が上位2位を占めています。また、成長に伴い鶏卵、牛乳、小麦の症例比率は下がっていきますが、木の実・ピーナッツは割合が増加し、3歳の時点では小麦の割合と逆転し、原因食品の第3位になっています。日本の子どもたちの中で木の実・ピーナッツに対するアレルギーが増加しているという報告は、他の調査でも同様の結果がでています。

保育所で注意したい主な食物アレルゲン

　"食物摂取後60分以内に何らかの症状を認め、医療機関を受診した患者"を対象に行われた調査によると、誤食の原因物質として右表のような結果が報告されています。

　0歳から2歳までの対象者では、原因食品として鶏卵、牛乳、小麦がありますが、3歳から6歳の群では『木の実類』が上位3位という結果になっています。

　保育所給食で木の実類そのものを提供する機会はほとんどないと考えられますが、一方で加工食品などに含まれていることも少なくなく、特にイベント時の食事等で普段と異なる食材を用いる際は、原材料の確認をより一層注意し、メーカーに確認する等の対応が必要となります。

年齢別原因食物（誤食例）　（　）内は解析対象人数

順位	0歳 (140)	1・2歳 (587)	3-6歳 (743)	7-17歳 (550)
1	鶏卵 54.3%	鶏卵 42.9%	牛乳 30.8%	牛乳 25.8%
2	牛乳 35.0%	牛乳 34.4%	鶏卵 25.3%	鶏卵 21.6%
3	小麦 7.1%	小麦 11.4%	木の実類 13.2%	木の実類 14.9%
4			小麦 12.4%	落花生 12.7%
5			落花生 11.4%	小麦 9.1%
小計	96.4%	88.8%	93.1%	84.2%

注釈：各年齢群で5%以上の頻度の原因食物を示した。また、小計は各年齢群で表記されている原因食物の頻度の集計である。
原因食物の頻度(%)は少数第2位を四捨五入したものであるため、その和は小計と差異を生じる。

消費者庁「令和3年度　食物アレルギーに関連する食品表示に関する調査研究事業報告書」（https://www.caa.go.jp/policies/policy/food_labeling/food_sanitation/allergy/assets/food_labeling_cms204_220601_01.pdf）より加工して作成

種実類のうち、木の実は一般にはナッツと呼ばれています。ナッツは「くるみ」「カシューナッツ」「マカダミアナッツ」「アーモンド」「ピスタチオ」「ペカンナッツ」「ヘーゼルナッツ」「ココナッツ」「カカオ」「くり」「まつの実」等です。加工食品の購入時には誤食を起こさないよう、園でも保護者とも最新の情報を都度共有し用心しましょう。

3大アレルゲン（原因食物）の特徴

鶏卵

食物アレルギーのアレルゲン第1位の鶏卵。鶏卵はさまざまな食品や料理に使われるため、鶏卵が含まれる加工食品や料理を知ることは、アレルギー症状の発症を予防する上で、とても重要です。

<特徴>
- **加熱（高温・長時間）でアレルゲン性が弱くなる。**
- **成長に不可欠な栄養素のうち、鶏卵にしか含まれない栄養素はないので、卵の代わりのたんぱく質は、肉や魚・大豆等で代替することができます。また、肉や魚・大豆は鶏卵同様のアミノ酸スコアで、良質のたんぱく質です。**

鶏卵は加熱調理することによって、アレルゲン性が低下しますが、調理の仕方によってアレルゲン性は違ってきます。例えば一言でゆで卵と言っても、加熱する時間や温度によってアレルゲン性にばらつきがあります。ゆで卵を1つ食べることができた子どもでも、お菓子に卵ボーロを食べてアレルギー症状が現れることもあります。そのため、医師の指導を守ってアレルギー対応をするよう保護者に支援していきましょう。

鶏卵が含まれる食品や料理

パン、麺類、惣菜（揚げ物の衣やハンバーグのつなぎ）、加工品（練り製品やソーセージ、ハム）、菓子、調味料等

牛乳・乳製品

食物アレルギーのアレルゲン第2位の牛乳・乳製品。粉ミルクは牛乳成分でできているので、食物アレルギーとして乳児期の1番最初に発症します。

<特徴>
- **加熱しても発酵しても、アレルゲン性は弱くならない。**
- **牛乳に含まれるたんぱく質がアレルギー症状を引き起こすが、牛乳や乳製品を摂れないとカルシウム不足になりがち。**

牛乳が含まれる食品や料理

パンやホットケーキ、菓子、マーガリンやルゥ（カレー、シチュー、ハヤシ）、鶏つくねやチキンナゲットなどの肉の加工品、惣菜（グラタン等のクリーム系）、調味料等

小麦

3大アレルゲンのひとつ「小麦」は、主食や多くの加工品に含まれているため、加工食品の原材料表示をよく確認し、注意する必要のある食材。

<特徴>
- **近年では米粉等の普及で代替品のメニューのバリエーションが豊富になってきた。**

小麦が含まれる食品や料理

パン、麺類、菓子、ルゥ（カレー、シチュー）、餃子や春巻き等の皮等

食物アレルギーには年齢によって起こりやすいいろいろな特徴があります

食物アレルギーのタイプ

発症メカニズムから大きくIgE依存性と非IgE依存性に分類されます。

乳児期	幼児期	学童期	思春期・成人期
●新生児・乳児食物蛋白誘発胃腸症（新生児・乳児消化管アレルギーと同義） ●食物アレルギーの関与する乳児アトピー性皮膚炎	●即時型症状	●食物依存性運動誘発アナフィラキシー	●口腔アレルギー症候群（花粉-食物アレルギー症候群）

新生児・乳児消化管アレルギー

食物アレルギーが関与する乳児アトピー性皮膚炎

環境再生保全機構ERCA（エルカ）　「ぜん息予防のためのよくわかる食物アレルギー対応ガイドブック2021改定版」
（https://www.erca.go.jp/yobou/pamphlet/form/00/pdf/archives_31321.pdf）より加工して作成

即時型は治りやすく、特殊型（口腔アレルギー症候群や食物依存性運動誘発アナフィラキシー）は治りにくい傾向

　食物アレルギーというと、食物を口に入れてすぐ、じんま疹や湿疹等の症状がでる、といったイメージを持たれがちです。しかし実際には、肌に触れたり吸い込んだりして症状が現れたりするタイプもあります。食物アレルギーを引き起こすアレルゲンは、必ずしも口から摂取するだけではないことを知っておきましょう。
　それでは、食物アレルギーにはどんなタイプがあるのか、詳しく見ていきましょう。
　食物アレルギーには大きく分けてアレルギーのいろいろな特徴のタイプがあります。

<アレルギーのいろいろな特徴>
〔非IgE依存性食物アレルギー〕
＊新生児・乳児食物蛋白誘発胃腸症（新生児・乳児消化管アレルギーと同義）　➡ P.36
〔IgE依存性食物アレルギー〕
＊即時型症状（即時型食物アレルギー）　➡ P.35
＊食物アレルギーの関与する乳児アトピー性皮膚炎　➡ P.36
＊口腔アレルギー症候群（花粉-食物アレルギー症候群）　➡ P.37
＊食物依存性運動誘発アナフィラキシー　➡ P.37

　これらのタイプは、上の図からも分かる通り、発症年齢が異なります。
　食べてすぐに症状が現れるタイプの食物アレルギーは、「即時型食物アレルギー」といい、アレルギーのいろいろな特徴のタイプの中で最も多く、食物アレルギーの代名詞となっています。

～即時型アレルギーの様子～
ミルクを飲んだり離乳食や幼児食を食べたりしたあとに・・・
● 食べたあとにのどがイガイガして、機嫌が悪くなったり元気がなくなってきて吐いたりする。
● 食べたあとに咳が出てきて、全身が赤みを帯びて息苦しくなった。
● 食べたあとにじんま疹（顔やからだにポツポツ）が出現したりする。

　食物アレルギーを有する子どもの大部分は即時型アレルギーですが、発症時期が早く、多くの子どもが小学校入学頃には治ります。
　対して、特殊型（口腔アレルギー症候群や食物依存性運動誘発アナフィラキシー）アレルギーは発症時期が小学校以降であることが多く、そのため、治りにくい傾向にあります。
特殊型（口腔アレルギー症候群や食物依存性運動誘発アナフィラキシー）アレルギー　➡ P.37
　次のページから、食物アレルギーの各タイプを詳しく解説していきます。

即時型食物アレルギー

食物アレルギーの中で、最も患者数が多いのがこの「即時型」。一般的にいわれる食物アレルギーはこのタイプを指し、食物アレルギーの代名詞となっています。

発症年齢

乳児期〜大人。最も患者数が多いのは0〜1歳の乳児です。年齢が上がり、成長とともに治ることが多い。

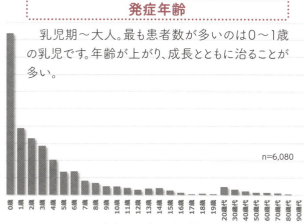

即時型アレルギー発症年齢の分布
※20歳以上は10代区切りで集計した結果である。

消費者庁「令和3年度食物アレルギーに関連する食品表示に関する調査研究事業報告書」を改編（https://www.caa.go.jp/policies/policy/food_labeling/food_sanitation/allergy/assets/food_labeling_cms204_220601_01.pdf）

症状

アレルゲンとなる原因食物を食べて1時間以内（特に15分〜30分以内）に発症した症状がまとめられています。からだや顔にじんま疹等の皮膚症状、ヒューヒューやゼイゼイ等の呼吸器症状、喉がイガイガする等の粘膜症状等、症状は様々です。なかには、アナフィラキシーショックへ至るケースもあるため注意が必要です。

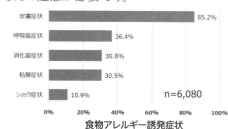

食物アレルギー誘発症状

保育所における食物アレルギーの有症率

厚生労働省の調査では、保育所入所児童（3歳未満児）の全体の約6％が食物アレルギーであり、1歳児の約7％が食物アレルギーとなっています。また、アレルギーは、加齢とともに少しずつ減少していきます。3歳未満児クラスの子どもで特に有症率が高いことをふまえ、アレルギー対応の細やかなルールを園独自で決めておくことが賢明です。特に0−1歳（離乳食期）のクラスのアレルギー対応は個人差をふまえた適切な対応が欠かせません。個人差をふまえた対応には、職員間そして保護者との情報交換、正しい診断が不可欠です。

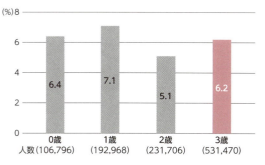

（柳田紀之,ほか：アレルギー,67:202-210,2018）
※保育所入所児童のアレルギー疾患罹患状況と保育所におけるアレルギー対策に関する実態調査
「食物アレルギーの栄養食事指導」（南山堂）一部改編

適切なアレルギー対応のための考え方

正しい診断を得ることと同じくらい大事なのが、触れて出る症状に対しての考え方です。園では、触れて出る症状について正しく理解しておくことが欠かせません。皮膚に触れて誘発される症状は、食べて（消化管を通して）出現する反応よりもアレルギー症状を起こしやすいものです。触れたら症状が出るけれども、食べても大丈夫ということが園ではしばしば起こります。ですから、保護者から、これまで食べて出た症状が触れる範囲内の症状だけであるかを正しく聞き取りましょう。例えば口唇や目が腫れた等、顔面周辺にとどまる皮膚粘膜症状であれば、本当にそのことは「食べて出現したのか」を医療機関で明らかにしてもらうことをお奨めします。

保育所における触れることへの対応には、よほど重篤な食物アレルギー患児でなければ、触れることに対して過敏になり過ぎないようにすることも大切です。触れて出現する症状に対しても生活管理指導表をもとに、保護者と相互に理解し合いながら適切なアレルギー対応を丁寧に考えていきましょう。

新生児・乳児食物蛋白誘発胃腸症（新生児・乳児消化管アレルギー）

　主に母乳やミルク（牛乳）の食物たんぱく質が原因で発症します。完全母乳栄養でも発症する場合があります。IgE抗体の関与は少なく、細胞性免疫が大事であるとされています。

　日本では難病指定を受けた疾患で、年間2,000人以上の発生があると報告されています。成長発達過程の小児にみられるため、適切な診断を行い、十分な食事摂取ができるような支援が必要です。診断は容易ではなく、原因となる食物摂取と症状の出現の関係性を確認することが必要となります。

発症年齢
新生児期〜乳児期前半。
生後1カ月以内に症状を認めることが多く、新生児期（生後1週間）や乳児（0歳）で見られ、現在知られているアレルギー疾患の中ではもっとも若い年齢で発症する。

症状
24時間以内に発症（非即時型）。
下痢や嘔吐、血便、体重増加不良、お腹の張り等の消化器症状。

原因食物（アレルゲン）
主に母乳やミルク（牛乳）の食物たんぱく質が原因で引き起こされる。まれに母乳でも症状が出る場合もある。
離乳食開始後の卵黄等で発症するケースも増えている。
粉ミルクを含む牛乳、卵黄、大豆、米等。

食物アレルギーの関与する乳児アトピー性皮膚炎

※食物が関与しているタイプは乳児期のアトピー性皮膚炎全体の50〜70％

　食物に対するIgE抗体の感作が先行して関与し、湿疹の悪化に伴い原因食物の摂取によって、即時型症状を誘発することもあります。乳児期アトピー性皮膚炎に合併して認められる食物アレルギーです。すべての乳児期のアトピー性皮膚炎が食物に関わっているわけではなく、皮疹があってもすぐさまアトピー性皮膚炎と判断せずに、まずは正しいスキンケアや外用薬等による湿疹の治療を受けましょう。

発症年齢
乳幼児期（生後1〜3カ月頃）〜。
成長とともに治ることが多い。

症状
顔から首、頭や耳、口、関節の内側にできるかゆみのある湿疹。悪化すると全身に広がる皮膚症状。湿疹が顔をはじめ、からだにも広がって来ることが多い。痒みで眠りが浅く、機嫌が悪い状態が続く。医療機関でアトピー性皮膚炎と診断され、ステロイド軟膏等の薬を塗布しているがなかなか完治せず、悪化しているようにみえる。

原因食物（アレルゲン）
鶏卵、牛乳、小麦、大豆等

口腔アレルギー症候群（花粉-食物アレルギー症候群）

果物や生野菜に含まれるアレルゲンが口腔内粘膜に触れることで症状が出ます。多くは食後しばらくすると自然に軽快します。

発症年齢	幼児期〜大人。特に学童期以降が多くなる。
症状	生の果物や野菜等を食べた後に口や唇、のど等にかゆみや腫れ、イガイガ感等の粘膜症状が発生する。全身性の症状に広がることは多くない。
原因食物（アレルゲン）	果物類（キウイ、りんご、桃、メロン等）、野菜（トマト等）、豆乳等。花粉症と関連があるとされていて、ハンノキ科花粉症（シラカバ等）の人はバラ科果物（りんご、桃、イチゴ）等、ブタクサ花粉症の人はウリ科果物（メロン、スイカ）等に反応しやすい。

食物依存性運動誘発アナフィラキシー

一般的には、治りにくい病態といわれています。原因食物を、運動する前に食べない、食べたあとは運動しないということを守れば、食べても差し支えないとされています。

発症年齢	活動量が増える学童期〜大人。発症頻度は中学生6000人に1人程度。
症状	原因食物を食べて大半は2時間以内に一定以上の運動をした時にのみ現れる。全身のじんま疹、呼吸困難等の重篤な全身性症状が特徴。急速に症状が進行するので救急車を呼ぶ等して迅速に対応する必要がある。アナフィラキシー（ショック）が現れることもある。
原因食物（アレルゲン）	特定の食べ物、果物等での発症もみられます。 （小麦が60％、えび・かに等の甲殻類が30％） ＋一定以上の運動（球技やランニング）

鼻炎、湿疹、ぜん鳴等をあわせ持つ食物アレルギー

保育者の回答をもとにまとめられたこの調査では、鼻炎、湿疹、ぜん鳴等をあわせ持つ食物アレルギーが一定数あることがわかります。保育者は、食物アレルギーの出現の有無だけを見るのではなく、湿疹等を持っている子どもの場合、食物アレルギーをあわせ持つ可能性も視野に入れ、必要に応じて医療機関の受診を勧めながら、幅広にアレルギー対応をしていくことがのぞまれます。

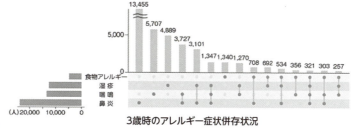

3歳時のアレルギー症状併存状況

出典：国立成育医療研究センター "Allergy and immunology in young children of Japan: The JECS cohort - ScienceDirect"
(https://www.sciencedirect.com/science/article/pii/S1939455120303823x)

保育所で気をつけたい食物が原因の
アレルギー疾患〜症状

ここまで食物アレルギーの

● **症状**（皮膚症状が1番多く、次に呼吸器、粘膜）
● **原因となる食物**
（割合の高いアレルゲンは鶏卵・牛乳・小麦）
● **食物アレルギーのタイプ**
（即時性が大半を占める）

について見てきました。

ここでは、保育所で気をつけたい、食物が原因のアレルギーの症状と疾患をご紹介します。

基本的な対処法としては、

● **原因食物を口や手等から除去**
● **水等で洗い流す**

が挙げられます。

軽度の場合は様子を見ますが、即時型症状の場合は悪化の進行が早い可能性もあるので、5分間隔で30分程度様子を見る等して、細心の注意を払う必要があります。

各アレルギー疾患をきちんと理解して、保護者と医療機関と連携を取りながら対応をしましょう。

じんま疹・浮腫

症状

じんま疹　：赤みや強いかゆみを伴う、蚊に刺されたような皮膚症状。
浮腫(むくみ)：皮膚の下に水がたまった状態。

受診の目安

じんま疹　：強いかゆみとじんま疹が全身（10個以上）に現れた場合や呼吸の異常が見られた時。
浮腫(むくみ)：唇等部分的ではなく、顔全体の腫れがある時。

出典：食物アレルギー研究会「食物アレルギー診療の手引き2020」より

アナフィラキシー

症状

皮膚、呼吸器、消化器等の複数の臓器にアレルギー症状が重なる状態。アナフィラキシーに血圧低下や意識障害を伴う場合を「アナフィラキシーショック」という。

受診の目安

進行が早く、アナフィラキシーショックに陥るため、早急にエピペン®等の応急処置と救急車を呼ぶことが必要。アナフィラキシーは、一度おさまった症状が再び現れることもある。（二相性反応という。）「おさまったから大丈夫」と油断せずすぐに受診することが大切。

気管支ぜん息

症状

発作を起こすと、ヒューヒュー、ゼーゼーとぜん鳴を繰り返す。

受診の目安

ぜん鳴を繰り返し、息を吸うときに喉や肋骨の間がへこむ、陥没呼吸になっている。呼吸数の増加。
小児の正常呼吸数（覚醒時）の目安は

2カ月 ・・・・・・60/分　　2〜12カ月 ・・50/分
1〜5歳・・・・・40/分　　6〜8歳・・・・・30/分

出典：厚生労働省「H22年度リウマチ・アレルギー相談員養成研修会テキスト」より抜粋

口腔アレルギー症候群
（花粉-食物アレルギー症候群）

症状

口や唇、のど等にかゆみや腫れ、イガイガ感等の粘膜症状が発生する。

受診の目安

口の中の症状だけでなく、呼吸の異常や元気がない等の神経症状が現れた場合は、アナフィラキシーの可能性があるのですぐに受診する。

食物アレルギーの関与する
アトピー性皮膚炎

症状

顔から首、頭や耳、口、関節の内側にできるかゆみのある湿疹。

受診の目安

おむつかぶれやあせも等の湿疹との違いを見分けるのが難しいため、症状の改善が見られなければ、家庭で医療機関の受診や治療を勧める。

食物アレルギーとまちがいやすい病気や症状

食物アレルギー症状の多くは皮膚症を引き起こすため、食べ物を口にしてじんま疹や湿疹が現れることで、食物アレルギーと直結して考えがちですが、そうではありません。

食品や食材等、食物を摂ったことでアレルギーに似た症状が現れることがあります。ここではそういった、食物アレルギーとまちがいやすい病気や症状を見ていきます。

乳糖不耐症

原因となる主な食品：
牛乳、粉ミルク、母乳に含まれる乳糖（ラクトース）

症状：
食物アレルギーは皮膚症状や呼吸器症状が現れるのに対して、乳糖不耐症はお腹がゴロゴロする、腹痛、おなら、下痢等の消化不良の症状が主。

特徴と対策：
牛乳が原因食物の食物アレルギーと違って、「少量なら飲めるけどたくさん飲むとお腹がくだる」「ホットミルクは大丈夫だけど冷たいものはダメ」等摂取できたり、できなかったりする。
症状が出た場合は、一時的に摂取を止める、乳糖分解酵素を服用するか、乳糖を含まないものに変える。

ヒスタミン食中毒

原因となる主な食品：
「ヒスチジン」というアミノ酸を多く含む赤身魚（マグロ、カツオ、ブリ、サバ、サンマ、イワシ等）が鮮度が落ちた状態（ヒスタミンが生成された状態）で調理・加工されたもの。

症状：
食べた直後から1時間以内に顔面、特に口周り、耳たぶが赤くなったり、頭痛、じんま疹、発熱等が現れる。

特徴と対策：
ヒスタミンは調理時の加熱等では分解されないため、ヒスタミンを生成しないように、喫食までの一貫した温度管理が重要。
症状が出た場合は、抗ヒスタミン剤が効果的なので、すみやかに医療機関を受診する。

他にも食品中の化学物質（セロトニン、カプサイシン等）や食品添加物等によりアレルギーに似た症状が現れることがあります。症状が現れた場合は、自己判断はせず、医療機関を受診することが大切です。

食物アレルギーかな？と思ったら 医療機関の上手なかかり方

食物アレルギー発症と受診まで

① 発症は早めに気づくことが大切

保育所もしくは家庭で「もしかしたら、これって、食物アレルギー？！」と思う瞬間があるかもしれません。

食物アレルギーやアトピー性皮膚炎等のアレルギー疾患を発症するリスクがある子は、ちょっとした変化等を見逃さず、発症に早めに気づいてあげることが肝心です。

しかし、食物アレルギーの症状として多く見られる湿疹やじんましん等の皮膚症状が食後に出たからといって、即、食物アレルギーと判断することはできません。

前述の通り、乳糖不耐症等のアレルギーに似た症状が現れるものや、乳幼児はそもそも皮膚のバリア機能が未熟で皮膚トラブルを起こしやすいからです。

勝手な自己判断で、原因かもしれない食物を除去したり、食べさせないということは子どもの健やかな成長の妨げとなってしまう恐れがあります。まずは医師の診断を受けるよう、保護者に促していきましょう。

下記は受診の目安を示したものです。食物アレルギーが疑われる時は、下図を参考に保育現場・保護者・医療機関が連携することが必要です。

受診の目安
※食物アレルギーで最も多い即時型症状の場合

食後、15～30分以内（2時間以内）に皮膚・呼吸器・粘膜症状等が現れた

症状の程度はどうかな？

軽症（グレード1）
- 口や唇等の部分的なじんま疹やむくみ
- 連続しない咳やくしゃみ
- のどのかゆみ、違和感
- 弱い腹痛
- 1回のみの下痢や嘔吐

等

中等症（グレード2）
- 全身にじんま疹、強いかゆみ、顔全体のむくみ、腫れ
- 連続した咳、ゼーゼー・ヒューヒュー等のぜん鳴、息苦しさ
- くり返す嘔吐、下痢

等

軽症 → 症状が治まる → 様子見をして保護者へ連絡。

軽症 → 症状が悪化 → 病院を受診

中等症 → 病院を受診

呼吸困難やアナフィラキシー等の重症の場合はすぐに救急車を!!

② メモをとりましょう

　食物アレルギーが疑われて、医療機関を受診する際は、原因食物を特定したり、正しい診断を受けるための、正確な情報が必要です。

　重篤な症状の場合は、メモを取るよりもすぐに救急車を呼ぶことが先決ですが、軽症で後日同じ食物でアレルギーが疑われる症状が現れた時や、中等症の場合はメモをとりましょう。診療の際に大事な手がかりとなります。

> **メモのポイント**　　アレルギー出現時に‥‥
>
> ☆ 何を、どれだけ食べたか
> ☆ 食べてから発症までの時間
> ☆ 症状がどれだけ続いているか
> ☆ 症状が現れた箇所と特徴
> ☆ 過去に同じもので同じ症状がでたかどうか
>
> ※保育園の給食やおやつを食べた際に出現した場合は、保育園給食献立、喫食量、症状のメモ等を保護者にお渡しし、受診時に医師に渡せると良いです。

③ 医療機関を選ぶ時の注意

　食物アレルギーの治療には、一般的には抗原食物を完全に除去する方法(完全除去)、摂取しても症状が出ない量まで摂取可能とする方法(部分除去)などがあります。乳幼児期の食物アレルギーは年齢を経るにつれ改善し、自然に治癒していく可能性も高いことが多いということがわかっていますから、食品の種類や年齢、アレルギーの重症度などを考慮し、治療法を適切に選択し指導してもらえる医療機関がお勧めです。

　最近は、アレルギーの研究が進み、これまで常識だったものが変わったりと、アレルギーの治療は変化をとげています。

　医療機関によっては、アレルギー対応の考え方が違う場合等があったり、小児専門でない、あるいはアレルギー専門医でない等のバラツキがあります。

　アレルギーが疑われる症状が現れた時や、アレルギー発症のリスクのある子どもは、以下のポイントを参考に、事前にリサーチしておきましょう。各家庭のかかりつけ以外でも、アレルギー専門医を知っておくことが大事です。

アレルギー専門医かどうか	日本アレルギー学会専門医・指導医一覧 https://www.jsaweb.jp/modules/ninteilist_general/
子どもの発達特性等に合わせたくわしい問診をしてくれるか	自治体等の情報や、在園・卒園児の利用した医療機関等のリストを園で備えるなどすると良いです。通いやすさや医師との相性等を園でまとめ、個人情報に注意しながら、利用者の生の声を保護者にお伝えできると良いでしょう。
必要に応じて食物経口負荷試験が行われているか	食物アレルギー研究会/食物経口負荷試験実施施設一覧 https://www.foodallergy.jp/ofc/

> 　食物経口負荷試験は、アレルギーが確定しているか疑われている食品を単回または複数回に分割して摂取し、症状の有無を確認する検査です。原因食物の確定診断につながる検査で、安全に摂取できる量の決定または耐性獲得の診断のために行われるものです。
>
> 　多くの大学病院では食物経口負荷試験の実施がありますが、半年から1年もの長い間受診を待たなくてはならない場合もあります。
>
> 　子どものアレルギーは、こまめな受診と成長発達に合った対応が不可欠ですので、近所のクリニック等でも食物経口負荷試験を土曜や平日夕方に実施している医療機関もありますので、保育園に通う子どもたちが通える範囲内でいくつか情報をまとめておきましょう。何を優先に医療機関を選択するのが望ましいか、個人のニーズ、家庭の状況等と照らしながらよりよい医療機関選択の支援が園全体でできるよう心がけましょう。

食物アレルギー診断のフローチャート（即時型症状）

　食物アレルギーの診断手順と必要な検査は次に示す通りです。検査は主に3つあります。
　食物摂取状況や症状の経過等、くわしい問診のあとは、血液検査をするのが一般的です。医療機関によっては、血液検査ではなく、皮膚テスト等を行う場合もあります。
　血液検査や皮膚テストはあくまで診断の補助的なもので、診断を確定することはできません。

食後、15～30分以内（2時間以内）に皮膚・呼吸器・粘膜症状等が現れた

　原因となる食べ物を食べて主に2時間以内（多くは食べた直後から30分間）に、皮膚・呼吸器・粘膜・消化器等に症状が出現するものです。乳児から学童等年齢を問わず発症しますが、最も患者数が多いのは乳児で、年齢が上がるにつれて治っていくことが多いため、患者数は減っていきます。園の給食やおやつで発症した場合は、速やかに医療機関受診の手配をとります。（保護者への連絡も同時。）園では、その症状を記録し、医師に情報がつなげるようにします。

医療機関を受診　くわしい問診

　食物アレルギーは、病歴などのくわしい問診や適切なアレルギー検査をもとにして診断されます。
　原因食物や食物アレルギーの重症度を正しく診断してもらうために、少しでも多くの確かな状況を医師に伝えられる準備が必要です。

血液検査（IgE抗体等検査）

　アレルギー症状を引き起こしたと思われるアレルゲンの血液中の「IgE抗体」の量を測ります。抗体の値が高いほど、抗体がたくさんあることを示しています。しかし抗体値と症状の強さは一致するとは限りません。

皮膚テスト（プリックテスト）

　アレルゲンの試薬を皮膚に1滴のせて、専用の針で皮膚にごくわずかな傷をつけ、蚊に刺されたような反応を示したら陽性と判断されます。手軽にできますが、アレルギーに強く反応する場合、全身に症状が現れることがあるので注意が必要です。

問診と検査等から原因食物が特定できる

はい

食物経口負荷試験

医師の指導の下でアレルゲンと思われる食物を実際に食べて、症状を確認する試験。症状が現れた際に対応のできる設備や体制が整っている病院で行われます。

いいえ

食物アレルギー診断の確定

食物経口負荷試験で入院中の子ども

　食物経口負荷試験は、食物が原因であるかどうかについて最も信頼の高い検査です。
　リスクとしては、検査を受ける子どもが、アナフィラキシーを起こす危険もあります。

～検査はいつ行われるか～
　食物経口負荷試験は、アレルギーの原因と思われる食物を実際に食べてみて検査をします。この検査は、アレルギー症状が出現するか否かを確認する検査ですので、リスクを考えて、アナフィラキシーショックのある子どもには原則行われません。アナフィラキシーショックを起こした後、何年か経過しているような場合は、症状を起こさなくなっている可能性もありますので、慎重に検査を行うことは可能です。
　牛乳、卵、小麦、大豆による食物アレルギーのある子どもは、原因食材（アレルゲン）を1年間～1年半程除去した後に行われます。状況によってはアレルゲン特異的なIgE抗体の推移を参考とし、除去後6カ月で負荷試験が行われる場合もあります。
　ピーナッツ、ナッツ、魚による食物アレルギーのある子どもは、アレルゲンを3年間除去した後に実施します。状況によってはアレルゲン特異的なIgE抗体の推移を参考にして、除去後1年から2年ほどで食物経口負荷試験を行うこともあります。
　その他の食材については、1年間～1年半程除去した後に行われます。

出典：食物アレルギー研究会「食物アレルギー診療の手引き2020」を改編

実施方法は？

　アレルギー症状の程度は、アレルゲン特異的なIgE抗体の値や皮膚試験からは予測しにくいため、少量ずつ食材を食べます。重篤な症状を起こしたことのある子どもは、下唇へ食品を軽く付けて、何も症状が起こらないかを観察します。

☆或る負荷試験の例
　食物経口負荷試験は夕方の時間帯に検査することができるクリニック等がある一方、大学病院等では、次のように時間をかけて行われることが多いです。安全性確保のため、時間をかけて行われます（およそ2～3時間）。

※食物経口負荷試験当日の激しい運動や長時間の入浴は、アレルギー症状を誘発する可能性がありますので、当日はゆっくり過ごせるよう環境に注意しましょう。

　負荷試験開始。（30-60分間隔で1回～3回位に分けて摂取していきます。）
　負荷試験中は、定期的に診察され、必要があれば処置が行われます。少量から徐々に量を増やしていきます。症状によっては陽性と判定した時点で負荷試験を中止し、適切な処置を行います。無事に摂取終了後、1～2時間程度は経過観察をします。明らかな症状が出現しない場合は、陰性です。（一次判定）
　陰性の場合、自宅での摂取を繰り返し、次回受診日に最終的な判定となります。（最終判定）

必要最小限の除去の考え方〜食のコントロール〜

アレルギー疾患を有する子どもの治療

アレルギー疾患を有する子どもの治療は、食事療法、薬物療法の2つを主な柱として進めていきます。

食事療法

食物アレルギーの原因となる食べ物を食事から除きます。この食事のことを「除去食」とよびます。

薬物療法

症状が起きた時に薬を飲んだり、エピペン®(アナフィラキシー補助治療剤／アドレナリン自己注射薬)を使用します。多くはアレルギー症状が起きた時の対処療法です。

➡ **P.57**

食物アレルギー 食事療法のポイント

食物アレルギーの原因となる食べ物を、食事から除去する「除去食」が食事療法の第一歩となりますが、単に食品を除去するだけでは栄養に偏りが出てしまったり、子どもの成長に伴う変化に適切に対応していくことができません。そこで、食事療法を実施する上で大切なポイントを園の職員皆で確認しておきましょう。

- **必要最小限の除去** ➡ P.44
- **誤食に注意** ➡ P.47
- **定期的な食物経口負荷試験** ➡ P.52
- **不足分の栄養補給** ➡ P.56

参考文献:食物アレルギー研究会「食物アレルギーの診療の手引き2023」「食物経口負荷試験の手引き2023」「食物アレルギーの栄養食事指導の手引き2022」、環境再生保全機構「ぜん息予防のためのよくわかる 食物アレルギー 対応ガイドブック2021改訂版」、消費者庁「加工食品のアレルギー表示ハンドブック」(令和3年3月)、東京都健康安全研究センター「アレルギー疾患に関する施設調査(令和元年度)報告書」

ポイント 1

食の視点では **「医師の診断に基づいた 必要最小限の原因食物の除去」** が原則

食物アレルギーの治療・管理の原則は「医師の診断に基づいた（正しい診断に基づいた）必要最小限の原因食物の除去」です。
（食物アレルギーの診療の手引き2023、食物アレルギーの栄養食事指導の手引き2022）

必要最小限の除去とは

① **食べると症状が誘発される食物（原因食物〈アレルギーの原因となる食物〉）だけを除去する。**
　過剰な除去を避ける。「念のため」「心配だから」という理由だけで除去をしない。

② **原因食物でも、症状が誘発されない"食べられる範囲"までは食べることが出来る。**
　食物経口負荷試験で症状が誘発された食物であっても、症状を誘発しない範囲の量の摂取や、加熱・調理により症状無く食べられるものは、除去せずに摂取する。

食物アレルギーの栄養食事指導の手引き2022 より

「除去」は必ず医師の指導のもとで

　医師の診断ではなく、保護者の判断で食べ物を除去することは推奨されていません。血液検査や皮膚テストの結果のみで、すでに除去している場合には、必要に応じて食物経口負荷試験を行い、実際に食品を食べてみて、症状の有無そして、程度等を確認します。

　原因食物を口にしても症状が出ず、「食べることができる原因食物の量」を「食べられる範囲」と言います。「食べられる範囲」は個人差が大きいため、医師が食物経口負荷試験によって個々人の「食べられる範囲」を判断し、家庭でも原因食物を食べるよう、医師が指示をします。医師が決定した「食べられる範囲」であっても、子どもの体調や運動後等でアレルギー症状が起きやすくなっている可能性もあるので注意が必要です。また、「食べられる範囲」を超えた量を、保護者の判断により自宅等で試すことは非常に危険です。

「正しい診断」って？

　食物アレルギーの検査はいくつかありますが、一般的にはP42の食物アレルギー診断のフローチャート（即時型症状）のように検査を進めていきます。

食物アレルギーの確定診断

① **特定の食物摂取によりアレルギー症状が誘発されること。（問診または食物経口負荷試験）**
② **その食物に感作されていること。（特異的IgE抗体・皮膚プリック試験が陽性）**
　①及び②が確認できれば、確定診断とする。どちらか一方だけでは、食物アレルギーと診断したことにならない。

食物アレルギーの栄養食事指導の手引き2022より

　食物アレルギーの確定診断には①及び②両方についての確認が必要です。

　食物アレルギーの栄養食事指導の手引き2022では、①及び②両方についての確認で食物アレルギーが確定診断され、どちらか一方だけでは食物アレルギーという診断ではない、とされています。

　血液検査（一般的にはIgE抗体検査等）や皮膚テスト（皮膚プリックテスト）はアレルギー反応の出やすさを診る検査です。陽性でも、実際に原因食物を食べて問題ない（症状が出ない）場合もあります。食物アレルギーの診断は食物経口負荷試験の結果に基づいた診断が必要です。

生活管理指導表を医療機関で保護者にもらってきていただく前に、園独自に『園児のアレルギーに関する質問表』等を用意しておくと便利です。そこには、園児の氏名、月齢、記入者名（続柄）、食べ物によると思われるアレルギー症状を起こす（起こした）ことの有無、有る場合は、〈アレルギー食品、症状の選択肢〉から分類・食品名・症状名を選んで記入できる様式を用意します。アレルギー食品、分類（牛乳）、食品名（生クリーム）、症状、食べて〇分後に〇〇が出現、これまでに計〇回、食べて〇分後に・・・といったように、経過が分かるものを記録していただくとよいです。診断名がついたアレルギーがあれば、その際の治療内容、たとえば牛乳アレルギーによるじんま疹とぜん息、点滴と内服をした、検査結果は牛乳クラス3、現在の除去の程度は、生クリーム・牛乳は完全除去中、現在の治療内容は抗アレルギー剤（名称：〇×□ ）、他のアレルギー疾患や皮膚疾患で通院しているか、医療機関名、運動することで何か症状が出た（出る）ことがあるか（症状）、食事との関係、その他園の給食等について気になることといったある程度文字で読み取れるものがあると正しい状況把握の一助となります。

アレルギー疾患を有する子どもの保護者へ園として伝えたいこと

「保育施設等におけるアレルギー疾患生活管理指導表」の作成にご協力をお願いすることが大前提となります。

食物アレルギー疾患がある子どもへ園での給食やおやつについて、除去食対応をする際には、「保育施設等におけるアレルギー疾患生活管理指導表」をもとに、除去する内容等について話し合いをさせてもらうことをお伝えします。それは、除去食対応を止める場合にも同様です。

園児は、いつアレルギー症状が出現するかわかりません。入園時から、園での食物アレルギー対応のキホンを丁寧に説明しておくことが欠かせません。そして、園児に食物アレルギーがあるとわかった場合には、病院を受診していただき「保育施設等におけるアレルギー疾患生活管理指導表」の提出をお願いすることも相互に確認しておきます。それをもとに園と家庭で話し合いを重ねます。

既に園で除去食対応をしているケース

既に園で、除去食対応をしている園児については一定の時期に「再評価」のため、医療機関の受診をお願いします。食物アレルギーは成長とともに変化するという特徴があることや、アナフィラキシー等の回避には除去食対応は必要であっても、不要な除去は栄養摂取の大きな妨げとなることによるという理由も丁寧に保護者にご理解いただきます。

そのために、定期的な「再評価」（検査）が重要となります。

「保育施設等におけるアレルギー疾患生活管理指導表」の作成の際は、なるべく小児科での受診をお願いします。（小児科以外では対応が難しいケースがあるからです）

★アレルギー疾患を有する子どもの保護者には、医療機関へ受診の際に、診断の参考となる資料や情報をできるだけまとめて揃え持参されるよう、支援します。また、保護者が手続き等の流れについて、平易に理解できるよう、「保育施設等におけるアレルギー疾患生活管理指導表」の交付に至るまでの手順（フロー）を丁寧に説明します。

食事療法の進め方

アレルギー疾患を有する子どもで生じる問題は、食物除去による栄養面の問題とQOL（Quality of Lifeの略）の問題です。

詳しくは ➡ **P.11**

子どもは「活動に必要なエネルギーや栄養素」と併せて「成長や発達に必要なエネルギーや栄養素」も必要です。「心配だから」「念のため」という気持ちで、医師から診断されていない食品も除去する「過剰な除去」は、場合によっては栄養素の不足を招き、子どもの成長や発達に悪影響を及ぼす可能性があります。また、適切な除去であっても、成長や発達に必要な栄養素を他の食品で補う配慮が必要です。

食事療法についての正しい理解は、子どもの「健康的な」「安心できる」「楽しい」食生活につながります。そのため、適切な食事療法はアレルギー疾患を有する子どもの安全の確保やQOLの向上につながります。

生活管理指導表はアレルギー対応のベースになるもの

保育所におけるアレルギー疾患生活管理指導表（以下、生活管理指導表）は"フル活用"したい大事な書類です！

　生活管理指導表は保育所の生活において特別な配慮や管理が必要となった場合に限って作成するものです。生活管理指導表を使ってどのように園と保護者で情報を共有すればよいのか、そこをとらえて考えます。園では、どのように活用するのか、その活用の仕方と園での保護者との面談時に話したいポイントを押さえましょう。

活用の仕方の基本のキ

　生活管理指導表の活用のキホンは、入園前あるいは在園途中にアレルギー対応の考え方を相互に共有するためのツールとして使うものです。医師の診断がベースとなっているので、正しいアレルギー対応の計画に使えます。提出が必要なのは、保育園の生活において特別な配慮が必要と考える園児のみです。たとえば「ぜん息がある」という場合でも、症状がコントロールされていて、園での特別な配慮が必要でない園児は必ずしも提出の必要はありません。もちろん、アレルギーと分かった場合は、極力生活管理指導表の提出を求めるという方針も間違いではありません。対応の具体的な方法は園独自のアレルギー対応マニュアルで詳細を決めておきます。

　生活管理指導表はあくまで保護者の自己判断で記されるものでなく、医師による正しい診断のもとに記入される事が前提です。生活管理指導表は医師の診断書と同じです。医師の正しい診断、客観的な評価がベースとなってはじめて、保護者の思いによるものでなく集団施設である"園での対応が必要"であることを、園側と共有することができます。

　園の職員全員で情報共有できるようにしておきます。情報共有欄は生活管理指導表の下段に位置し、職員全員で情報共有することへの同意・可否の選択肢と、保護者署名欄が設けられています。園で子どもが重篤な症状になった場合、一刻も早く気づき迅速適切に対応するため、園全体で情報共有しておくことが不可欠です。そのためにも生活管理指導表の下段の情報共有欄に漏れなく保護者に署名をしてもらいます。また、緊急時の「連絡医療機関」を事前に確認しておくことはとても大事です。未記入でないか、医療機関の押印が薄くないか等丁寧に確認をしてから、受け取りましょう。生活管理指導表の緊急時連絡先記入欄には、保護者に必ずつながる電話番号が書かれているかどうかも口頭で再度確認をしましょう。

　令和4年4月より『生活管理指導表』発行の料金が保険適応となり、本格的に活用しやすくなりました。これまで多くの医療機関では、『診断書』と同じように発行料金が設定されていて、各医療機関によって料金はまちまちでした。そのため毎回生活管理指導表を発行してもらう度、数千円の生活管理指導表発行料を保護者が自己負担していました。保育園では生活管理指導表を定期的にもらってきてほしい思いがあっても、保護者の費用負担があったため、手控えているところもありました。

　市区町村によっては、子どもの医療費を負担する保護者に保険診療の自己負担額の助成を行っているところも少なくありません。例えば、「市区町村の子ども医療費助成受給券」等を、健康保険証と一緒に医療機関の窓口で提示することで、一定の自己負担金のみで受診できる等です。

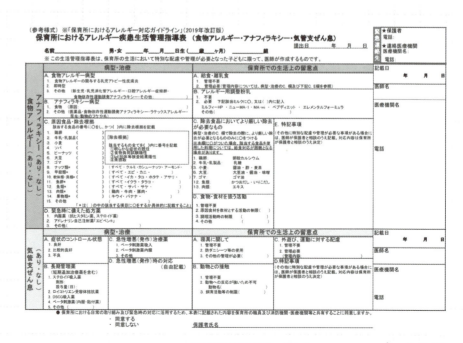

生活管理指導表の様式については ➡ P.143

ポイント2 食の視点では 誤食に注意

アレルギー疾患を有する子どもが誤って食物アレルギーの原因食品を食べてしまうことを「誤食」といいます。保育所における誤食の原因の多くは「誤配膳」等のヒューマンエラーです。

また、加工食品のアレルギー表示の見落としや理解不足が誤食を招くこともあります。加工食品のアレルギー表示は食品表示法で定められています。見落としのないよう、アレルギー表示の見方をよく理解することが大切です。詳しくは ➡ P.49

保育所等におけるアレルギー疾患を有する子どもへの対応は、「安全の確保」を最優先するため、給食では「完全除去」が原則とします。また、配膳ミスを防ぐ仕組みづくりが大切です。詳しくは ➡ P.24

保育所等で

保育所での食物アレルギー対応は医師の診断をもとに行うことが大前提です。保育所給食で提供する食品に対して、食物アレルギーがある子どもについては、医療機関を受診して、「生活管理指導表」を園に提出していただきます。事前（おおよそ1カ月前）に、保護者と園で使用する食品を確認して、対象食品を除去した安全な給食提供に努めます。

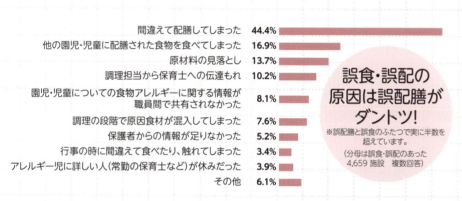

（厚生労働省平成27年度子ども・子育て支援推進調査研究事業補助型調査研究「保育所入所児童のアレルギー疾患罹患状況と保育所におけるアレルギー対策に関する実態調査調査報告書：平成28年3月東京慈恵会医科大学」から）一部改変

保育所での誤食を防ぐために

1 献立作成から注意

調理の作業工程等を踏まえ、除去食作成も一般食からの展開によって可能となるような献立が望ましい。また、日常的に食べない食材は献立に組み込まないようにする。

2 保育所で「はじめての食品」は避ける

保育所で出される分量と同量を、家庭において少なくとも2回以上、食べてみて問題のなかった食材のみを提供するようにする。

3 「完全除去」か「解除」か、を原則に

部分除去は、調理や配膳が煩雑になり広い作業スペースが必要となる。また子どもの体調によって症状が出る場合があるため採用しない。安全を最優先し、完全除去か解除を原則とする。

4 原材料表示の確認

普段から使用している加工食品であっても、リニューアルなどで原材料の変更がある場合があります。「いつもと同じ製品だから大丈夫」と思うことなく、毎回きちんと確認を行うことが必要です。

原材料表示について ➡ **P.51**

5 コンタミネーション（意図しない混入）のない調理と搬送

① 調理室内での指差し、声出しによる二重の確認
② 対象園児と除去食品の見える化
③ 専用トレーの使用

〜専用トレーを使用することの大切な意味〜

単品で扱うより、アレルギー疾患への対応を要する子どもごとに"1人分"としてトレーで管理することで誤配誤食等の間違いが減ります。また、盛り付け後のトレーは目立つ色付きラップで覆うと、アレルギー対応のトレーであることが誰の目からもわかり、子どもが直接食品に触れることを防げます。ラップには、注意事項を油性ペンで書くことで二重の防止策にもなります。トレーごとやアレルゲンごとに色を分けるより、ひとつの色や柄がついているトレーや食器で統一し、色がついていたり柄が付いているトレーや食器はアレルギー対応が必要な子どものトレーであると誰もが認識できるようにすることが大切です。

6 職員による、誤食防止の体制づくり

① 対象園児と除去食品の見える化
② 配膳時の声出し確認をルーティン化
③ 対象園児が他園児の食べ物に手が届かないよう、座席や職員の配置に留意する。

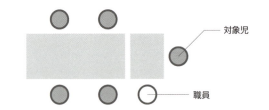

7 休日保育・イベントの日は要注意！

職員が少なくなる休日保育や、イベントの日、異動のある年度末年度始めは特に念入りにチェックを行う。

8 保護者との連携

献立表等を用いて、保護者と除去の内容を確認する。

9 除去の解除は手順をふんで

食物経口負荷試験の結果により医師から完全解除の診断がされたのち、複数回は自宅において、保育所で提供される同量を摂取し、安全を確認する手順を踏んでもらう。安全が確認できた後は、職員の配置や行事等を鑑みて、可能な限り余裕のある日から、子どもの体調の良い時から保育所での解除を開始する。

アレルギー表示って？

加工食品には、原材料として含まれているアレルゲンを表示すること（アレルギー表示）が食品表示法により定められています。

> 加工食品を選ぶ時は必ず原材料表示をチェックする ☑

加工食品は、見た目だけでは原因食品が含まれているかどうか判断しにくく、思わぬ誤食につながることがあります。加工食品を購入する時は必ず表示を確認しましょう。

アレルギー表示はどんな食品が対象？

食物アレルギーの頻度が高い、重い症状が出やすいとされている**特定原材料8品目**は、アレルギー表示が義務化されており、使用している場合には必ず表示されます。

一方、**特定原材料に準ずるもの20品目**は表示が推奨されていますが、表示義務はないので、注意が必要です。

また、季節限定商品やリニューアルによって原材料が変更になることもあります。そのためアレルギー表示は購入するたびに確認することが大切です。また、同じ原材料でも異なる表記をすることがあります（代替表記・拡大表記）。詳しくはP.61～の各食品の説明を参照してください。

※アレルギー表示は消費者庁のホームページで最新の情報をチェックしましょう。特定原材料等の分類・取り扱いが変更となることが分かっています。

表示義務あり　特定原材料8品目
えび、かに、くるみ、小麦、そば、卵、乳、落花生
企業は表示しなければならない。

表示が推奨されている　特定原材料に準ずるもの20品目
アーモンド、あわび、いか、いくら、オレンジ、カシューナッツ、キウイフルーツ、牛肉、ごま、さけ、さば、大豆、鶏肉、バナナ、豚肉、マカダミアナッツ、もも、やまいも、りんご、ゼラチン
企業は表示しても、しなくても良い。利用時はメーカーに問い合わせを。

分かりにくい表示に注意！

紛らわしい名称で除去が必要か判断しにくい表示があります。右表に例を挙げています。

詳しくは ➡ **P.61～**

分かりにくい原材料名	
乳化剤 乳酸カルシウム 乳酸ナトリウム 乳酸菌	乳ではありません
麦芽糖 酵母	小麦ではありません

Part1 必要最小限の除去の考え方 ～食のコントロール～

外食、テイクアウトのお弁当や加工品のアレルギー表示

容器包装された食品

缶、びん、ペットボトルなどの容器に詰められた食品／箱やポリ袋に包装された食品

容器包装されていない外食、スーパーやコンビニ・飲食店のお弁当やお惣菜、パン屋さんのパン 等

 表示義務あり  ○　　 表示義務なし   ×

食品表示法の対象は、容器包装された加工食品等のみです。飲食店や総菜店等で アレルギー表示があることもありますが、小売店で作られたお弁当やお惣菜、パンや外食の料理等については、アレルギー表示の義務がありません。利用する際はお店に確認しましょう。

保育・給食現場 ＋ 保護者支援にＷで役立つ＆家庭での"中食"利用の支援

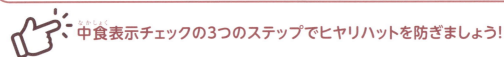

♪中食表示チェックの3つのステップでヒヤリハットを防ぎましょう！

身近なコンビニエンスストア(コンビニ)を利用することが多いですよね。コンビニでそろう食材をのぞいてみましょう！
　おにぎりやパンその他調味料等、顆粒だし、コンソメ、しょうゆ、みそ、大豆、マヨネーズ、ケチャップ、ソース、バター…多くが手軽に揃いますね！　普段使っている製品を切らしてしまい、臨時で子ども用にと塩分控えめの顆粒だしを買うこともあるでしょう。
　しかし、ここで要注意！　一部のメーカーでは塩分控えめの顆粒だしのみ、乳成分に加えて小麦成分が含まれていることがあります。そこで…

　　　1ステップ　　♪店頭で商品パッケージをチェック！（＝きちんとチェック）
　　　2ステップ　　♪メーカーのHPでチェック！（＝しっかりチェック）
　　　3ステップ　　♪再度家庭で商品パッケージをチェック（＝じっくりチェック）
　　　　　　　　　　の3ステップで、ヒヤリハットを防ぎましょう。

　コンビニの利用等の際は、その手軽さから丁寧に食品表示を確認する意識が低くなりがちです。思わぬところにアレルゲンが含まれていることがありますので、特に普段よく使う調味料等は、過信せず、丁寧に何度もの工程で常に食品表示・原材料等のチェックを行うことの大切さを共有していきましょう。

加工食品のアレルギー表示 表示の決まり

●表示されるアレルギー物質の名称は1つではない

> 必ずしも「卵」「乳」と書かれているわけではない！

アレルギー物質の原材料名にもいくつかの表記が許可されています（これを代替表記といいます）。例えば「卵」は「玉子、エッグ」、乳は、「バター、チーズ、アイスクリーム」等「乳」という文字のつかない加工品名で記される場合もあり、注意が必要です。（各食品の詳細について 詳しくは➡P.61～）

	卵	乳	小麦	えび	かに	落花生	そば
代替表示	玉子、たまご、タマゴ、エッグ、鶏卵、うずら卵、あひる卵	ミルク、バター、バターオイル、チーズ、アイスクリーム	こむぎ コムギ	海老 エビ	蟹 カニ	ピーナッツ	ソバ
その他の表記例	ハムエッグ、厚焼き玉子	アイスミルク、ガーリックバター、プロセスチーズ、牛乳、生乳、濃縮乳、乳糖、加糖れん乳、乳たんぱく、調製粉乳	小麦粉 こむぎ胚芽	えび天ぷら サクラエビ	上海がに、カニシューマイ、マツバガニ	ピーナッツバター、ピーナッツクリーム	そばがき、そば粉

●原材料表示について

> どの食材に何のアレルゲンが含まれているのかが個別に表示されているのが特徴です！

> 一括表示は、食品表示の読み間違いによる事故が起こりやすいので注意しましょう！

原材料表示の仕方には2種類あります。原材料一つひとつの後に（○○を含む）と表示する「個別表示」と、原材料名欄の最後にまとめて（一部に○○＋×××＋‥‥を含む）と表示する「一括表示」が使い分けられています。

【個別表示例】

名称	パン
原材料名	小麦粉、ミックス粉(小麦粉、砂糖、全粉乳、ばれいしょ粉末、食塩、植物油脂)、マーガリン(乳成分・大豆を含む)、砂糖、卵、発酵風味料、パン酵母/膨張剤、香料、V.C、乳化剤(大豆由来)

【一括表示例】

名称	パン
原材料名	小麦粉、ミックス粉(小麦粉、砂糖、全粉乳、ばれいしょ粉末、食塩、植物油脂)、マーガリン、砂糖、卵、発酵風味料、パン酵母(一部に小麦、乳、乳成分、大豆、卵を含む)/膨張剤、香料、V.C、乳化剤(一部に大豆を含む)

> スラッシュより前半は原材料、後半は"添加物"を表します

> 同じパンでも、表示の仕方によって確認する場所が違います

> 原材料に含まれているアレルゲンはすべて同じ場所に一括表示されています。アレルゲンがどの食材に含まれているのか、まとまって書かれています

●注意喚起表示について

原材料には使用していなくても、食品の製造工場内でコンタミネーション（意図しない混入）が生じる可能性を否定できない場合、注意喚起表示を行うことがあります。注意喚起表示については表示が義務化されているわけではありません。そのため、注意喚起表示がないからといって、その食品が特定原材料と同じ製造工場内で作られていないと判断することはできません。

> 『本品製造工場では、○○（特定原材料等の名称）を含む製品を生産しています。』
> 『本製品で使用しているしらすは、かに（特定原材料等の名称）が混ざる漁法で採取しています。』 等

ポイント3 食の視点では 食物経口負荷試験のススメ

◆**定期的に医師の指導や必要に応じて食物経口負荷試験を受けることがのぞましいです。**

　原因食物を除去した状態に慣れると除去食を継続してしまいがちですが、成長に伴い免疫や消化吸収のはたらきが発達すると食物アレルギーの原因となっていた食品も症状を起こさずに食べられるようになることがあります。このことを耐性の獲得といいます。定期的に医師の指導や食物経口負荷試験を受けることが大切です。

食物経口負荷試験の目的

| 食物アレルギーの確定診断（アレルゲンの同定） | 安全摂取可能量の決定および耐性獲得の診断 |

食物経口負荷試験はこんなタイミングで行われます

1	アレルギー症状を起こさず安全に食べることができる量を決定する時
2	除去の解除が期待される時
3	原因食品除去の再確認が必要な時

　年齢が上がるにつれて在園中に耐性を獲得し原因食品を食べられるようになる可能性があります。そのため定期的に、原因食品の除去の解除、または食べられる範囲を広げることをめざして、食物経口負荷試験を実施し、耐性が獲得できているかを確かめます。

　原因食品を誤って食べてしまった（誤食）時にアレルギー症状が出なかった場合も医師に報告し、同様の理由から食物経口負荷試験を実施する等します。

　食事療法を実践する中で、症状が悪化することもあります。その場合、除去している食品以外の食品が原因食品となっていることがあるため、その際も実施します。

　保育所入園や小学校就学等で集団生活に入る前に、食物経口負荷試験を受け、除去の必要性や、食べられる範囲を再確認することもあります。

「除去の解除」の進め方 -医師の指導のもとにご家庭で-

☆定期的に医師の指示で食物経口負荷試験を受け、「食べられる範囲」を広げていきます。

食物経口負荷試験
食物経口負荷試験により、除去となる食品、食べられる範囲を医師が決定し、指示します。

医師の指示のもと自宅において 部分解除

解除された食品を食べられる範囲で繰り返し、自宅において食べ、症状が出ないこと等を確認します。

繰り返す

自宅において 完全解除
アレルギー症状を起こさずに給食で提供される一定量が食べられるようになったら、自宅における完全解除へ。

自宅において、保育所で提供される同量を食べ、症状が出ずに食べられることを複数回確認します。

保育所においての 完全解除

アレルギー除去食解除届けの提出

　原因となる食品の除去の解除をする時には、食物経口負荷試験を受けて、安全に食べられる量を確認したうえで、医師の指導の下進めていきます。1度だけではなく、繰り返し食物経口負荷試験を実施し、症状なく食べられることを家庭においても確認しながら、食べられる量を段階的に増やし、除去解除を目指します。

　保育所での除去の解除は、保育所給食で提供している一食分の同量を、家庭において複数回摂取し、食後の運動、入浴等でも症状が出ることなく、安全に摂取できることが確認された後、医師の指示のもと除去解除へと進みます。安全に摂取できることが確認できたら、園であらかじめ用意している所定様式である「アレルギー除去食解除届」を保護者から園に提出してもらい、解除へと進めていきます。なお、保育園での体制に変化がある年度末や年度初めの解除はなるべく避けましょう。

部分除去の場合に食べられる可能性が高い食品の目安量

各食品で示した「食べられる可能性が高い食品の目安量」は理論値です。実際に食べる際は必ず医師の指示に従いましょう。
※下記は一例です。

なお、**保育所では原則、部分解除での対応は行いません**。保育所給食は完全除去、または解除のいずれかで対応します。

加熱卵1/8個が解除となった場合
鶏卵全卵7.5g ＝ たんぱく質 1.0g

鶏卵のたんぱく質（アレルゲン）は加熱による変性が大きく、加熱時間、加熱温度、材料の鶏卵の量によって症状の出やすさが大きく異なるため、食べられる範囲を広げていく際には十分な注意が必要です。

鶏卵に含まれるアレルゲンは、加熱時間が長く、加熱温度が高く、含有量が少ないものが、よりアレルゲン性が低くなる傾向にあります。

加熱全卵1/8個が摂取可能の場合に食べられる可能性が高い食品

鶏卵を含む食品	量の目安
ロールパン	2個まで
ドーナッツ	1/2個まで
クッキー	2枚まで
ウィンナー	2本まで
ちくわ	1〜2本

牛乳50mlが解除となった場合
牛乳50ml ＝ たんぱく質量 1.7g

牛乳のアレルゲンは、加熱によるアレルゲン性の変化を受けにくい性質です。そのため"食べられる範囲"は、ある程度牛乳・乳製品中のたんぱく質量を参考にすることができます。

チーズは乳脂肪率が高いほど、含有するたんぱく質量は少なくなります。（乳脂肪率）カッテージチーズ＜プロセスチーズ＜クリームチーズ等があります。

牛乳50mlに相当するたんぱく質を含む食品

乳製品	量の目安
ヨーグルト（全脂無糖）	45g
スライスチーズ	7g
パルメザンチーズ	3g
ホイップクリーム（乳脂肪）	90g
バター	270g
脱脂粉乳	4g

うどん（乾）50gが解除となった場合
うどん50g ＝ たんぱく質 1.3g

小麦のアレルゲンは、加熱によるアレルゲン性の変化を受けにくい性質です。そのため"食べられる範囲"は、ある程度小麦製品中のたんぱく質量を参考にすることができます。

乾燥パン粉は大さじ2程度、焼き麩は4.5g程度までが、うどん50gに相当するたんぱく質を含みます。パン粉を細かく砕けば、フライの衣としても十分に足りる量です。

※一般的なうどんは、ゆでると約3倍の量になります。

うどん50gに相当するたんぱく質を含む食品

小麦製品	量の目安
食パン	14g（8枚切食パン1/4枚）
スパゲッティ（乾）	9g
マカロニ（乾）	9g
そうめん（乾）	12g
薄力粉	13g
餃子の皮	10g（約2枚）

※ゆでうどん10gが食べられるようになったら、おおよそマカロニやスパゲティは5g程食べられるようになります。

参考文献：『厚生労働科学研究班による食物アレルギーの栄養食事指導の手引き2022』

必要最小限の除去の考え方〜食のコントロール〜

食物アレルギーの食事療法は、アレルギーの原因食品を食事から除く「除去食」が基本です。除去食には原因食品全てを除去する「完全除去」と、量や食品の種類を制限する「部分除去」があります。

完全除去
微量でもアレルギー症状が出る等の場合は、原因食品全ての除去を行います。

部分除去
原因食品全て除去する必要はなく、加熱や量によっては食べることができるため、家庭では原因食品の部分的な除去を行います。

保育所等では「完全除去」が基本です

前述の通り、食物アレルギーでは「必要最小限の除去」が基本です。しかし、それはあくまで家庭での場合に限ります。保育所給食など、大勢の対象者に給食を提供する場合に「個々人に合わせた部分除去」を行うと、事故のリスクが高まります。食物アレルギーは一人ひとりのアレルゲンや食べられる量が異なるため、調理や配膳などの手順・管理が非常に複雑になり、誤配膳や誤食につながりやすいためです。

QOL（生活の質）への配慮

乳幼児期は食物アレルギーが発症しやすい時期でもありますが、同時に、成長期であり、味覚や食習慣の基礎を形成する時期でもあります。そのため、食事療法を進めるにあたり、栄養面とQOL（生活の質）への配慮はアレルギー疾患を有する子どもの心身の発達や成長のためにも欠かせません。

正しい診断に基づく必要最小限の除去は、除去による栄養の不足を最小限にとどめることができます。また、「**食べることを通して おいしく、楽しく食べることは「生きる力」の基礎を培います。食をめぐるさまざまな事柄への興味・関心を引き出すことを大切にしましょう。**」（『楽しく食べる子どもに〜保育所における食育に関する指針〜』平成16年厚生労働省）とあるように、食事に風味、香り、食感、彩り等の幅を増やし豊かで楽しい食事をめざすことは、食育の観点からも重要です。食事はアレルギー疾患を有する子どもにとっては「治療」の一環でもありますが、同時に日常生活の一部でもあります。QOL（生活の質）向上のためにも医師による適切な検査、診断および定期的な治療・管理が大切です。

ポイント4 食の視点では 除去食で不足が心配な栄養素の補完

　原因食品を除去する「除去食」だけでは栄養素の不足が生じ、その結果アレルギー疾患を有する子どもの成長に悪影響が出る可能性があります。そのため除去した食品に含まれる栄養素を他の食品で補給する必要があります。他の食品で除去した食品の栄養素を補う食事のことを代替（代替食）、代わりの食品を代替食品と呼びます。

　必要最小限の除去で、主食・主菜・副菜のバランスが整っている食事は、子どもの栄養状態の悪化を防ぐことにつながります。しかし、除去の品目が多い場合等は特に意識して代替食品から栄養素を摂取する必要があります。　詳しくは ➡ **P.61**

　また、加熱調理や加工で原因食品のアレルギーを起こす力を弱めたり、酵素反応等を用いてアレルギーの原因となる成分を除いた「低アレルゲン食品」の利用は、栄養面にも配慮した豊かな食生活に役立ちます。

栄養面で配慮したいこと

- 嗜好に合った献立にすることで、残さず栄養を摂る！
- 低アレルゲン食品や食物アレルギーに配慮された栄養強化の市販品を利用するのも一考！
- 栄養のバランスがとれた食事を意識して！
- 食品数が少なくなりがちな食事にあと一品"プラス"する工夫を！
- 代替食品で継続的に不足しがちな栄養素の補給

食物アレルギー Q&A

Q 食物アレルギーって遺伝する？
A 体質的にアレルギーになりやすい傾向は遺伝するといわれています。

　体質的にアレルギーになりやすい傾向は遺伝するといわれていますが、親に食物アレルギーがあった場合、その食物アレルギーが子どもに必ず遺伝するわけではありません。アレルギーの発症には、遺伝と環境が関係しており、アレルギーが発症すると考えられています。

Q 加熱すれば食べられるようになる？
A 加熱することでアレルギーを起こす力が弱まる食べ物もあります。

　アレルゲンとなるたんぱく質の構造には、加熱により変化しやすいものと変化しにくいものがあります。よって、全ての原因食品に加熱が有効なわけではありません。
【加熱でアレルゲン性が低下しやすいもの】
鶏卵・野菜・果物
【加熱してもアレルゲン性が低下しにくいもの】
小麦・ピーナッツ・甲殻類・魚類

Q 小麦アレルギーです。市販の米粉パンは食べても良い？
A 原材料を必ず確認しましょう。

　市販の米粉パンには「グルテン」が含まれている場合があります。グルテンは小麦が材料となります。グルテンが使われていない米粉パンであれば、小麦アレルギーでも食べることができます。

Q 妊娠中にアレルギーになりやすい食品を避ければ、子どものアレルギー予防になるの？
A 妊娠中にアレルギーになりやすい食品を避ける等の食事制限は勧められていません。

　妊娠中にアレルギーになりやすい食品を避けることが子どものアレルギー予防になるという報告はありません。食事制限は勧められていませんので、自己判断で食事制限を行うことは避けましょう。

Q 食物アレルギーが心配…離乳食はいつ始める？
A 離乳食の開始の時期は可能な限り遅らせることなく5～6カ月頃から始めましょう。

　以前はアレルギーを起こしやすい食品を離乳食で与えるのは避けた方が良いといわれていましたが、最近の研究では**離乳食を遅らせても食物アレルギーの予防にはならないこと、さまざまな種類の食品を早めに食べたほうが、食物アレルギーを発症しにくい**ということが分かってきています。

Q 解除が上手く進まない…どうしたらいいの？
A 調理法等を工夫して自信をつけましょう。

　今まで症状が出ていた食品を急に食べてみようと言われても、子どもは不安でいっぱいです。そこで、好きな料理に刻んで混ぜ込む等して、子どもが気が付かないようにし、食べても平気だったという安心感を得ることで子どもに自信がつきます。また、卵は黄色、牛乳は白等といった色に苦手を被せている子どもも少なくありませんので、黄色のサフランライスやゼリー等で慣らしていく、牛乳にココアや抹茶、ストロベリー等を混ぜて色や臭いを変えたり、中身が見えにくいカップでまずは牛乳を少量から飲んでみる等の試みでうまくいく成功例もあります。

食物アレルギー 薬物療法 スキンケア

薬物療法は主に誤食等によるアレルギー症状へ対応する内服薬や、スキンケアを目的に使用される外用薬の2種類があります。

主に処方される薬

抗ヒスタミン薬（内服薬）

皮膚症状（かゆみ、赤み、じんま疹）に有効です。アナフィラキシーに効果はありません。個人差や薬の種類にもよりますが薬を飲んでから30分～1時間ほどで皮膚症状等に効果が出てきます。

気管支拡張薬（内服薬）

アレルギー反応で気管支が狭くなることで起こる症状（呼吸の音がヒューヒュー・ゼーゼーとするぜん鳴（めい）や咳き込み）には有効です。しかし、のどの腫れによる症状（咳や呼吸困難）には効果がありません。気管支拡張薬には、錠剤の他に吸入薬や貼付薬があります。

ステロイド（内服薬）

原因食物を食べてから数時間後に症状が出る遅発型アレルギーを予防する効果が期待できます。即時型食物アレルギー症状に対する効果もありますが、効果が得られるまでに4～6時間かかるため、即効性はありません。

ステロイド（外用薬）

皮膚症状（かゆみ、赤み、じんま疹）に有効です。アナフィラキシーに効果はありません。

エピペン®（アナフィラキシー補助治療剤／アドレナリン自己注射薬）

「エピペン®」は、アナフィラキシーショックが起きた時に使用する薬で「アドレナリン（エピネフリン）」という成分（ホルモン）が入っています。アドレナリンには、血圧を上げる、呼吸器症状を軽減させる等のはたらきがあり、ショック症状をやわらげ、**医療機関に搬送されるまでの時間をつなぎます。** 実際に**使用した後は速やかに救急搬送し、医療機関を受診する必要があります。** なお、原則体重15kg未満の子どもには処方されません。

「エピペン®」の成分は、光で分解されやすいため、専用の携帯ケースに入れた状態で保管します。（使用するまで取り出さない。）また、15-30℃の環境で保管することが望ましいため、冷蔵庫や、直射日光の当たる場所での保管は避けます。

複数アレルゲンに対応した
アレルギーコントロールレシピ

デミハンバーグ・ポテトサラダ・スープとご飯の献立
材料(幼児1人前)

子どもが大好きなハンバーグ！白みそを使ってコクをプラス

卵&乳を使用するパターン

〈デミハンバーグ〉
- 合いびき肉 ………… 50g
- にんじん ………… 15g
- 玉ねぎ ………… 15g
- パン粉 ………… 5g
- **牛乳** ………… 10cc (小さじ2)
- **卵** ………… 9g
- 塩 ………… 0.1g

[デミソース]
- 赤ワイン ………… 7.5g
- ケチャップ ………… 1.5g
- ウスターソース ………… 1.5g
- しょうゆ ………… 1g
- 砂糖 ………… 0.2g
- **無塩バター** ………… 2g

〈ごはん〉
- 米 ………… 50g

〈ポテトサラダ〉
- じゃがいも ………… 50g (1/3個)
- にんじん ………… 10g
- きゅうり ………… 10g
- **ハム** ………… 5g
- **卵(ゆで)** ………… 12g
- **牛乳** ………… 5cc (小さじ1)
- **マヨネーズ** ………… 7.5g
- 塩 ………… 0.2g

〈洋風かきたまスープ〉
- 玉ねぎ ………… 10g
- **卵** ………… 20g
- コンソメ ………… 1g
- 塩 ………… 0.1g
- 水 ………… 130ml

卵&乳を使用しないパターン

〈デミハンバーグ〉
- 合いびき肉 ………… 50g
- にんじん ………… 15g
- 玉ねぎ ………… 15g
- パン粉 ………… 5g
- **豆乳** ………… 10cc (小さじ2)
- **木綿豆腐** ………… 9g
- 塩 ………… 0.1g

[デミソース風]
- 赤ワイン ………… 7.5g
- ケチャップ ………… 1.5g
- ウスターソース ………… 1.5g
- しょうゆ ………… 1g
- 砂糖 ………… 0.2g
- **豆乳** ………… 1cc
- **白みそ** ………… 0.5g

〈ごはん〉
- 米 ………… 50g

〈ポテトサラダ〉
- じゃがいも ………… 50g (1/3個)
- にんじん ………… 10g
- きゅうり ………… 10g
- **ゆでささみ** ………… 5g
- **かぼちゃ** ………… 12g
- **豆乳** ………… 5cc (小さじ1)
- **絹ごし豆腐** ………… 6g
- **白みそ** ………… 0.8g
- **酢** ………… 1g
- **植物油(サラダ油)** ………… 3g
- 塩 ………… 0.1g

〈洋風スープ〉
- 玉ねぎ ………… 10g
- **グリンピース** ………… 4g
- **鶏ガラスープの素** ………… 1g
- 塩 ………… 0.1g
- 水 ………… 130ml

《レシピについて》

※多くのコンソメは、小麦が使用されていますが、洋風スープのもと・チキンコンソメの一部には、小麦以外に"乳成分"を含むものがありますので、注意が必要です。また、コンソメが使えない場合に、鶏ガラスープを代替調味料として使う場合が多いですが、ここでも注意が必要です。鶏ガラスープの塩分控えめ等の一部製品には"鶏肉"と"乳成分"を含む製品がありますので注意しましょう。

◎ "豆乳や豆腐"は牛乳代替品として使いやすいたんぱく源となる食材です。少量の白みそを加えるとコクが出ます。

◎ つなぎとして使用する卵の代わりに豆腐を使うことで、たんぱく質の補完だけでなく、上手にタネがつながり、のどの詰まりも低減させることができます。

◎ かぼちゃを加えることで、卵が入らないポテトサラダでもカボチャの黄色とかぼちゃ本来のクリーミーな舌触りがおいしさを補います。

◎ コンソメに主に含まれるアレルギー物質(アレルゲン)として最も多い原因は「小麦」ですが、他にも乳成分(乳成分は乳糖由来のため、アレルギーが出にくいといわれています)や、牛肉、大豆、鶏肉等がアレルゲンとなっている場合が多いです。

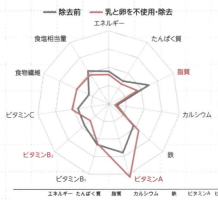

~サラダにプラス！
かぼちゃで栄養バランスを補完~

牛乳のビタミンAはレチノールとして含まれ、ビタミンAの働きをします。卵と乳を除去すると、とりわけビタミンAが不足する傾向にあります。今回の献立ではかぼちゃを代用することで、ビタミンAを補いながら卵の黄色も再現することができ、さらに新鮮な植物油をプラスしたことで吸収率も上げることができます。

管理栄養士からの… ポイントアドバイス

~ハンバーグのタネを一工夫！~
いろいろ混ぜることができる手軽さが嬉しいハンバーグ。ひき肉の5～10%程度の刻んだレバーやレバーペーストに置き換えれば、コクが増し、不足しがちなビタミンA、B₂、脂質の不足を補うことができます。また、牛乳の代わりに豆乳を使用する場合は、豆乳は牛乳に比べてカルシウム含有量が少ないためハンバーグのタネに湯通ししたしらすや青菜、大豆等を刻んで入れてもおいしくカルシウムが補えます。また、アレルギー対応ミルクを利用する場合、そのまま飲むと味や匂いが馴染まないこともありますが、ハンバーグのタネに混ぜると味や匂いを和らげることができます。さらにケチャップなどの甘口ソースを絡めてもよいですね。
家庭では、甲殻類のアレルギーが大丈夫な場合は、細かくした干しエビやペースト状にした魚をハンバーグのタネに混ぜてもおいしさアップで、不足栄養素の補完に応用できます。

~除去食で不足しやすいカルシウムを補うには~
小鉢にチンゲン菜や小松菜とツナ缶を合わせたサラダや、大豆とじゃこのカリカリ揚げ等を取り入れるとカルシウムと鉄を補給することができます。

	エネルギー(Kcal)	たんぱく質(g)	脂質(g)	カルシウム(mg)	鉄(mg)	ビタミンA(μg)	ビタミンB1(mg)	ビタミンB2(mg)	ビタミンC(mg)	食物繊維(g)	食塩相当量(g)
除去前	547	20.9	23.5	65	2.4	297	0.39	0.34	21	2.3	1.8
乳と卵を不使用・除去	495	18.4	16.8	49	2.9	444	0.38	0.26	25	3.7	1.6

※除去をしただけで"代替食"や"プラスワン"をしない場合、食事のたびに全体の栄養素が不足気味になります。意識して不足栄養素を補うことを、園と家庭で共有しましょう。

献立考案:管理栄養士 喜多野直子、貝原奈緒子、五十嵐条子

卵や乳の除去が必要な場合、不足しがちな栄養素はたんぱく質やビタミンA、B_1、脂質等が代表的です。また大豆にアレルギーがあり、調味料まで除去する場合、しょうゆやみその代わりに塩を使う場面が多くなりますが、だしやうまみ調味料等の旨みを効かせて塩分の摂りすぎに注意しましょう。

かきあげうどん・ほうれん草白和えとバナナの献立

材料（幼児1人前）

> ほうれん草の白和えで、しょうゆまで代替調味料にすることは稀ですが、しょうゆの代わりにうまみ調味料を使うことで料理の色を鮮やかに保つことができます。

小麦&大豆を使用するパターン

〈かきあげうどん〉
- うどん（ゆで）……… 100g（1/2玉）
- だし汁 ……… 150ml
- しょうゆ ……… 7.5g（小さじ1強）
- みりん ……… 3g（小さじ1/2強）
- 塩 ……… 0.1g
- かまぼこ ……… 5g（1切れ）
- 大豆（缶/水煮）……… 10g
- 枝豆 ……… 20g
- コーン ……… 10g
- にんじん ……… 10g
- 玉ねぎ ……… 10g

〈衣〉
- 小麦粉（薄力粉）……… 7.5g（大さじ1）
- 片栗粉 ……… 1.2g（小さじ1弱）
- 卵 ……… 4g
- 植物油（サラダ油）……… 適量

〈ほうれん草白和え〉
- ほうれん草 ……… 25g
- にんじん ……… 6g
- こんにゃく ……… 6g
- 砂糖 ……… 0.6g
- しょうゆ ……… 0.6g
- 絹ごし豆腐 ……… 25g
- ごま ……… 2g
- 砂糖 ……… 1g
- 塩 ……… 0.1g

〈果物〉
- バナナ ……… 50g（1/2本）
- 加糖ヨーグルト ……… 50g

小麦&大豆を使用しないパターン

〈かきあげうどん風〉
- フォー（米麺/ゆで）……… 100g（1/2玉）
- こんぶだし ……… 150ml（3/4カップ）
- みりん ……… 3g（小さじ1/2）
- 塩 ……… 0.1g
- しらす干し（湯通し）……… 5g
- 鶏ささみ ……… 10g
- いんげん ……… 20g
- コーン ……… 10g
- にんじん ……… 10g
- 玉ねぎ ……… 10g

〈衣〉
- 米粉 ……… 6g（大さじ2/3）
- 片栗粉 ……… 1.5g（小さじ1/2）
- 卵 ……… 4g
- なたね油 ……… 適量

〈ほうれん草卵和え〉
- ほうれん草 ……… 25g
- にんじん ……… 6g
- こんにゃく ……… 6g
- 砂糖 ……… 0.6g
- うまみ調味料 ……… 0.6g
- 卵 ……… 25g
- ごま ……… 2g
- 砂糖 ……… 2g
- 塩 ……… 0.1g

〈果物〉
- バナナ ……… 50g（1/2本）
- 加糖ヨーグルト ……… 50g

> 米粉はグルテンを含まないため、揚げ衣にする際、冷水等を使わなくてもサクサク、カリカリに仕上がります。
> 油に入れるとき、鍋の淵からそっと入れると散らばりません！

《レシピについて》

◎ 大豆油や、大豆油を含む調合油は精製度が高く除去の必要はないことが多いですが、代替としてなたね油を使うこともでき、さっぱりと仕上がります。その他、ごま油にはアレルゲンとなるごまのたんぱく質はほとんど含まれていないことが多く、ごまアレルギーの子どもでもごま油は摂取可能な場合がほとんどです。常に生活管理指導表を拠り所とし、提供の適否を図りましょう。

◎ しょうゆやみそに含まれる小麦や大豆は製造過程でアレルゲンが分解されるため除去の必要はないことが多いですが、生活管理指導表で厳密な除去が必要なレベルかどうかを確認することからはじめましょう。基本的に小麦や大豆アレルギーがある場合でもしょうゆやしょうゆが使われているめんつゆ、ポン酢しょうゆなども使えることが多いです。

◎ かまぼこやはんぺん、ちくわ等の魚肉練り製品には、つなぎに卵が入っていることが多いことは知られていますが、市販のかまぼこには小麦成分が含まれていることがありますので、アレルゲンチェックを丁寧に行った食材を厳選して使用することが賢明です。

◎ 枝豆は大豆を若い時に収穫したものです。アレルギーの程度にもよりますが、大豆もやしやきな粉等、大豆の関連食品は多いので見落とさないように注意します。

◎ だし汁の代わりにだしの素等を使用する場合は、アレルゲンが明確に確認できているだしの素を使用するか、さらに減塩を考えたら天然のだしを手作りすることをお勧めします。

しょうゆ等の大豆を原料とした調味料は、除去する必要がない場合も少なくありませんが、塩やうまみ調味料に置き換えて使われることも多いです。だし汁をベースに少量の市販だしの素をダブル使いすることで摂取塩分量を抑えつつ、アレルギー対応レシピに応用できます。ごまや、ゆず、みつば等の香りも減塩の助けとなります。

管理栄養士からの… ポイントアドバイス

和風だしの素は、メーカーによっては乳成分、小麦等のアレルゲンを含むことがあります。

また、うまみ調味料やだしの素などは塩分を含んでいますが、だし汁に加えることによって、より強いうまみを引き出すことができ、併せて摂取塩分量を減らすことができます。大豆アレルギーの場合、缶詰にも注意が必要です。缶詰類はオイル漬けの場合は大豆油を使っている場合があります。植物油脂としか表記がなくても、大豆油の可能性があるのでこちらも確認しましょう。

保育園での食事では、おやつと給食を併せて2.0g程度の塩分摂取量になるよう心がけましょう。

	エネルギー（Kcal）	たんぱく質（g）	脂質（g）	カルシウム（mg）	鉄（mg）	ビタミンA（μg）	ビタミンB_1（mg）	ビタミンB_2（mg）	ビタミンC（mg）	食物繊維（g）	食塩相当量（g）
除去前	342	14.5	5.7	166	2.5	219	0.24	0.26	20	5.3	2.2
大豆と小麦を不使用・除去	494	15.5	6.0	153	1.8	284	0.17	0.32	16	4.0	1.0

※栄養価は、文部科学省「日本食品標準成分表2020年度版（八訂）」をもとに算出したものです。

正しく受診＆園と保護者との心の通う連携がアレルギー対応のカギ

アレルギー情報を正しく共有するために書類の準備を

　年度末や年度初めは、医療機関側において「保育園から、食物アレルギーの書類を用意するように言われたので書いてほしい」という依頼が増える時期でもあります。在園中は、「保育所におけるアレルギー疾患生活管理指導表」ですが、就学前、年長児の秋以降に小学校へ提出する生活管理指導表は、「学校生活管理指導表（アレルギー疾患用）」という書類です。保護者の多くは園から生活管理指導表をもらってくるように言われたけれど、「何のために必要なのか」、その書類は「どのような内容の書類なのか」をよく知らず「アレルギーの書類」というなんとなくの理解で医療機関を受診されることがあります。「アレルギーの検査をして結果を記入してもらえばこと足る」と理解している保護者もいます。必要な書類やタイミング等のアドバイスを園から保護者へ丁寧に伝え、さらに書類の必要性を保護者にわかりやすく説明したうえで、お願いすることが肝要です。そのためにも、アレルギー疾患（食物アレルギーのみならず、ぜん息や鼻炎等も含む）を持つ子ども（保育園＝園児、小学校＝児童）への対応については、保育園では厚生労働省からの「保育所におけるアレルギー対応ガイドライン（2019年版）」、小学校就学に向けては、文部科学省（日本学校保健会が発行）が示している「学校のアレルギー疾患に対する取り組みガイドライン（令和元年度改訂）」に基づいて行われるということを職員全員が知っておくことが大切です。このふたつは細部ではすこし特徴の違いもありますが、骨格としては共通の考え方がベースとなって作られています。

　中でも、医療機関が食物アレルギーに対する生活管理指導表を作成する際に子どもの食事内容をはじめとする情報がわかる記録があると、正しい診断の助けとなります。

状況に寄り添ったメリハリある対応を

　集団提供が基本である給食で最優先されるのは "安全" です。症状の程度によらず「全く食べさせないか、アレルギーの無い子どもと同じように（同じ量が）食べられるか」がカギとなります。子どもの安全性の担保のために幾多の段階にわたる除去食や代替食提供といった形はとらず、原因食物を「提供するかしないかメリハリのある二者択一」を前提とした対応とすることが望ましいという視点に立っています。

　次に、アレルギーがあっても、特別な配慮（除去食や園生活等での特別な扱い）が必要ない場合は書類は不要で、アレルギー疾患を有する子どものうち、園・学校で特別な配慮や管理が必要であると保護者が申請したものについて、生活管理指導表を提出してもらうということです。

　そして、医療機関の診断についてはアレルギー症状が出現した場合、何を、どのような調理の仕方でどの程度摂取し、どんな症状がどのくらい出現したのかという実態把握が最も大切だということです。だからこそ、食物アレルギーを血液検査だけで診断することはできませんし、実際に出現した症状と食物経口負荷試験等の専門的な検査結果を組み合わせて医師が（幅広に）総合的に診断することとされているのです。医療機関では、受診の導入でエピソードを細部まで聴き取って、必要に応じて血液検査や食物経口負荷試験等の計画を立てていきます。

園と保護者が共に向き合い、安心できる毎日を

　以降は、必要に合わせて抗アレルギー剤の内服等も検討しながら、どの食べ物を、どのように調理して、どの位の量が摂れるか検討していきます。そのプロセスを経て、正しい生活管理の内容を決定します。さらには、その後も成長に伴って症状の変化（多くは軽症化）が見られることが多いので、定期的な受診を促しながら除去の部分解除を行いつつ、最終的には普通食が摂取できる状態を目指して行きます。子どもの生活の質を下げることのないよう、大事な将来を見据えて段階的に進めていきます。

　園は、このような流れ・医療機関の考え方を保護者にわかりやすく説明をし、アレルギー疾患を有する子どもの保護者が日常から負担なく通え信頼できる "かかりつけ医" を持てるよう、また、医療機関に上手にかかりながら、園との連携を図って、安心安全にアレルギーと向き合っていくことができるよう、細やかな支援が欠かせません。そのためには、園では継続して保護者と情報を共有し心を通わせ二人三脚で子どもを見ていく覚悟が必要です。

食品ごとのアレルゲン特性（正しい除去と代替食）

個々の食品の特性を知って正しく除去を

　即時型食物アレルギーにおいて、長らく原因食物の上位3品目は鶏卵・乳・小麦でした。しかし令和3年度の調査結果では、木の実類の割合が増加し、第3位となりました。

　このことから、即時型食物アレルギーでの原因食品として、木の実・ナッツ類（ピーナッツ含）が増加してきていることがわかります。ナッツ類の中でも特にくるみの割合が高く、全体の7.6％を占めています（落花生よりも割合が高いです）。

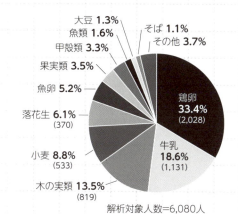

即時型食物アレルギーの原因食物

鶏卵 33.4%（2,028）
牛乳 18.6%（1,131）
木の実類 13.5%（819）
小麦 8.8%（533）
落花生 6.1%（370）
魚卵 5.2%
果実類 3.5%
甲殻類 3.3%
魚類 1.6%
大豆 1.3%
そば 1.1%
その他 3.7%

解析対象人数＝6,080人

調査対象は「食物を摂取後60分以内に何らかの反応を認め、医療機関を受診した患者（0歳〜92歳）」とし、最頻値は0歳30.9%、0歳〜18歳までで94.7％を占めています。

出典：消費者庁「令和3年度食物アレルギーに関連する食品表示に関する調査研究事業報告書」
https://www.caa.go.jp/policies/policy/food_labeling/food_sanitation/allergy/assets/food_labeling_cms204_220601_01.pdf

鶏卵 P.62

乳 P.67

小麦 P.71

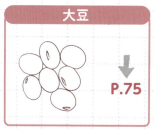
大豆 P.75

甲殻類・軟体類・貝類 P.78

そば P.80

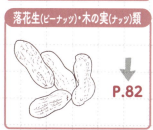
落花生（ピーナッツ）・木の実（ナッツ）類 P.82

ごま P.85

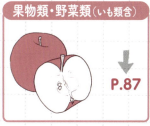
果物類・野菜類（いも類含）P.87

肉類 P.89

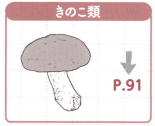
きのこ類 P.91

魚介・魚卵 P.92

海藻 P.95

その他 P.95

鶏卵

鶏卵アレルギーの特徴

- アレルギーの原因となるたんぱく質は卵白に多く含まれる。
- 加熱時間や加熱温度によって、アレルゲン性が変化する場合がある。（加熱することによってアレルゲン性が低下します。）
- 鶏卵は、多くの加工食品に使用されていて、特に子どもの好む菓子類等にも使われていることが多いため、原材料表示欄に十分注意する。
- 鶏卵アレルギーは、卵白のたんぱく質が主な原因であるため、卵黄から除去・解除されることが多い。

※アレルゲン性は、加熱温度や、加熱時間、調理方法によって違うため加熱卵が摂取可能でも、生卵や半熟卵などの摂取には注意する。

アレルゲン性に関わる因子
＊アレルゲン性＝アレルギー症状を起こす力

使う鶏卵の量
使用量が少ないほど、アレルゲン性が弱まる傾向にあります。

マヨネーズ（卵たっぷり）より
クリームタイプドレッシング

加熱時間
長時間加熱するほど、アレルゲン性が弱まる傾向にあります。

半熟卵（加熱時間約8分間）より
固ゆで卵（加熱時間約13分間）

加熱温度
高温で加熱するほど、アレルゲン性が弱まる傾向にあります。

ホットケーキ（加熱温度100℃）より
パン・クッキー（加熱温度200℃）

※卵料理と一口にいっても、十分加熱した炒り卵1個に含まれるオボアルブミンのアレルゲン性は、固ゆで卵1個の500倍以上が残っていると言われています。オボアルブミンは熱を加えることでアレルゲン性は低下しやすいですが、料理方法によっては低下の程度が違ってきますので、注意が必要です。なお、オボムコイドのアレルゲン性は、加熱しても比較的安定しているため、固ゆで卵、炒り卵共に同じくらい残っています。（どちらも生卵の15～10％）

✕ 鶏卵アレルギー完全除去の場合に 食べられないもの

- 鶏卵（チャボ・烏骨鶏（うこっけい）・名古屋コーチン・アローカナ〈青い卵〉等）
- その他鳥の卵（うずらの卵・あひるの卵〈ピータン含む〉）
- カモの卵
- ダチョウの卵
- エミューの卵
- カモメの卵
- 七面鳥の卵
- ガチョウの卵（キジの卵等）
- 鶏卵を含む加工食品

鶏卵を除去しても、その他の食品の動物性たんぱく質と植物性たんぱく質から栄養素を考えて代替を意識して行いましょう。
以下、鶏卵 Sサイズ約50gに相当するたんぱく質の代替のおおよその目安量です。

- 牛乳 …………………………… 180cc
- 豆腐 …………………………… 120g
- 魚 ……………………………… 30g
- 肉(牛・豚・鶏) ………………… 30g

【食べられる範囲の拡げ方】
食物経口負荷試験で摂取できた鶏卵の量と調理法等から、調理法による症状の出やすさ（アレルギーの出現しやすさ）を考慮して"食べられる範囲"は医師の総合的な判断によって決定されます。加工食品に含まれる鶏卵の量は同一ではないため、医師は、より安全性を配慮した範囲で摂取を許可しますが、"食べられる範囲"については、園で決定することではありませんので、園での給食等の提供はあくまでさじ加減等はせず、完全除去か解除か、徹底した対応に努めます。

鶏卵を使った加工品例

マヨネーズ・ドレッシング類

> マヨネーズは生卵が使われているため、アレルギーを起こす力は強い

マヨネーズ、タルタルソース、ごまドレッシング、ごまだれ、フレンチドレッシング、アイランドドレッシング、コールスロードレッシング、シーザードレッシング　等

※卵黄が使われているので注意

菓子類

クッキー、プリン、カスタードクリーム、パウンドケーキ、シフォンケーキ、スポンジケーキ、ロールケーキ、ガトーショコラ、アップルパイ、チーズケーキ、シュークリーム、エクレア、フィナンシェ、マドレーヌ、バウムクーヘン、ドーナツ、ワッフル、ホットケーキ、ホットケーキミックス、パンケーキ、クレープ、スフレ、マシュマロ、ババロア、アイスクリーム　等

※生地に全卵やメレンゲ（卵白を泡立てたもの）が使われているので注意

パン・麺・お惣菜

バターロール、クロワッサン、デニッシュ生地の菓子パン・調理パン、中華めん、焼きそば、インスタントラーメン、パスタ（生）・お好み焼き・たこやき
鶏卵を使用している天ぷらやフライ（フライドチキン、チキンナゲット、メンチカツ、コロッケ、アジフライ）　等

※パン生地や中華麺、パスタには鶏卵が使われているので注意

練り製品

かまぼこ、焼きかまぼこ、笹かまぼこ、かにかま、ちくわ、なると、さつまあげ、はんぺん　等

※つなぎに鶏卵が使われているので注意

加工肉製品

ロースハム、ボンレスハム、ショルダーハム、ウインナー、赤ウインナー、ソーセージ、ステーキ、ボロニアソーセージ、ベーコン、焼き豚、ハンバーグ、ミートボール、肉団子、つくね　等

※結着剤に卵が使われているので注意

⚠ 鶏卵アレルギー完全除去の場合に 個々で対応が異なるもの

鶏肉

鶏肉に含まれるたんぱく質と、鶏卵に含まれるアレルゲンとしてのたんぱく質は異なるものです。保護者とも、内容を正しく共有していきましょう。

魚卵

魚卵（いくら等）に含まれるたんぱく質と、鶏卵に含まれるアレルゲンとしてのたんぱく質は異なるものですが、幼児でいくらのアレルギーが増えてきています。また、魚卵によるアレルギーでは、いくらが多く、次いでたらこ、ほかにもシシャモ卵、カズノコ、トビッコ、キャビアでの発症例も確認されています。園の給食ではいくら等が提供されることはほとんどありませんが、仕出しちらし弁当の他、行事、お泊まり会等の際にも気をつけましょう。そのためには、生活管理指導表をもとに保護者からの聞き取りが欠かせません。

※卵アレルギーと鶏肉・魚卵アレルギーを併せて持っている場合もあります。医師の指示に従いましょう。

鶏卵アレルギー完全除去の場合に
注意が必要な添加物

保育所における集団給食の提供では、以下の品目の対応は難しいですが、保護者と情報を共有しておくことは大切です。また、最終的に子どもに提供してよいか否か等の判断は、どのような場合でも医師の診断・生活管理指導表をもとに捉えていきます。

鶏卵カルシウムは卵の殻から作られる食品添加物です。焼成カルシウムと、未焼成カルシウムがありますがどちらも原則的に除去は必要ないとされています。
※焼成カルシウムは非常に高温で加熱されているため、たんぱく質が残らないとされています。未焼成カルシウムについては確認が不十分であるため、「卵」の表記がされることもありますが、実際にはアレルゲン性は低いとされています。

レシチンは、乳化剤とよばれる水と油を混ぜ合わせる作用を持つ食品添加物です。「レシチン（卵由来）」と記されたものについては、卵アレルギーの原因となるたんぱく質を含むため、除去する必要があります。
※「レシチン」や「乳化剤」のみの表示で（卵由来）という表示がなければ基本的には除去の必要はないとされています。

塩化リゾチーム製剤は風邪薬や歯磨き粉に用いられる成分で、卵白成分を含みます。鶏卵アレルギーがある場合は、薬を服用する前に必ず医師に相談しましょう。

栄養素の補給

鶏卵の主な栄養素はたんぱく質です。鶏卵のたんぱく質は良質でアミノ酸スコアも100と高いため、それに替わる良質のアミノ酸に富む食材を意識的に組み合わせて提供しましょう。　アミノ酸スコア　➡　**P.135**

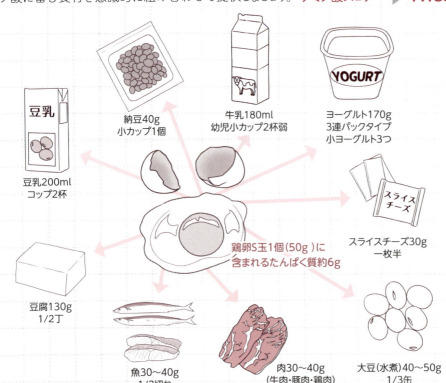

サイズ	重量
LL	70g～75g
L	64g～69g
M	58g～63g
MS	52g～57g
S	46g～51g
SS	40g～45g

※農林水産省
鶏卵規格取引要綱より引用

鶏卵を除去しても、ご飯をはじめとした主食、魚や肉などの主菜、果物や野菜等の副菜をバランスよく過不足なく摂取できれば、栄養状態に問題が出ることはありません。
　幼少期は、魚・肉加工食品（ちくわやウインナーなど）、マヨネーズ等を好むため、家庭で完全に除去する方法以外にも、市販のマヨネーズ風調味料や卵不使用の魚介練り製品等を活用する方法もあります。食パンやコーンフレークスも鶏卵不使用のものがあります（ただし、牛乳、小麦アレルギーがある場合は注意が必要です）。

※文部科学省「日本食品標準成分表2020年版（八訂）」より

◇◇◇ 鶏卵のアレルギー表示 ◇◇◇

鶏卵は容器包装された加工食品に微量でも含まれている場合、必ず表示する義務があります。加えて、アレルギー物質の原材料名にもいくつかの表記が許可されています。

代替表示	拡大表示
たまご、鶏卵、あひる卵、うずら卵、タマゴ、玉子、エッグ 等	マヨネーズ、かに玉、親子丼、オムレツ、目玉焼、オムライス、ハムエッグ、厚焼き玉子 等

※代替表記：特定原材料等と違う表現でも同じ食品を指すことが理解できる表記。例 玉子→卵
※拡大表記：特定原材料表示に特定原材料名や代替表記が含まれ、これらを用いた食品であることがわかる表記。例 厚焼き卵→卵

「卵」の表示が示す範囲
特定原材料の「卵」とは、何か

※特定原材料等の対象範囲は、原則、総務省日本標準商品分類で指定されている範囲で示しています。

鶏、あひる、うずら等一般的に使用される食用鳥卵が対象
鳥以外の生物の卵（魚卵、爬虫類卵、昆虫卵等）は対象外です。

※卵黄、卵白に分離している場合や、卵液、粉末卵、凍結卵等を用いた場合にも表示が必要です。

MEMO　アイスクリームの選び方

「シャーベット」「氷菓」の表示があるものが選びやすい！

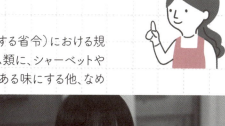

アイスクリームは、乳等省令（乳及び乳製品の成分規格等に関する省令）における規定によってアイスクリーム、アイスミルク、ラクトアイスはアイスクリーム類に、シャーベットやかき氷等は氷菓に分類されます。アイスクリーム類は濃厚でコクのある味にする他、なめらかな食感にするために乳化剤として卵が使われており、生卵が使われる場合が多いです。生卵は、加熱した卵食品に比べ、アレルギーを引き起こす力が強いままですので、少量でもアレルギー症状を強く引き起こす可能性があります。

一方、氷菓に分類されるシャーベットやかき氷等は乳成分がほとんど使用されておらず、多くの商品は卵も使われていません。商品リニューアル等で原材料表示が変更になる可能性もあり、原材料表示はその都度確認する必要はありますが、シャーベットやかき氷等を中心にすると選びやすくなります。

卵を使わない調理のポイント

主菜ではもちろん、つなぎ等にも使用される卵。卵を使用しなくても美味しく作るポイントを紹介します。

 **ハンバーグやミートボールのつなぎ**

→ 小麦粉・片栗粉・タピオカ粉・コーンスターチ・米粉・パン粉・芋やレンコンのすりおろし・つぶしたごはん

☆玉ねぎ等の混ぜる野菜を少なくし、塩を加えてよくこねることで粘りが出てつなぎがなくても成形しやすくなります。

つなぎとは？

ハンバーグや肉団子等のひき肉料理の「つなぎ」は、肉以外の野菜等の崩れやすい食材がまとまりやすくなるように材料を「つなぐ」ためのものです。一般的にパン粉、卵、牛乳、片栗粉、玉ねぎ等がつなぎに使われます。肉に塩を加えてよくねることで、肉同士が結着して崩れにくくなるので、ひき肉以外に加える食材が少なければ、つなぎを使わず塩だけでも崩れにくいひき肉料理を作ることができます。

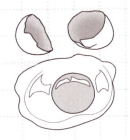 **手作り菓子の材料 プリン等**

→ ゼラチン・寒天・片栗粉・タピオカ粉・コーンスターチを加え、弾力性もプラス

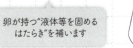

卵が持つ"液体等を固めるはたらき"を補います

かぼちゃパウダーやにんじんのすりおろし等を加えると、うま味や香り、色味が加わり、お菓子に彩りがプラスされます。

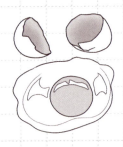 **手作り菓子の材料 焼き菓子等**

→ ベーキングパウダーや重曹でふくらみをつける・バターや牛乳、豆乳を加えてしっとりさせる

卵が持つ"生地等を膨らませるはたらき"を補います

乳

乳アレルギーの特徴

- 加熱してもアレルギーの起こりやすさは変わらない。
- ヨーグルト等の発酵食品でもアレルギーの起こりやすさは変わらない。
- 乳のアレルギーを起こす力の強さは、食品中の乳たんぱく質の量で判断される。
  ※食品中の乳たんぱく質が多ければアレルギーを起こす力は強く、食品中の乳たんぱく質の量が少なければアレルギーを起こす力は弱いと考えられる。
- バター等、乳たんぱく質を少量しか含まない食品は食べることができる場合もあるが、自己判断はせず、医師の指導に従うよう生活管理指導表等をもとに保護者にアドバイスをする。
- たんぱく質としての代替は比較的容易にできますが、努めてカルシウムの代替が必要です。

✕ 乳アレルギー完全除去の場合に 食べられないもの

- 牛乳、乳製品
- 牛乳、乳製品を含む加工食品

> 〈保護者支援に活かしたい〉
>
> 　1歳児になると、体調の良いときから牛乳を飲みはじめる子どもが多いですが、普段の食事だけでは、カルシウムを十分に摂取しにくいことから、牛乳は、成長期にとって貴重な栄養源となります。（1-2歳児に必要なカルシウム量は男児450mg、女児400mgです。※日本人の食事摂取基準2025年版　1-2歳カルシウム推奨量）
> 　けれども、牛乳がとれなくても、ほかの食品を意識的にいろいろ組み合わせてとることでカルシウムを補うことができます。しらす干し等の小魚や、小松菜、豆腐、ひじきなどにカルシウムが多く含まれていることは知られていますが、これらの食材だけで、カルシウムを摂取しようとすると、沢山の量を一度に食べられない幼児には難しい場合が多いものです。カルシウムを効率よく摂取するためには、あわせてビタミンDを一緒にとることが欠かせません。幼児期は成長も著しく活動量も多いため、エネルギー源となるごはん等をしっかりとります。そのうえで、体のモトとなる魚や肉、豆腐等の不足が無いようにしましょう。「食経験」を増やす意味においても、牛乳がとれなくても旬の新鮮な食品から子どもが食べやすい工夫をして、おいしくカルシウム等が補える食事を用意したいものです。

乳を使った加工品例

ヨーグルト（はっ酵乳）、ヨーグルトドリンク、チーズ各種（プロセスチーズ・カマンベールチーズ・クリームチーズ・カッテージチーズ・パルメザンチーズ等）、バター、バターオイル、クリーム、生クリーム、全粉乳、脱脂粉乳、一般の調製粉乳、れん乳、乳酸菌飲料、はっ酵乳、マーガリン、ファットスプレッド、アイスクリーム、パン、カレーやシチューのルゥ、肉類加工品（ハム、ウインナー等）、洋菓子類（チョコレート等）、調味料の一部（顆粒のだしの素・ブイヨン・スープの素等）

マーガリンや顆粒だし等にも乳製品が使われていることもあるので発注の段階から注意しましょう！

牛乳90ml（幼児用カップ2/3杯程）に含まれるカルシウム（100mg）の代替のおおよその目安
- ひじき（乾）……………………7g
- 小松菜（生）……………………60g
- さくらエビ（干）………………5g
- ししゃも（生干）………30g（小2尾）
- 豆腐（木綿）………80g（1/5丁程）
- 牛乳アレルギー用ミルク………180ml

※たんぱく質としての代替は比較的難しくなくできますが、カルシウムの代替を意識して行うことが欠かせません。

製品によっては、同じメーカーのシリーズとなっている製品等であっても、"塩分控えめ"等の製品になると、乳がアレルゲンとして加わっているようなケースもあります。馴染みのある製品でも、販売される時期が違えば、製品のリニューアルとともに、アレルゲンの内容も変わっている場合がありますので、食品表示は毎回、現物のパッケージから確認することはもとより、業者から直接あるいはホームページ等から正しい情報を入手し確認することが欠かせません。

乳アレルギー完全除去の場合に
注意が必要な添加物

乳化剤、乳酸カルシウム、乳酸ナトリウム、乳酸菌、カカオバター
原則的には OK

乳化剤・乳酸カルシウム・乳酸ナトリウム・乳酸菌は「乳」と入っていますが、除去する必要はありません。また乳酸菌自体は食べても問題ありませんが、乳酸菌飲料等は乳を使ったものがあるため、注意が必要です。

特によく目にする乳化剤は、「乳」の文字がありますが、大豆、卵黄、牛脂等からつくられていますので、牛乳アレルギーの原因にはなりません。

お菓子や乳製品、調味料など幅広く使われている乳化剤は、食品や食材の風味付け、食感をよくしたりするため、乳化という行程に効果を発揮します。例えば水と油のように、合わせても分離するものを均一に混ぜる（乳化させる）ために添加します。乳化剤は乳化以外にも、起泡・消泡・湿潤等のはたらき等さまざまな作用を持っていて、食品の加工には欠かせないものです。乳化剤は、大豆由来のレシチン・卵黄由来のレシチン・グリセリン脂肪酸エステルなどが主なものです。

乳糖
医師に確認 △

調味料等に含まれる乳糖は、牛乳のたんぱく質がごく微量含まれます。牛乳アレルギーでも乳糖は摂取できることが多いですが、乳糖を摂取してよいかは医師の指示に従います。

乳糖が少量の場合は、食べられることも多いですが、医師による総合的な診断に倣いましょう。

乳糖には、牛乳たんぱく質が含まれていることから、拡大表記に指定されています（原材料名欄に表示されます）。

ホエイ・カゼイン
削除が必要 ×

ホエイカゼインナトリウム、ホエイパウダー等さまざまな表示がありますが、「○○（乳由来）」と表示されるので識別しやすいです。ホエイ・カゼインは、牛乳たんぱく質が含まれているので、注意する必要があります。

ホエイとカゼインは牛乳中に含まれている乳たんぱく質です。身近なものでは、ヨーグルトを水切りすると、ホエイとカゼインを分離させることができます。

牛乳アレルギーのアレルゲン（原因物質）は、たんぱく質のカゼインとβ－ラクトグロブリンです。

見てすぐわかる乳製品であれば、要注意だと認識できますが、乳製品以外にこれらのたんぱく質が含まれる食品は、うっかり見落としてしまわないよう、注意しましょう。

栄養素の補給

子どもたちに人気の"あげだし豆腐"を例にとると、3歳以上児の給食で提供する豆腐をたっぷりとった場合、子ども1人前80g位ですから、乳製品以外の食品からカルシウムをとる場合は、なるべく多くの種類を組み合わせて意識的にとることが大事です。

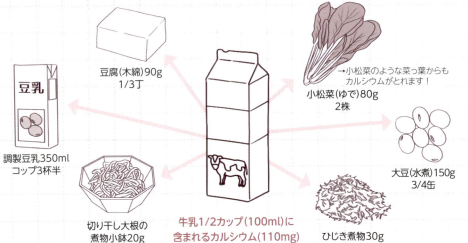

[3～5歳で1日に摂りたいカルシウム量]
3～5歳で1日に摂りたいカルシウムの量（日本人の食事摂取基準2025年版カルシウム推奨量）は、
- 男児 …… 600mg
- 女児 …… 550mg

下記は30歳代の成人において1日に摂りたいカルシウムの量（日本人の食事摂取基準2025年版カルシウム推奨量）です。大人に近い量を摂取する必要があることがわかります。

- 男性 …… 750mg
- 女性 …… 650mg

※文部科学省「日本食品標準成分表2020年版（八訂）」より

乳アレルギー完全除去の場合に
個々で対応が異なるもの

牛肉

牛肉に含まれるたんぱく質と、乳に含まれるアレルゲンとしてのたんぱく質は異なるものです。牛肉は、家庭で場合によってはレアで食べることもありますが、子どもには衛生面も併せて考慮し、完全に火を通してから食べさせるようにします。

虫歯予防のガムや歯磨き粉

虫歯予防の目的で一部のガムや歯磨き粉に使用されるＣＣＰ－ＡＣＰは、牛乳由来の成分です。歯医者さんを受診する際も、必ず乳に対してアレルギーがあることを伝えます。

◇◇◇ 乳のアレルギー表示 ◇◇◇

代替表示	拡大表示
ミルク、バター、バターオイル、チーズ、アイスクリーム 等	アイスミルク、生乳、ガーリックバター、牛乳、プロセスチーズ、濃縮乳、乳糖、加糖れん乳、乳たんぱく、調製粉乳 等

※**代替表記**：特定原材料等と違う表現でも同じ食品を指すことが理解できる表記。例 ミルク→乳
※**拡大表記**：特定原材料表示に特定原材料名や代替表記が含まれ、これらを用いた食品であることがわかる表記。例 濃縮乳→乳

「乳」の表示が示す範囲

＞ 特定原材料の「乳」とは、何か

※特定原材料等の対象範囲は、原則、日本標準商品分類で指定されている範囲で示しています。
牛の乳から調製、製造された食品全てが対象となります。
水牛の乳や牛以外の乳（生山羊乳、生めん羊乳、殺菌山羊乳等）は対象外です。

「乳及び乳製品の成分規格等に関する省令」（昭和26年厚生省令第52号）において
「乳」：「生乳、牛乳、特別牛乳、成分調整牛乳、低脂肪牛乳、無脂肪牛乳、加工乳」
「乳製品」：「クリーム、バター、バターオイル、チーズ、濃縮ホエイ、アイスクリーム類、濃縮乳、脱脂濃縮乳、無糖練乳、無糖脱脂練乳、加糖練乳、加糖脱脂練乳、全粉乳、脱脂粉乳、クリームパウダー、ホエイパウダー、たんぱく質濃縮ホエイパウダー、バターミルクパウダー、加糖粉乳、調製粉乳、調製液状乳、発酵乳、乳酸菌飲料（無脂乳固形分3.0％以上を含むもの）、乳飲料」とされています。

＞ 上記以外のものに「乳製品」と表示することはできず、例えば、全粉乳と脱脂粉乳を混合したものを原材料として使用した場合、「乳又は乳製品を主要原料とする食品」又は「全粉乳」と「脱脂粉乳」をそれぞれ表記します。

乳なし 乳を使わない調理のポイント

飲用だけでなく、クリーム系の料理や菓子類にも使用される乳。乳を使用せず美味しく作るポイントを紹介します。

ホワイトソース・シチュー等のクリーム系レシピ

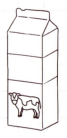

- じゃがいものすりおろし
- コーンクリーム缶
- 植物油や乳不使用マーガリン
- 小麦粉や米粉、豆乳
- 市販のアレルギー用ルゥ

クッキーやケーキ等の洋菓子

- 豆乳
- ココナッツミルク
- アレルギー用ミルク
- 豆乳ホイップクリーム

バター・牛乳を使わないシチュー
材料(大人2人分+子ども1人分)

材料

- 鶏もも肉 ……… 200g
- 玉ねぎ ……… 1個
- じゃがいも ……… 2個
- にんじん ……… 1/2本
- マッシュルーム ……… 50g
- 油 ……… 大さじ1
- 塩 ……… 小さじ1/2
- 水 ……… 300ml
- 鶏がらスープの素※ … 5g
- 製菓用米粉① …… 大さじ2
- 豆乳 ……… 300ml
- 製菓用米粉② …… 大さじ2
- 塩、こしょう ……… 各適量
- グリンピース(飾り用) … 適量

※原因食物を含んでいないものを選んでください。

(子ども1人分)
鶏もも肉 40g／玉ねぎ 40g／じゃがいも 40g／にんじん 15g／マッシュルーム 10g／油 2.4g／塩 少々／水 60ml／鶏がらスープの素 1g／製菓用米粉① 1.8g／豆乳 60ml／製菓用米粉② 1.8g／塩、こしょう 各少々／グリンピース(飾り用) 適量

作り方

1. じゃがいも、にんじんは皮をむいて一口大に、玉ねぎは皮をむいて薄切りにする。マッシュルームは5mm程度の薄切り、鶏肉は一口大に切る。

2. 鍋に油をひき、玉ねぎを焦がさないようにしながらじっくり炒める。じゃがいもにんじんを加えて塩を振り、火が通るまでしっかり炒めたら鶏肉を加える。

3. 鶏肉に火が通ったら、マッシュルーム、水、鶏がらスープの素を加えて、具がやわらかくなるまであくをとりながら、弱火で煮込む。

4. 具がやわらかくなったら、一度火を止め、米粉①を同量程度の水(分量外)と混ぜて加え、再度火をつけ、全体に軽くとろみが付くまで軽く混ぜながら煮込む。

5. 豆乳に米粉②を溶いて、❹に加える。弱火で焦がさないようにとろみが付くまで静かに混ぜる。最後に塩、こしょうで味をととのえ、器に盛ってゆでたグリンピースを飾る。

マッシュルームなどのきのこ類は、良いだしが出るので、味に深みを付けることができます。マッシュルームは生でも缶詰でもOKです。

豆乳は強火で加熱すると分離しやすいので、米粉を2回に分けて均一にとろみをつけます(④⑤)。とろみが弱い場合は、いったん火を止めて、水溶き米粉(分量外)を追加してとろみを付けます。

環境再生保全機構ERCA(エルカ)「食物アレルギーの子どものためのレシピ集」を加工して作成
(https://www.erca.go.jp/yobou/pamphlet/form/00/pdf/archives_31521.pdf)

小麦

小麦アレルギーの特徴
● 加熱してもアレルギーの起こりやすさは変わらない。
● 小麦のアレルギーを起こす力の強さは、小麦粉に含まれるたんぱく質の量で判断される。

MEMO 小麦の種類

薄力粉	中力粉	強力粉	デュラムセモリナ粉
たんぱく質の少ない軟質小麦が原料で、天ぷらやケーキ等やわらかい食品に使われます。	中間質小麦や軟質小麦が原料で、うどん等の麺類や和菓子に使われます。	たんぱく質を多く含んだ硬質小麦が原料で、パンや餃子の皮、麩等に使われます。	デュラム小麦を粗挽きにして作った小麦粉で、パスタやシリアル等に使われます。

 小麦アレルギー完全除去の場合に食べられないもの

● 小麦（硬質小麦、中間質小麦、軟質小麦、デュラム小麦　等）
● 大麦（丸麦、押麦　等）☆
● ライ麦
● はと麦☆
● 小麦粉（薄力粉、中力粉、強力粉、デュラムセモリナ粉、全粒粉、小麦ふすま、小麦ブラン）
● 小麦粉を含む加工食品や料理

☆大麦・はと麦に含まれるアレルゲンは、小麦に含まれるものと厳密には異なりますが、小麦のたんぱく質と非常に似た作りをしているため、アレルギー反応を起こすことが多い（交差抗原性）ということが知られています。そのため注意が必要です。

小麦粉を使った加工品例

パン類
麺類：うどん、そば、そうめん、パスタ、マカロニ、中華麺　等
菓子類：ケーキ、クッキー、まんじゅう、スナック菓子、せんべい　等
麩、パン粉、ミックス粉、車麩、花麩、ホットケーキミックス、から揚げ粉　等
※ベーキングパウダーにも、小麦でんぷんを含む製品があります。

シューマイ等の皮：シューマイ、ギョーザ、春巻きの皮　等
衣のついた揚げ物：フライ、天ぷら、コロッケ、から揚げ　等
市販総菜：肉まん、たこ焼き、お好み焼き、グラタン、ピザ　等
肉の加工品：ハム、ウインナーソーセージ　等

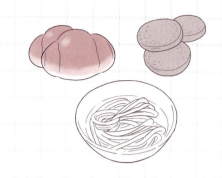

Point　米粉パン
市販されている「米粉パン」は小麦粉や小麦グルテンが使われていることもあるため注意が必要です。

Point　麦茶
麦茶の原料は大麦です。麦茶に含まれる大麦のたんぱく質の量は少量で、小麦アレルギーがあっても麦茶は飲めることが多いですが、医師の指示に従います。

⚠ 小麦アレルギー完全除去の場合に 個々で対応が異なるもの

みそ　　しょうゆ　　酢（穀物酢）

しょうゆ・みそ・酢は小麦が原材料として使われていることの多い調味料です。発酵の過程で小麦のたんぱく質は分解されて、アレルギーを起こす力はほとんどなくなっているため、除去が必要ない場合が多いです。また、これらの調味料が使用できれば、料理の幅が大幅に広がります。

栄養素の補給

小麦の主な栄養素は炭水化物です。エネルギー源となる炭水化物を補給しましょう。

ごはん　　米粉めん（フォー）　　春雨炒め　　ふかし芋　　雑穀ごはん

米（ごはん）や米粉、米粉めん、米粉パン、雑穀、いも（じゃがいも、さつまいも　等）

小麦アレルギー完全除去の場合に
注意が必要な添加物

麦芽糖 原則的にはOK

麦芽糖は糖の一種で、原料はとうもろこしやじゃがいもが主流です。小麦のたんぱく質は含んでいないので麦芽糖を除去する必要はありません。

グルテン 削除が必要 ×

グルテンは小麦等の穀物に含まれるたんぱく質で「ねばり」を作る成分です。小麦粉のたんぱく質そのものであるため、除去する必要があります。

◇◇◇ 小麦のアレルギー表示 ◇◇◇

代替表示	拡大表示
こむぎ、コムギ	小麦粉、こむぎ胚芽

※**代替表記**：特定原材料等と違う表現でも同じ食品を指すことが理解できる表記。例 こむぎ→小麦
※**拡大表記**：特定原材料表示に特定原材料名や代替表記が含まれ、これらを用いた食品であることがわかる表記。例 小麦胚芽→小麦

「小麦」の表示が示す範囲
特定原材料の「小麦」とは、何か

※特定原材料等の対象範囲は、原則、日本標準商品分類で指定されている範囲で示しています。
普通小麦、準強力小麦、デュラム小麦等すべての小麦と、それから作られる各種小麦（強力小麦粉、準強力小麦粉、薄力小麦粉、デュラムセモリナ、特殊小麦粉等）**が対象です。**
大麦、ライ麦は対象外です。

注：小麦は様々な食品の原材料として使用されていますが、最終製品となる食品を見ただけでは使用されていることが判別できないことがほとんどです。

小麦なし 小麦を使わない調理のポイント

主食だけでなく、揚げ物の衣やルゥ等にも使用される小麦。小麦を使用しなくても美味しく作るポイントを紹介します。

うどん・ラーメン 等

小麦粉
▼
- フォー
- ビーフン
- 雑穀粉で作られている麺

※フォー（平麺）は米粉から、ビーフン（細麺）はうるち米から作られています。

餃子の皮 等

小麦粉
▼
- 生春巻き用のライスペーパー
- 米粉で作られている餃子の皮

※調理工程にゆとりがあれば、薄切りにした大根の皮を餃子の皮として使うこともできます。

パン・ケーキ 等

小麦粉
▼
- 米粉
- 雑穀粉
- 片栗粉（じゃがいもでんぷん）

※アレルギーに影響がないようであればそば粉でも代用できます。じゃがいもやながいものすりおろしやさつまいもやかぼちゃのペースト、おから等を一緒に混ぜるとまとまりのある仕上がりになります。

※米粉にはうるち米から作られる上新粉と、もち米から作られる白玉粉があります。製菓用に製粉された米粉も市販されています。

フライの衣 等

パン粉
▼
パン粉の代わりに、コーンフレーク（小麦粉不使用のもの）やせんべい、砕いた春雨。

コーンフレークはかりっとした食感が子どもたちに人気です。米粉パンで作られたパン粉もあります。

天ぷらの衣 等

小麦粉
▼
- 米粉

水で溶いて食材に絡ませます。

カレーのルゥ 等

小麦粉
▼
- 米粉
- 片栗粉
- すりおろしたじゃがいも
- アレルギー用のルゥ

米粉の種類

米粉にはさまざまな種類があります。パンや洋菓子、麺等には、粉の粒子を細かくした「微細米粉」が向いています。微細米粉は米粉特有の粘りが少なく、小麦粉に近い特性をもっています。

種類	加工	名称	用途
うるち米	生	上新粉、上用粉	柏餅、みたらし団子など
		製菓用米粉（微細米粉）	米粉パン、洋菓子、米粉麺など
	加熱	上南粉など	かるかんなど
もち米	生	白玉粉	白玉団子、大福など
	加熱	道明寺粉など	おはぎ、桜餅など

米粉調理の注意点

❶ **水分量を調節しましょう。**
メーカーによって水分が異なります。それぞれの料理に適するように水や粉を調節しましょう。

❷ **米粉麺は調理後、早めに食べましょう。**
米粉パスタ等はゆでてから時間がたつと硬くなります。

❸ **生地のつくりおきは避けましょう。**
離水（生地が水っぽくなること）を起こしたり、粘りが強くなったりすることがあります。

☆ドーナツや蒸しパン等の米粉で作る生地に、豆腐を砕いて混ぜると、未満児クラスの子どもも食べやすく噛み切りやすくなります。

大豆

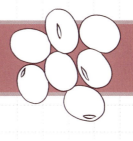

大豆アレルギーの特徴

- 大豆に含まれるたんぱく質がアレルギーの原因
- しょうゆやみそ等は、発酵中に大豆アレルゲンとなるたんぱく質の大部分が分解されるため食べられることが多い。
- 他の種類の豆類を除去する必要はあまりない。
- 加工の方法が異なるとアレルギー症状が起きることもある。
  （豆腐を食べても症状が出ないが、納豆や豆乳を食べると症状が出る　等）

MEMO　大豆のなかま

黄大豆（大豆）：一般的な大豆
青大豆（緑大豆）：うぐいすきな粉の原料
黒大豆（黒豆）：お正月の煮豆の黒豆
※枝豆は黄大豆の未成熟豆です。

✕ 大豆アレルギー完全除去の場合に 食べられないもの

- 大豆
- 枝豆
- 黒豆（黒大豆）
- 大豆もやし（豆もやし）
- 大豆・枝豆・黒豆を含む加工食品
- 大豆由来の乳化剤を使った食品

大豆を使った加工品例

大豆製品
豆腐、豆乳、厚揚げ、油揚げ、がんもどき、納豆、凍り豆腐、湯葉、きな粉、おから　等

菓子類
わらびもち等きな粉を使った菓子、おから入りクッキーやドーナッツ、豆乳プリン　等

ルゥ
カレー、シチュー　等

市販総菜
納豆巻き、いなりずし、大豆たんぱく質入りのハンバーグ、湯葉巻き　等

大豆アレルギー完全除去の場合に
個々で対応が異なるもの

大豆以外の豆類（あずき、金時豆・いんげん豆・えんどう豆・そら豆等）

大豆以外の豆類は、大豆とは異なるたんぱく質のため、大豆アレルギーであっても食べることができる場合が多いです。

しょうゆ、みそ

しょうゆやみそは、製造工程で大豆のたんぱく質が分解され、アレルギーをおこす力がかなり弱くなっています。

大豆油

大豆油も精製度が高く大豆のたんぱく質をほとんど含まないため、大豆アレルギーであっても食べることができる場合が多いです。

あずき

そら豆

みそ

しょうゆ

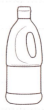
大豆油

MEMO お米のしょうゆ

酒かす・米・食塩等が原材料で大豆を使っていない、しょうゆ風味の発酵調味料が市販されています。大豆アレルギーがあってもしょうゆはとることができるケースが多いですが、除去する必要がある場合にもとることができます。また、魚がアレルゲンとならない場合、大豆を使用せず魚類を原料とする魚醤（ナンプラー）も利用できます。

MEMO もやしの種類

大豆アレルギーに 提供 ✕

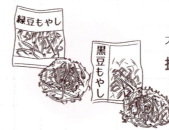
大豆アレルギーに 提供 ◯

※豆もやし✕　韓国料理等に使われる豆もやしは大豆が原料のものが多いです。
※ブラックマッペは「黒豆もやし」とも言われ、見た目も「黒大豆」と似ていますが異なる品種の豆です。緑豆や小豆と同じササゲ属・アズキ亜属です。

大豆アレルギー完全除去の場合に
注意が必要な添加物

レシチン（大豆由来） 削除が必要 ✕

レシチンは水と油を混ぜ合わせるはたらきがあり、さまざまな食品由来のものがありますが「（大豆由来）」と表示のあるものは除去します。容器包装された加工食品においては大豆に関しては、アレルギー表示の義務はないため、表示されていなくても大豆由来のレシチンが使用されている可能性があります。

◇◇◇ 大豆のアレルギー表示 ◇◇◇

代替表示	拡大表示
だいず、ダイズ	大豆煮、大豆たんぱく、大豆油、脱脂大豆

※**代替表記**：特定原材料等と違う表現でも同じ食品を指すことが理解できる表記。例 ダイズ→大豆
※**拡大表記**：特定原材料表示に特定原材料名や代替表記が含まれ、これらを用いた食品であることがわかる表記。例 大豆たんぱく→大豆

「大豆」の表示が示す範囲
特定原材料の「大豆」とは、何か

※特定原材料等の対象範囲は、原則、日本標準商品分類で指定されている範囲で示しています。
枝豆、大豆もやし等未成熟のものや、発芽しているものは対象です。黄色系統（みそ、しょうゆ、納豆、豆腐に使用されているもの）、緑色系統（青豆、菓子大豆と呼ばれるきな粉や菓子に使用されるもの）、黒色系統（黒豆）全てが対象です。緑豆、小豆（あずき）は対象外です。

納豆アレルギー

納豆のねばねばに含まれるたんぱく質が原因で起こるアレルギーもあります。納豆を食べた半日程度後に重篤なアナフィラキシーが起こる「遅発性アナフィラキシー」に分類されます。納豆アレルギー患者の約8割がマリンスポーツ愛好家であるという報告があります。納豆アレルギーの原因となるたんぱく質がクラゲにも存在しており、クラゲに繰り返し刺されることでアレルギーが起こり、同じたんぱく質を含む納豆に対してもアレルギー反応を起こしている可能性があるかもしれないと研究が進められています。

※**アナフィラキシー**　急激なアレルギー反応により呼吸困難、意識を失う等の命の危険につながるさまざまな症状が起きること。数分で死亡することもある危険な状態です。
※**遅発型アナフィラキシー**　原因となる食物を食べてから半日～数日後に起こるアナフィラキシー。時間が経ってから発症するため、原因となる食物が分かりにくい。

参考資料：猪又直子「クラゲと納豆アレルギー」（「臨床皮膚科」70巻5号〈2016年4月〉増刊号特集 最近のトピックス2016　Clinical Dermatology 2016）

甲殻類(えび・かに)・軟体類・貝類

甲殻類・軟体類・貝類アレルギーの特徴

- 甲殻類(えび・かに)のアレルギーの原因となるたんぱく質は、アレルギーを起こす力が強い。
- 加熱してもアレルギーの起こりやすさは変わらない。
- 甲殻類(特にえび)は食物依存性運動誘発アナフィラキシーになりやすい。
  ※アナフィラキシー:急激なアレルギー反応により呼吸困難、意識を失う等の命の危険につながるさまざまな症状が起きること。数分で死亡することもある危険な状態です。
- えび・かにはたんぱく質が似ているため、えび・かに両方でアレルギー症状が起きやすい。
  (えびアレルギーがある人の65%はかににも症状を示す 食物アレルギーの栄養食事指導の手引き2022)
- いか・たこはたんぱく質が似ているため、いか・たこ両方でアレルギー症状を起こす場合がある。
- 貝類は種類が違っていてもたんぱく質が似ているため、多くの貝類でアレルギー症状を起こすことがある。
  (食物アレルギーの栄養食事指導の手引き2022)
- 甲殻類は、1歳~6歳まではあまり多くないが、7歳~17歳での新規発症原因食品として第1位である。
  (令和3年度食物アレルギーに関する食品表示に関する調査研究事業 報告書)
- 特定原材料になっている貝類→あわび
- 特定原材料になっている軟体類→いか
- あわび、いか以外は特定原材料には含まれない。(たこやアサリ等の貝類等は表示義務がない。)

 甲殻類・軟体類・貝類アレルギー完全除去の場合に
食べられないもの

えび・かにアレルギー
- えび(あまえび、バナメイエビ、クルマエビ、イセエビ、サクラエビ、オマールエビ、ブラックタイガー、ロブスター、シャコ 等)
- かに(タラバガニ、ズワイガニ、ワタリガニ、毛ガニ、はなさきがに 等)
- カメノテ
- えび・かにを含む加工食品や料理

軟体類・貝類アレルギー
- たこ(マダコ、ミズダコ、イイダコ 等)
- いか(スルメイカ、アオリイカ、モンゴウイカ、ホタルイカ 等)
- アレルギーのある貝類(あわび、ほたて、あさり 等)

甲殻類・軟体類・貝類を使った加工品例

魚介練り製品:えび・かにが入ったかまぼこ、さつま揚げ、すり身 等
菓子類:えび・かにを使ったスナック菓子、せんべい、あられ 等
総菜:えび・かにを使ったグラタン、コロッケ、ギョーザ、シューマイ、ワンタン 等
カップ麺、カップスープ類:パスタソース、スープ、お吸い物 等

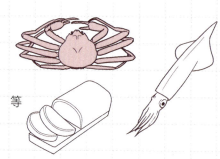

> **MEMO** タピオカの着色料としていか墨が
> 使われている場合があります
>
> 市販のタピオカミルクティードリンクに入っているタピオカは黒色をしている物が多くあります。しかし本来タピオカは無色透明です。黒い色をつけるため、カラメル色素やいか墨が着色料として使用されている場合があり、いかアレルギーがある場合、いか墨で症状が出る場合もあります。黒い色をした食品は特に表示をよく確認することが必要です。

◇◇◇ 甲殻類・軟体類・貝類のアレルギー表示 ◇◇◇

	代替表示	拡大表示
えび	海老 エビ	えび天ぷら、サクラエビ
かに	蟹 カニ	上海がに、カニシューマイ、マツバガニ
いか	イカ	いかフライ、イカ墨
あわび	アワビ	煮あわび

※**代替表記**：特定原材料等と違う表現でも同じ食品を指すことが理解できる表記。例 海老→えび
※**拡大表記**：特定原材料表示に特定原材料名や代替表記が含まれ、これらを用いた食品であることがわかる表記。例 サクラエビ→えび

「えび」「かに」「いか」「あわび」の表示が示す範囲
（特定原材料の詳細について）

※特定原材料等の対象範囲は、原則、日本標準商品分類で指定されている範囲で示しています。

えび	くるまえび類（くるまえび、たいしょうえび等）、しばえび、さくらえび類、てながえび類、小えび類（ほっかいえび、てっぽうえび、ほっこくあかえび類等）、その他のえび類及びいせえび類・うちわえび類・ざりがに類（ロブスター）が対象です。しゃこ類、あみ類、おきあみ類はその他の甲殻類に分類されるため対象外です。
かに	いばらがに類（たらばがに、はなさきがに、あぶらがに）、くもがに類（ずわいがに、たかあしがに）、わたりがに類（がざみ、いしがに、ひらつめがに等）、くりがに類（けがに、くりがに）、その他かに類が対象です。
いか	全てのいか類が対象です。ほたるいか類、するめいか類、やりいか類、こういか類、その他のいか類（みみいか、ひめいか、つめいか等）が対象です。
あわび	国産品、輸入品にかかわらず「あわび」として流通しているものが対象です。日本標準商品分類における「あわび」が対象です。「とこぶし」「チリアワビ」は対象外です。

　甲殻類アレルギーと言う名前からすぐ思い浮かぶのはえびとかにですが、実はそれ以外でもしゃこ類、あみ類、おきあみ類、フジツボ、カメノテは甲殻類に分類されます。あまりなじみがない食品も含まれますが、魚肉ソーセージや調味料の原料に使用されていたりすることがあります。しかし甲殻類で食品表示義務がある食品は、えびとかにのみですので、甲殻類アレルギーの場合は加工食品を給食で取り入れる際は、えびとかに以外にも注意をする必要がある場合もあります。またシラスは水揚げするときにえびやかになどが混ざる方法で水揚げをしている場合もあります。そのためえびやかにアレルギーがある場合、シラスにも注意が必要になることがあります。

そば

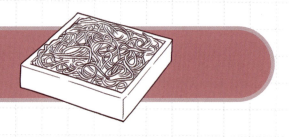

そばアレルギーの特徴

- そばはアレルギーを起こす力が強く、アナフィラキシー等の重篤な症状を引きおこすことがある。
  ※アナフィラキシー：急激なアレルギー反応により呼吸困難、意識を失う等の命の危険につながるさまざまな症状が起きること。数分で死亡することもある危険な状態です。
- 加熱してもアレルギーの起こりやすさは変わらない。
- 原因となるたんぱく質は水に溶けやすいため、そばをゆでる蒸気を吸い込んだり、そばと同じ釜でゆでたうどんを食べることでアレルギー症状を起こすこともある。
- 空気中に舞ったそば粉を吸い込んで、症状が出ることもある。

 そばアレルギー完全除去の場合に
食べられないもの

- そば
- そば粉
- そば米（そばの実）
- そば・そば粉・そば米を含む加工食品や料理

そばを使った加工品例

- そば粉入りのパン
- 菓子類（クッキー、クレープ、そばぼうろ、かりんとう、まんじゅう）
- そば茶
- こしょう

 お菓子類やこしょう等思わぬところにそばが使われていることがあります。白米と一緒に混ぜて炊くタイプの雑穀米にもそば米（そばの実）が含まれていることがありますので注意が必要です。

ワンポイント
中華そば・焼きそばは「蕎麦」ではありません。
中華そば・焼きそば等のように、麺類を「そば」と通称することがあります。これらは中華麺を「中華そば」「支那そば」と呼ぶことに由来するものとされており、そば粉を使用しているいないにかかわらず「そば」の名が定着しています。

◇◇◇ そばのアレルギー表示 ◇◇◇

代替表示	拡大表示
ソバ	そばがき、そば粉

※**代替表記**：特定原材料等と違う表現でも同じ食品を指すことが理解できる表記。例 ソバ→そば
※**拡大表記**：特定原材料表示に特定原材料名や代替表記が含まれ、これらを用いた食品であることがわかる表記。例 そばがき→そば

「そば」の表示が示す範囲

特定原材料の「そば」とは何か

※特定原材料等の対象範囲は、原則、日本標準商品分類で指定されている範囲で示しています。
そば粉及びそば粉を用いて製造される、そばボーロ、そば饅頭、そばもち等も表示の対象です。

注：そばは、調味料に含まれる場合もあるため、原材料となる加工品についても細かく確認して、正確な表示をする必要があります。

注意！こんな場面にも

宿泊施設のまくら
そば殻とは、そばの実を取り去った後に残った殻のことでまくらに使われることがあります。そば殻のまくらを使ってアレルギー症状を起こすこともあるため、旅行や宿泊行事の時には確認が必要です。

そば打ち体験
そば粉を吸い込む等わずかな量でもアレルギー症状を起こすことがあります。そば打ち体験等は空気中にそば粉が舞っている恐れがあります。

栄養素の補給

そばは除去しても栄養的な問題は発生しにくい食品です。

MEMO

一般的に食物アレルギーは子どもに多く、鶏卵、牛乳、小麦等のアレルゲンは乳幼児期にピークとなり、年齢が上がるにつれて食べられるようになることが多いのに対し、そばは年齢の低い子どもだけでなく、小学校高学年や成人等、全ての年齢層にアレルギー疾患を有する人がみられます。いったん発症すると、耐性を獲得できる可能性が低い（食べられるようになりにくい）とされています。

落花生（ピーナッツ）・木の実（ナッツ）類

落花生（ピーナッツ）アレルギーの特徴
- アレルギーを引き起こす力が強く、アナフィラキシーを起こしやすい。
- 少しの量でも重篤なアレルギー症状を起こすことがある。
- ローストする（煎る）とアレルギーを引き起こす力は強くなる。
- 落花生（ピーナッツ）は豆類であり、木の実（ナッツ）類とまとめて除去する必要はない。
- 落花生の殻にもアレルギーを引き起こす力がある。
- 落花生（ピーナッツ）は特定原材料に指定されている。包装された加工食品は、原材料表示でアレルゲンの有無を確認できる。

MEMO　Q：ピーナッツと落花生ってちがうの？
A：全て同じ植物

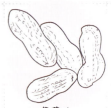
落花生
殻がついたまま、または土に埋まっている状態

ピーナッツ
殻なし、中身のみ

南京豆
殻なし、薄皮付きの中身のみ

※地域によって差があります。

木の実（ナッツ）類アレルギーの特徴
- 木の実（ナッツ）類のアレルギーは幼児で増えている。
- 木の実（ナッツ）類の中でも全年齢でくるみをアレルゲンとする割合が最も多い。次にカシューナッツ、マカダミアナッツ、アーモンド、ピスタチオ、ピーカンナッツ、ヘーゼルナッツ、ココナッツ、カカオ、クリ、松の実の順で多い。
（消費者庁「令和3年度食物アレルギーに関連する食品表示に関する調査研究事業報告書」）
- 原因となるたんぱく質がナッツの種類によって異なるため、すべてのナッツ類において一様にアレルギーが起こるわけではない。
- くるみとピーカンナッツ（ペカンナッツ）は同じクルミ科のため、両方のアレルギーになりやすい。どちらかにアレルギーがある場合は両方除去する。
- カシューナッツとピスタチオは同じウルシ科のため、両方のアレルギーになりやすい。どちらかにアレルギーがある場合は両方除去する。
- くるみは特定原材料に指定されている。包装された加工食品は、原材料表示でアレルゲンの有無を確認できる。
※くるみは2023年3月に食物アレルギーの義務表示対象品目に追加されています。アレルギー表示の猶予期間は2025年（令和7年）3月31日までとなっています。
- アーモンド、カシューナッツ、マカダミアナッツは、アレルギー表示の推奨品目である。推奨品目のアレルゲン表示は推奨（任意）表示であり、また、複合原材料等微量に含まれる旨の表示がされない場合があることに留意する。
※本来ナッツ類としてひとくくりにすることはできず、個々にアレルギーの有無を確認します。

✕ 落花生（ピーナッツ）アレルギー完全除去の場合に
食べられないもの

- 落花生（ピーナッツ）
- 落花生（ピーナッツ）を含む加工食品や料理

ピーナッツを使った加工品例

- ピーナッツバター　● ピーナッツクリーム　● ピーナッツオイル
- 菓子類（クッキー、ケーキ、チョコレート、マカロン、せんべい、あられ、キャンディー、アイスクリーム等）
- パン（ピーナッツバター、ピーナッツクリーム入りのもの）
- ジーマーミー豆腐（ピーナッツの絞り汁で作る沖縄等の郷土料理）
- サラダ、和え物、揚げ物（衣、ピーナッツオイルの揚げ油）
- 炒め物（エスニック料理、中国料理）等、カレールゥ等

⚠ ピーナッツは粉末状にして洋菓子等に使用されていることが多く、外観からは含まれていることがわからない場合があるので表示をよく確認しましょう。

注意！こんな場面にも

化粧品のローションにもピーナッツオイルが含まれていることがあります。皮膚に塗るとアレルギー症状を引き起こす可能性が高いので子どもに空瓶をおもちゃとして使用する等の際にも注意が必要です。

✕ ナッツアレルギー完全除去の場合に
食べられないもの

- 原因のナッツ（くるみ、ピーカンナッツ、カシューナッツ、アーモンド、マカダミアナッツ、ピスタチオ、ヘーゼルナッツ、ココナッツ）
- 原因のナッツを含む加工食品

ナッツ類を使った加工品例

- パン　● カレールゥ　● 菓子　● チョコレート　● 杏仁豆腐　● アイスクリーム　● ケーキ　● クッキー
- シリアル　● 食用油　● 担々麺　等

ワンポイント

令和5年3月に消費者庁は特定原材料に「くるみ」を追加しており、表示義務8品目・表示推奨20品目となっています

　木の実類のうち、「くるみ」の特定原材料への追加がされておりますが、「カシューナッツ」についても症例数等が増加したという調査結果を受け、特定原材料への追加に向けた検討に着手することとなっています。

　2022年6月、消費者庁は前年度まとめたアレルギーの症例について新しい実態調査の結果を公表しました。6000件余りの症例のうち、「くるみ」に関する報告が463件と、前回、3年前の調査から増え、症例数の多い品目として、卵、牛乳、小麦に次ぐ4番目であったと発表しています。

◇◇◇ 落花生（ピーナッツ）、木の実（ナッツ類）のアレルギー表示 ◇◇◇

	代替表示	拡大表示
落花生	ピーナッツ、落花生	ピーナッツバター、ピーナッツクリーム
くるみ	クルミ	くるみパン、くるみケーキ
アーモンド	なし	アーモンドオイル
カシューナッツ	なし	なし

※**代替表記**：特定原材料等と違う表現でも同じ食品を指すことが理解できる表記。例 ピーナッツ→落花生
※**拡大表記**：特定原材料表示に特定原材料名や代替表記が含まれ、これらを用いた食品であることがわかる表記。例 ピーナッツクリーム→落花生

「ピーナッツ」「アーモンド」の表示が示す範囲

特定原材料の「ピーナッツ」「アーモンド」とは、何か

※特定原材料等の対象範囲は、原則、日本標準商品分類で指定されている範囲で示しています。

ピーナッツ	ピーナッツ、なんきんまめと呼ばれるものが対象で、小粒種、大粒種ともに対象です。ピーナッツオイル、ピーナッツバターも対象となります。
アーモンド	アーモンドの範囲 アーモンドは、スイート種とビター種がありますが、主に食用とされるスイート種だけでなく、ビター種も対象となります。アーモンドオイル、アーモンドミルク等も対象となります。

ワンポイント

ピーナッツはナッツじゃない?! ナッツ類とピーナッツの関係

　ナッツ類にはアーモンド、カシューナッツ、くるみ等異なるさまざまな種類のものがあり、それぞれに特徴は異なりますが、すべて「木の実」です。
　一方、ピーナッツは「豆」の仲間で、名前には「ナッツ」と入っていても、上記のようなナッツ（木の実）類とは種類が異なります。
　ナッツアレルギーであるという理由で、ひとくくりにしてすべてのナッツ類を除去したり、ピーナッツを除去する必要はありませんが、人によって症状が異なるため、医師による詳細な診断を受け、生活管理指導表に沿って対応を行いましょう。

"くるみ"のアレルギーが、卵・牛乳・小麦に続いて症例数が上がってきています

　なぜ、急に"くるみ"のアレルギーが増えたのでしょうか。理由のひとつとしては「食べる量が増えたから」ではないかと考えられています。健康志向の普及も相まって、ひと昔前と比べて、コンビニエンスストアやスーパー等の店頭で見る機会が増えたのではないでしょうか。同様の理由で現在、カシューナッツも義務表示に追加することが検討されています。

ごま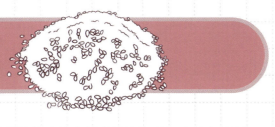

ごまアレルギーの特徴

- アレルギー症状が出やすいのは「すりごま・練りごま」。ふりかけ等に入っている「粒ごま」等はすりごま・練りごまに比べ、アレルギー症状が出にくい。(※粒ごまで症状が出にくいのは、消化されずそのまま便中に排せつされることが多いため)
- ごま油は食べられるごまアレルギーの子どももいる。
 (ごま油を除去する必要があるかどうかは医師に確認してもらい生活管理指導表を丁寧にチェックします。)
- ピーナッツやナッツ類の除去は必要ない。
 (ごまは種実類で、ピーナッツやナッツ類とはアレルギーの原因となるたんぱく質が異なる。)
- アレルギー表示の「推奨」品目であり、アレルギー表示の「義務」ではないため表示されない場合があり、注意が必要。

 ごまアレルギー完全除去の場合に
食べられないもの

- ごま(白ごま・黒ごま・金ごま)
- ごまを使用した加工食品(ごま豆腐・プリン・せんべい・クッキー・アイス・ふりかけ 等)

MEMO 白・黒だけじゃない! ごまの種類

金ごま 金ごまは黄ごま・茶ごまと呼ばれることがあります。白ごまや黒ごまに比べると生産量が少ない品種です。

MEMO ごま加工品の種類

いりごま ごまを炒ったもので、粒のまま。
すりごま ごまを炒ってすりつぶし、粉状のもの。
練りごま ごまをすり続けると油分が出て、ペースト状になる。いりごまと同じ体積でも練りごまの方がアレルギーの原因となるたんぱく質を多く含む。
ごま油 ごまに圧をかけて絞ることで出てくる油分。

◇◇◇ ごまのアレルギー表示 ◇◇◇

代替表示	拡大表示
ゴマ、胡麻	ごま油、練りごま、すりゴマ、切り胡麻、ゴマペースト

※**代替表記**：特定原材料等と違う表現でも同じ食品を指すことが理解できる表記。**例 胡麻→ごま**
※**拡大表記**：特定原材料表示に特定原材料名や代替表記が含まれ、これらを用いた食品であることがわかる表記。**例 すりゴマ→ごま**

「ごま」の表示が示す範囲
特定原材料の「ごま」とは、何か

※特定原材料等の対象範囲は、原則、日本標準商品分類で指定されている範囲で示しています。

ゴマ科ゴマ属に属するものであり、種皮の色の違いにより「白ごま」、「黒ごま」、「金ごま」に分けられますが、全てが対象です。ごま油、練りごま、すりゴマ、切り胡麻、ゴマペースト等の加工品も対象です。トウダイグサ科トウゴマ属に属する「トウゴマ（唐胡麻）」やシソ科シソ属に属する「エゴマ（荏胡麻）」などは対象外です。

MEMO これはごまじゃない！ "○○ごま" の種類

「トウゴマ（唐胡麻）」はトウダイグサ科トウゴマ属に属し、「エゴマ（荏胡麻）」はシソ科シソ属に属し、ゴマ科ゴマ属の「ごま」とは別物です。

ワンポイント

食べるだけじゃない?! ごま油が含まれるもの

ごま油は皮膚の水分蒸発を抑え、皮膚を柔らかく滑らかにするはたらきがあります。子どもの皮膚は乾燥しやすくデリケートですので、風呂あがりに使用することもあるでしょう。一般的にクリーム類や保護者や保育者が使用するメイクアップ製品、ヘアケア製品等にも、ごま油が使われている場合があり、スキンシップ等を介して子どもに触れてしまうことがありますので、食品以外にも注意が必要です。

特定保健用食品とごま

現在市販されている、特定保健用食品にはごまから抽出した成分を使用しているものがあります。特に麦茶のような飲料として売られているものは味も見た目も普通の麦茶に非常に似ています。保育園の給食で、特定保健用食品を使用する事はないと思いますが、万が一のことを考え、知識として知っておくとよいでしょう。

果物類・野菜類（いも類含）

果物・野菜アレルギーの特徴

- 果物、野菜によるアレルギーは「口腔アレルギー症候群」が多い。
- 花粉症をもつ患者の一部で、生の果物や野菜で口の中やのどのかゆみ等を感じることがある。
  ※花粉-果物アレルギー症候群（PFAS）：花粉症がある人が生の果物や野菜で口腔粘膜にアレルギー症状が出ること。
- 違和感を感じたら、摂取を中止することで症状がおさまるので、厳密な除去は必要ないことが多い。
- ごく少量の摂取や加熱をしても、アナフィラキシーを起こすタイプもある。もも、キウイフルーツ、バナナに多く、乳幼児以降に多い。
  ※アナフィラキシー：急激なアレルギー反応により呼吸困難、意識を失う等の命の危険につながるさまざまな症状が起きること。数分で死亡することもある危険な状態。
- ゴム製品でアレルギー症状が出る人が果物を食べると、アナフィラキシーを起こす場合がある。

いもアレルギーの特徴

- 乳児等でまれにじゃがいもアレルギーがある場合があるが、低年齢で治ることが多い。
- ある特定のいもでアレルギーがある場合に、該当のいも以外の除去が必要なことはあまりない。
- やまいもを食べて口の中がかゆくなる等のアレルギーと似た症状が出る場合がある。これは食物アレルギーではなく、やまいもの薬理活性物質により症状が出ている場合がある。
- やまいものシュウ酸カルシウムの針状の結晶が、口の周りや手の皮膚を刺激し、かゆみを起こしている場合がある。これも食物アレルギーではない。

 アレルギー症状が出やすい
注意が必要な野菜・果物

野菜類（いも類）
トマト、セロリ、パセリ、にんじん、玉ねぎ、じゃがいも、やまいも　等

果物類
りんご、なし、もも、さくらんぼ、メロン、スイカ、キウイフルーツ、バナナ、洋なし、いちご　等

◇◇◇ 果物類・野菜類（いも類含）のアレルギー表示 ◇◇◇

	代替表示	拡大表示
オレンジ	なし	オレンジソース、オレンジジュース
キウイフルーツ	キウイ、キウィー、キーウィー、キーウィ、キウィ	キウイジャム、キウイソース、キーウィジャム、キーウィーソース
バナナ	ばなな	バナナジュース
もも	モモ、桃、ピーチ	もも果汁、黄桃、白桃、ピーチペースト
りんご	リンゴ、アップル	アップルパイ、リンゴ酢、焼きりんご、りんご飴
やまいも	山芋、ヤマイモ、山いも	千切りやまいも

※**代替表記**：特定原材料等と違う表現でも同じ食品を指すことが理解できる表記。例 キウィ→キウィフルーツ
※**拡大表記**：特定原材料表示に特定原材料名や代替表記が含まれ、これらを用いた食品であることがわかる表記。例 もも果汁→もも

「オレンジ」「やまいも」の表示が示す範囲

> 特定原材料の「オレンジ」「やまいも」とは、何か

※特定原材料等の対象範囲は、原則、日本標準商品分類で指定されている範囲で示しています。

オレンジ	ネーブルオレンジ、バレンシアオレンジ等、いわゆるオレンジ類が対象です。うんしゅうみかん、夏みかん、はっさく、グレープフルーツ、レモン等は対象外です。
やまいも	日本標準商品分類における「やまのいも」を対象とし、じねんじょ、ながいも、つくねいも、いちょういも、やまといも等が該当します。一般的に知られている「とろろ」はやまいもをすりおろしたもので、これを使った料理の「山かけ」、「とろろ汁」等も表示の対象です。

栄養素の補給

原因となる野菜や果物を除去し、食べられる野菜・果物で栄養を補給しましょう。

カリウムを多く含む野菜
さつまいも・にんにく・枝豆・ほうれん草・かぼちゃ・たけのこ 等

食物繊維を多く含む野菜
ごぼう・おくら・枝豆・にら・ブロッコリー 等

カリウムを多く含む果物
アボカド、くり、バナナ、メロン、キウイフルーツ 等

緑黄色野菜
いんげん・オクラ・かぼちゃ・小松菜・サラダ菜・しそ・かいわれ大根・チンゲン菜・トマト・にら・にんじん・バジル・パセリ・ピーマン・ブロッコリー・ほうれん草・三つ葉・芽キャベツ・モロヘイヤ わけぎ 等

ビタミンCを多く含む野菜
ピーマン・にがうり・ブロッコリー・カリフラワー・さやえんどう・キャベツ・かぼちゃ・ミニトマト・さつまいも・小松菜 等

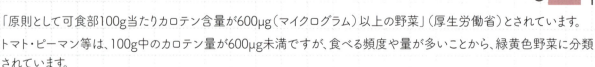

MEMO 「緑黄色野菜」とは？

「原則として可食部100g当たりカロテン含量が600μg（マイクログラム）以上の野菜」（厚生労働省）とされています。
トマト・ピーマン等は、100g中のカロテン量が600μg未満ですが、食べる頻度や量が多いことから、緑黄色野菜に分類されています。

肉類

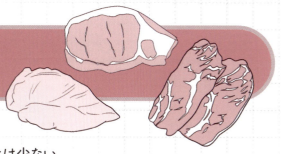

肉アレルギーの特徴

- 肉によるアレルギーはまれで、全ての肉類が食べられないことは少ない。
- 加工肉（ハム・ソーセージ・ベーコン等）でアレルギー症状が出る場合は、材料の鶏卵や牛乳によるアレルギーの可能性もある。
- 肉のたんぱく質がアレルギーの原因となるが、アルファガルという物質が原因となる場合もある。

※アルファガルは、マダニも持つ成分です。マダニにかまれ体内に入り、次に牛肉等のアルファガルが体内に入った時にアレルギーが起きることがあります。

 肉アレルギー完全除去の場合に
食べられないもの

- 牛肉 ● 豚肉 ● 鶏肉

※羊や七面鳥は起こりにくい。

 肉アレルギー完全除去の場合に
個々で対応が異なるもの

- 肉エキス

※食べられることが多いですが、医師の指示に従いましょう。

◇◆◇ 肉類のアレルギー表示 ◇◆◇

	代替表示	拡大表示
牛肉	牛、ビーフ、ぎゅうにく、ぎゅう肉、牛にく	牛すじ、牛脂、ビーフコロッケ
豚肉	ぶたにく、豚にく、ぶた肉、豚、ポーク	ポークウインナー、豚生姜焼、豚ミンチ
鶏肉	とりにく、とり肉、鳥肉、鶏、鳥、とり、チキン	焼き鳥、ローストチキン、鶏レバー、チキンブイヨン、チキンスープ、鶏ガラスープ

※**代替表記**：特定原材料等と違う表現でも同じ食品を指すことが理解できる表記。例 ポーク→豚肉
※**拡大表記**：特定原材料表示に特定原材料名や代替表記が含まれ、これらを用いた食品であることがわかる表記。例 チキンブイヨン→鶏肉

「牛肉・豚肉・鶏肉」の表示が示す範囲

> 特定原材料の「牛肉・豚肉・鶏肉」とは、何か

※特定原材料等の対象範囲は、原則、日本標準商品分類で指定されている範囲で示しています。

肉そのもの及び、動物脂（ラード、ヘッド）は対象です。
内臓については、耳、鼻、皮等、真皮層を含む場合は対象ですが、いわゆる内臓（肉や真皮層を含まないもの）、骨（肉がついていないもの）、皮（真皮を含まないものに限る）は対象外です。
動物の血液、胆汁又は血しょう（プラズマ）だけであれば表示の対象にはなりませんが、肉片が混ざるのであれば表示の対象です。

栄養素の補給

◎たんぱく質の補給

だいず

とうふ

なっとう

厚揚げ

豆乳

魚類　大豆製品（大豆水煮、豆腐、納豆、油揚げ、がんもどき、厚揚げ、豆乳　等）

◎鉄分の補給
全ての肉類を除去する場合、鉄が不足し鉄欠乏状態になることがあります。
鉄を多く含む食品を継続的に摂れるよう献立を工夫しましょう。

鉄を多く含む食品

かつお

あさり

オートミール

いんげん豆

小松菜

赤身の魚　あさり　鶏卵　豆腐（絹ごし）　オートミール　いんげん豆　小松菜　等

☆植物性食品に含まれる鉄はビタミンCやたんぱく質と一緒に摂ることで吸収率がアップします！小食の子どもには特に吸収率を配慮した献立を考えましょう。

きのこ類

きのこアレルギーの特徴

- まつたけはアナフィラキシーを起こすこともある。
- きのこ類は仮性アレルゲンによるものも多い。
  ※仮性アレルゲンとは食品自体に含まれるヒスタミン等の化学物質がアレルギーと同じ症状を引き起こすこと。詳しくは ➡ **P.103**
- しいたけアレルギーは「しいたけ皮膚炎」と呼ばれるじんま疹やかゆみ等の皮膚炎を起こす。
- しいたけアレルギーの原因は加熱が不十分なしいたけのたんぱく質であるといわれている。
  （はっきりとした原因は不明。）
- マッシュルームには天然成分としてわずかに金属（クロムやニッケル）が含まれるため、金属アレルギーの症状が出る場合がある。
- 特定のきのこアレルギーでも他のきのこは食べられる場合が多い。（※医師の指示に従いましょう。）

 アレルギー症状が出やすい
注意が必要なきのこ

- まつたけ ● まいたけ ● しめじ ● えのき ● しいたけ ● きくらげ 等

◇◇◇ きのこ類のアレルギー表示（まつたけ） ◇◇◇

代替表示	拡大表示
松茸、マツタケ	焼きまつたけ、まつたけ土瓶蒸し

※**代替表記**：特定原材料等と違う表現でも同じ食品を指すことが理解できる表記。例 **マツタケ→まつたけ**
※**拡大表記**：特定原材料表示に特定原材料名や代替表記が含まれ、これらを用いた食品であることがわかる表記。例 **焼きまつたけ→まつたけ**

魚介・魚卵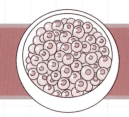

魚介アレルギーの特徴

- さけ・さばは、食物アレルギー表示が推奨される21品目の中に含まれる。
- 複数の魚で症状が出る場合もあるが、全ての種類の魚で症状が出ることはまれ。
- 青魚、赤身魚、白身魚で区別し、その区別毎に除去をする必要はない。
  （例：さばアレルギーで青魚全てを除去する必要はない。）
- かつお節や煮干しのだし、ツナ水煮等の缶詰の魚はアレルギーを起こす力が弱く、食べられる場合がある。
  （※生活管理指導表を丁寧にチェックし保護者からも正しく聞き取りましょう。）
- 魚を食べてじんま疹等が出る場合、食物アレルギーではなく鮮度が落ちたことが原因で起こるヒスタミン中毒の場合もある。
  （※ヒスタミン中毒　鮮度が落ちたことで魚肉に増えた「ヒスタミン」という成分が原因で起きるじんま疹等の症状。アレルギーに似た症状が起きるが、魚アレルギーとは別の病気。）
- 寄生虫（アニサキス）が寄生している魚肉を食べて、アレルギーが出現することがある。
  （子どもではあまり報告がない。）
- 魚に多く含まれるEPA（エイコサペンタエン酸）やDHA（ドコサヘキサエン酸）は、アレルギー症状を抑えるはたらきがあるといわれている。

MEMO　EPAとDHA

EPA（エイコサペンタエン酸）、DHA（ドコサヘキサエン酸）は、体内で作ることができない、または作られる量が少ないため、「必須脂肪酸」に分類されます。EPAとDHAは炎症を抑える作用を持ち、アレルギーの炎症を抑え症状をやわらげるはたらきがあるといわれています。

EPAとDHA

魚卵アレルギーの特徴

- いくらは、食物アレルギー表示が推奨される21品目の中に含まれる。（表示義務はない）
- 魚卵の中でも特にいくらによるアレルギー症状が多い。
- 塩漬けされている魚卵は塩分が多く塩辛いため、乳幼児には避けることが望ましい。

❌ 魚介アレルギー完全除去の場合に食べられないもの

- さけ ● さば ● まぐろ ● いわし
- かれい ● あじ ● たい ● たら
- ぶり 等

❌ 魚卵アレルギー完全除去の場合に食べられないもの

- いくら ● たらこ ● ししゃもの卵
- わかさぎの卵 ● かずのこ ● とび子 等

△ 魚介・魚卵アレルギー完全除去の場合に個々で対応が異なるもの

- 鶏卵

※鶏卵アレルギーも併せ持っていることもあります。
　医師の指示に従いましょう。

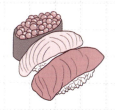

◇◇◇ 魚介・魚卵のアレルギー表示 ◇◇◇

	代替表記	拡大表記
さけ	鮭、サケ、サーモン、しゃけ、シャケ	鮭フレーク、スモークサーモン、紅しゃけ、焼鮭
さば	鯖、サバ	鯖、サバ
いくら	イクラ、すじこ、スジコ	いくら醤油漬け、塩すじこ

※**代替表記**：特定原材料等と違う表現でも同じ食品を指すことが理解できる表記。例 スジコ→いくら
※**拡大表記**：特定原材料表示に特定原材料名や代替表記が含まれ、これらを用いた食品であることがわかる表記。例 紅しゃけ→さけ

「魚介・魚卵」の表示が示す範囲

特定原材料の「魚介・魚卵」とは、何か

※特定原材料等の対象範囲は、原則、日本標準商品分類で指定されている範囲で示しています。

さけ	陸封性のものを除くサケ科のサケ属、サルモ属に属するものが対象です。具体的には、さく河性のさけ・ます 類で、しろざけ、べにざけ、ぎんざけ、ますのすけ、さくらます、からふとます等が対象です。にじます、いわな、やまめ等陸封性のものは対象外です。なお、海で養殖された場合は対象です。ますのすけ、さくらます等については「ますのすけ(さけを含む)」、「さくらます(さけを含む)」等と表示されます。
いくら	いくらとすじこは同じものと考え、いずれも対象です。

栄養素の補給

◎ビタミンDの補給

　魚はビタミンDが多く含まれているのが特徴です。下記の食品でビタミンDを補給することができます。

　特に干ししいたけに含まれているビタミンDは、紫外線に当てると体内でのはたらきが大幅にアップします。購入する際に「天日干し」の製品を選んだり、使う前に天日に干すと効率的にビタミンDを摂ることができます。

干しきくらげ

干ししいたけ

卵黄

◎魚のだしを除去する場合のだしの代用

かつおぶし以外でも、美味しくだしをとることができます。

しいたけ

こんぶ

肉 等

かつおぶしを使わない子どもの味覚にやさしい ☆基本のだし汁のつくり方

こんぶだしのつくり方

材料
- こんぶ …………… 5～10g
  （だし用こんぶ5cm×10cmで5gが目安）
- 水 ………………… 500cc

作り方
1. こんぶの表面の汚れは清潔なふきん等で拭き取ります。表面の白い粉はうま味なので水洗いはしません。
2. 鍋に水を入れ、こんぶを30分以上浸しておきます。
3. 火をつけて、沸騰する直前にこんぶを取り出します。

しいたけだしのつくり方

材料
- 干ししいたけ ……… 4～5枚
  （直径4～5cm）
- 水 ………………… 500cc

作り方
1. 干ししいたけは水洗いし、汚れを落とします。
2. ・常温で1時間
   ・冷蔵庫で12時間～24時間

   ☆急いでいる場合は、常温で1時間でだしをとることができますが、12時間から24時間、低い温度でとっただしの方が、濃厚でうま味が多く含まれます。

海藻

海藻アレルギーの特徴
● 多くは遅延型アレルギー
※遅延型アレルギー：ゆっくりからだに炎症を起こし、皮膚や消化器や呼吸器等のアレルギー症状が、原因となる食物を食べてから数時間〜数日後に起こるアレルギー型です。

 アレルギー症状が出やすい
注意が必要な海藻

● こんぶ ● ひじき ● わかめ ● 寒天　等

「寒天遊び」など保育活動でも登場する寒天。ハードタイプのヨーグルトには寒天が使用されている場合があるので、表示をよく確認しましょう。

その他
（ゼラチン・米・カフェイン・コチニール色素〈着色料〉・香辛料）

ゼラチン

ゼラチンアレルギーの特徴
● 食物アレルギー表示が推奨される21品目の中に含まれる。

ゼラチンを使った加工品例

加工食品
● お菓子の原材料（グミ、ゼリー、ババロア、マシュマロ、グミゼリー、ラムネ、ヨーグルト、アイスクリーム 等）
● ハム　● ソーセージ等（つなぎとして使われる）

医薬品
● 薬のカプセル　● シップ剤　● 錠剤　● トローチ　● 座薬

◇◇◇ ゼラチンのアレルギー表示 ◇◇◇

代替表示	拡大表示
なし	板ゼラチン、粉ゼラチン

※**代替表記**：特定原材料等と違う表現でも同じ食品を指すことが理解できる表記。
※**拡大表記**：特定原材料表示に特定原材料名や代替表記が含まれ、これらを用いた食品であることがわかる表記。**例 板ゼラチン→ゼラチン**

スーパーなどで販売されている子ども向けのゼリーには、ゼラチンを使用せず「ゲル化剤（増粘多糖類）」を使用して固めているものもあります。（ゼラチンは常温で溶けやすく、温度管理が難しいため）
ゲル化剤（増粘多糖類）は糖の仲間で、ペクチン（果物の皮に含まれる成分）やアルギン酸（海藻類のヌルヌル成分）などがあります。

「ゼラチン」の表示が示す範囲

> 特定原材料の「ゼラチン」とは、何か

※特定原材料等の対象範囲は、原則、日本標準商品分類で指定されている範囲で示しています。
日本標準商品分類における明確な分類項目はありませんが、ゼラチンの名称で流通している製品が対象です。牛、豚を主原料として製造されることが多い一方、魚から製造される場合もあります。「豚肉」や「牛肉」を原材料として製造し、製造過程において「ゼラチン」が抽出される場合は、「（豚肉を含む）」、「（牛肉を含む）」と表示されています。一般には、豚を主原料としたゼラチンが多く出回っています。

米

米アレルギーの特徴

● 米によるアレルギーはごくまれ。
● 残留農薬、デンプン質、他の食品アレルギーとの関連、米のたんぱく質等が原因として考えられている。
● 米の除去が必要な場合、超高圧処理により低アレルゲン化した米等が市販されており、米アレルギーでも食べることができる場合が多い。

カフェイン

カフェインアレルギーの特徴

● 皮膚や呼吸器、消化器等の症状が摂取から数時間後に現れる遅延型アレルギー。カフェイン中毒とは異なる。
※カフェイン中毒：短時間にからだが処理できる以上の大量のカフェインの摂取で起こります。頭痛やめまい、動悸等の症状が起きます。カフェインアレルギーとの違いは、症状が起こる量です。カフェイン中毒は大量のカフェインを摂取することで起き、カフェインアレルギーは少量の摂取でも症状が起きます。
● チョコレートはミルクチョコレートよりもダークチョコレートにカフェインが多く含まれる。

MEMO　カフェインを多く含む飲み物

カフェイン　多
↓
カフェイン　少

- 抹茶・玉露
- エナジードリンク
- コーヒー
- 紅茶
- 緑茶(煎茶)・ほうじ茶・ウーロン茶
- チョコレート
- コーラ

● 紅茶も種類によってはコーヒーと同量のカフェインを含むものもあります。
● エナジードリンク等は眠気を覚ますためにカフェインが多く含まれます。その他にも刺激の強い炭酸や、副作用がでる可能性のあるような成分も含まれている場合があるため、子どもは避けることが望ましいです。
● 抹茶はカフェインを多く含むため、抹茶アイスやお菓子等に注意が必要です。
● コーラにもカフェインが含まれています。

コチニール色素(着色料)

コチニール色素アレルギーの特徴
● サボテン等に寄生するエンジムシという虫から抽出され、食品や医薬品、化粧品、染色等に使われる赤色の色素
● 皮膚症状やアナフィラキシー等のアレルギー症状を起こすことが報告されている。

香辛料

香辛料アレルギーの特徴
● 子どもでは少ない(成人女性に多い傾向)。
● 花粉症との関連がある。

アレルギーが起きるスパイスの例
● ペッパーやサフラン　● ディルシード　● マスタード　● コリアンダー
● 唐辛子　● クミン　等

香辛料(スパイス)って?
調味料の一種です。植物から作られ、料理に香りや辛味、色味をプラスします。
おいしさや、食欲を増進させる効果があり、香料として食品に添加されるものもあります。

おそれず無理をしない離乳食のススメ

「離乳食」について

　母乳やミルクだけを飲んで育ってきた乳児が、少しずつ形や固さのある食べ物に慣れて、必要な栄養素を母乳やミルク以外から摂取できるようになるプロセスを「離乳」といい、この時期の食事を「離乳食」とよびます。

　成長が著しい乳児が、必要な栄養素を充分にとり込むことができるよう、食べ物が口に入る感触を覚えたり、噛みつぶしたり、飲み込んだりできるように練習をするための離乳は必要なプロセスです。

【離乳食の開始】
生後5〜6カ月になり、次のような行動が見られたら、離乳食開始のサインです。

首がすわり、支えがあれば座ることができる。

大人の食事をみて、一緒にモグモグしたり食事に興味を示す。

スプーンを口に入れても舌で押し出すことが少なくなる。

アレルギーがある子もない子も
「離乳食」の進め方のポイント

　初めて何かに挑戦する時、多くの人は緊張します。緊張するのは、離乳食を食べる乳児も同じです。だからこそ、ポイントを押さえ、緊張を解きほぐした状態ではじめていきたいですね。

体調不良の時は一段階戻しても	→	子どもの機嫌や体調が良い時に		平日の午前中や、開院している時間帯に	←	できるだけ、万が一の時に、受診できるように
「目安」はあくまで「目安」です	→	その子に合ったペースで		大人のこころの余裕も大切に	←	無理せず焦らず一歩ずつ

アレルギーがある子もない子も
「離乳食」の献立＆調理のポイント

①素材の味を生かして、薄味に

　舌の表面には、ブツブツとした器官があります。舌にある味を感じとる主な受容体である「味蕾（みらい）」です。味蕾は、乳幼児期に最も数が多くなります。そのため素材の味をしっかりと感じることができるよう、使用する食材は新鮮なものを選び、味付けはごく薄くします。

　味蕾は、五感のひとつである「味覚」を受容します。味蕾に食べ物が触れると神経から味覚情報が脳に伝達され、見た目や臭い香り等の情報とセットで味として認識されます。味蕾は各々あらゆる味を感じとることができます。妊娠7週目くらいの乳児にはすでに味蕾細胞は備わっています。生後3カ月あたりをピークとして味蕾は増えつづけますが、5カ月くらいになると数はそのままで味を感じとる機能は少しずつ穏やかになっていきます。生まれたばかりの新生児が1万個もの味蕾をもつ一方で、成人では約7千個ほどまで減少することがわかっています。

②衛生管理はしっかりと

　離乳食はつぶす、刻む等の調理工程が多く、菌やウイルスに汚染される機会に多くさらされます。そのため離乳食には鮮度の高い食材を選び、器具も食品もしっかりと加熱・消毒しましょう。

知っておきたい！
アレルギーと離乳食の正しい知識

保護者には自己判断で"アレルギーになりやすい食品"を避けないよう助言をしていきましょう。少しずつ、いろいろな食品を試すことが大事です。

食物アレルギーの原因となるたんぱく質は、食べ物だけではなく、空気中にも含まれます。例えば、普段、卵料理を食べている家庭にはほこり等から卵アレルギーの原因となるたんぱく質（アレルゲン）が検出されることがあります。

食物アレルギーの原因となるたんぱく質（アレルゲン）は、目や鼻、皮膚等からからだに入り、抗体（IgE抗体）がつくられます。卵をはじめて食べた時、この抗体にアレルゲンがくっつくことでアレルギー症状が起きるという仕組みです。

つまり、「特定の食べ物を摂取してアレルギー症状が出たからアレルギーになった」ということではなく、「もともと体内でつくられていた抗体があったために、そのもの自体を食べたらアレルギー症状が起こった」という因果関係があります。

食物アレルギー疾患を有する子どもは、それぞれの原因食品に対する抗体をからだの中で作っています。抗体の作られやすさ、どの食品に対して抗体が作られるかは、遺伝や環境要因によって異なるため、予測ができません。

食物アレルギーを考慮して離乳食を始める時のポイントは、「少量から試すこと」です。いきなり多量の食品を食べて、万が一アレルギーが起きてしまった場合、重篤な症状を引き起こしかねません。少量であれば、口の周りが赤くなる等の軽度な症状で済む場合があります。心配な場合、まずは口の回りに少しつけてみて、症状がでないようであれば、1/2さじ、1さじと増やしていきましょう。また、保育所においてアレルギーが起こらないよう、まずは細やかに対応できる家庭で幅広くいろいろな食品を少量ずつ与えてもらいましょう。複数回食べられた食品を都度保護者から聞き取り、食物アレルギーの有無を確認し、園内で共有しながら離乳食給食を提供していきましょう。

離乳食での鶏卵について

アトピー性皮膚炎がある乳児で鶏卵のアレルギーがない場合、離乳期に鶏卵を与える時期が遅くなるほど、鶏卵アレルギーを発症するリスクが高くなる傾向がある、ということが研究で報告されています。そのため、日本小児アレルギー学会では、鶏卵アレルギーの発症を防ぐには、鶏卵は生後6カ月頃から、よく加熱したものを、少しずつ与えたほうがよいと提言しています。そのため、連絡帳や日々のやり取り等から、保護者が鶏卵を離乳食にとり入れることに不安を感じているように見られた場合、医師の診断の有無を確認したり、不必要な除去による弊害について丁寧に伝えていくことが大切です。あわせて皮膚の状況もこまめに観察しましょう。

大切なことは「離乳食の開始を遅らせず、食物アレルギーがあっても、なるだけバランス良く摂取すること」です。食物アレルギーの発症を回避しようとして 離乳食の開始自体を遅らせると、成長に必要なたんぱく源やカルシウム・鉄等の栄養素を十分にとることができず、乳児に貧血がみられたり、成長発達に支障が生じる心配があります。少しずつ多品目の食品が徐々にとれるようになると良いです。

アトピー性皮膚炎がある子どもの
離乳食までのステップアップ！

アトピー性皮膚炎の疑いがある、または既に治療を受けている場合、離乳食を開始する前に皮膚症状を改善させるところからスタートしましょう。

スキンケア → 皮膚症状改善 → 離乳食スタート

…アトピー性皮膚炎とは…
かゆみのある湿疹が主な症状で、顔や頭、首、口や耳の周囲、手足の関節の内側等にできやすく、よくなったり悪くなったりをくり返すのが特徴です。生後3カ月頃までアトピー性皮膚炎の症状がみられる場合、食物アレルギーを併せ持っていることがあります。

肌のバリア機能が弱くなっていると、アレルギーの原因が肌から入ってきやすい状態になってしまいます。皮膚炎が起きている場合、常にスキンケアを心がけ、肌機能を守る必要があります。また、皮膚に湿疹がある場合、食物アレルギーによる症状と見分けがつきにくくなってしまいます。医師の指示の下、スキンケアを行い、湿疹の状態が改善してから離乳食をはじめましょう。

アトピー性皮膚炎のスキンケア

医師の指導の下、日々のスキンケアをしっかりと行い、肌のバリア機能を高めましょう。ポイントは『清潔』と『保湿』です。

食物アレルギーが乳児に多いということを知っている保護者の中には、多くの園で「わが子も食物アレルギーになったら怖いから離乳食は遅めで大丈夫です」とおっしゃる方が少なくないのではないでしょうか？
けれども、乳児の食物アレルギーの多くは、自然に治っていくことをご存じない保護者が多いのも現実です。離乳食の開始をやみくもに遅らせるより、離乳食開始の前に、湿疹を直しておくことがとても大事なのです。

〜乳児が食物アレルギーになるということ〜

アレルギーの原因になる物質（アレルゲン）は、食べ物以外にも、ハウスダストや花粉、ダニ等あります。乳児の身の回りには、多くのアレルゲンが存在しています。そのような中で、牛乳、卵、小麦等の食べ物のたんぱく質がアレルゲンとなるケースを「食物アレルギー」と呼んでいます。
食べ物のアレルゲンは、空気中にも存在しています。アレルゲンは、皮膚、目、鼻、口等から体内に侵入してきて、それをやっつけようとIgE抗体が産生されます。はじめて小麦を食べた時、牛乳を飲んだとき、IgE抗体にアレルゲンがくっつくと、アレルギー症状が出現します。ですから、抗体が産生されることが先に起こり、食べたことによって症状が出現したという流れになっています。
では、保護者の皆さんはどのように離乳食を開始して行ったらよいのでしょう？
離乳食は少量から慎重に食べ進めていくことです。小麦アレルギーの場合は、小麦に反応するIgE抗体を持っていて、牛乳アレルギーの場合は、牛乳に反応するIgE抗体を持っています。アレルギー体質なのか、IgE抗体がどのくらいつくられる体質か、どの様な食品に反応するか、見当が付きませんので、湿疹を治し、皮膚の状態を少しでも良好に保ちながら、いきなり沢山の量を食べ始めるのではなく、少しずつ、少量から食べ始めることがとても大事です。

◆入浴・シャワー浴と洗浄
- お湯の温度は38〜40℃
- 毎日入りましょう
- 低刺激の石鹸をよく泡立てて
- すすぎ残しのないように

◆保湿外用剤
- 患部だけでなく全身に
- 入浴後は、皮膚が乾かないうちに
- 塗る量は、医師の指示に従って

アトピー性皮膚炎診療ガイドライン2021参照

食物アレルギー疾患を有する子どもの 離乳食のポイント

> 万が一の時に、小児科を受診できるように

アレルギー疾患を有する子どもの離乳食を、明るく前向きに捉えられる環境づくりと関わりを大事に!

食物アレルギーを起こしたくない一心で、保護者は不安を抱え、離乳食を子どもと一緒に楽しむことができないでいるケースが少なくありません。離乳食はアレルギー疾患を有する子どももそうでない子どもも、楽しみみながらトライすることが大切です。乳児期から幼児期かけては、母乳の栄養から離れて、自ら食べる習慣を身につける大事な時期です。そのスタートアップの時期にある乳児にとって、すべての食べ物が"はじめての経験"なのです。

いろいろな食べ物を経験することは、栄養をとるという目的以外にも、味覚を感じ、噛む力（そしゃく力）やのみ込む力（嚥下力）、食べる意欲等、いろいろなことを経験しながら生きる力を育てていくのです。離乳食への不安を持たず、安心してスタートできるように、保育者から保護者への細やかなはたらきかけがとても大事になります。

食物アレルギーと診断された乳児は、原因食品を除去する等、離乳食の食材選びへの配慮が必要です。しかし、基本的には厚生労働省が策定した『授乳・離乳の支援ガイド（平成19年3月策定）』に沿って離乳食を進めます。

アレルギーの原因食品の除去と合わせて気を付けたい、いくつかのポイントを紹介します。

食物アレルギーは、乳児期に発症することが多いため、離乳食の開始や進行に抵抗を感じる保護者が多いものです。

乳児に食物アレルギーがある場合の離乳食の進め方の注意ポイントを保育園職員全体で共有しておきましょう。離乳食は乳児が咀嚼の力をつけ、いろいろな食べ物の味を知り、栄養素としてとり込むための大事な最初のことはじめです。自己判断で開始を遅らせないために、保育者はどのような関わりをしたらよいでしょうか？

基本は同じ。いくつかのポイントを押さえて！

保護者が食べ物を自己判断で制限することなく離乳食を進めていけるよう、正しい情報を平易に伝えられるよう、保育園全体でサポート体制を整えましょう。

ポイント

初めて食べるものは単品をごく少量から	万が一アレルギーがあった場合、原因を特定しやすくするため、はじめて食べる食材は、単品ずつ食べさせてみます。心配な場合は、まずは口の周りにつけてみて、症状が出ないことを確認し、スプーン1さじから始めてみましょう。初めて口にするものは1回の食事で1種類から、が原則です。1歳を過ぎても、初めての食材を与えるときはできるだけ1食で1種類、少量からが安心です。保育所等でも、初めのうちは乳児の体調をみながら無理をせず与えます。家庭では、新鮮な食材をしっかり加熱して、少量を与えてみて観察をしながらスモールステップで進められるよう支援していきましょう。
5〜6カ月頃から離乳食をスタート	離乳の開始や特定の食物の摂取開始を遅らせても、食物アレルギーの予防効果があるという科学的根拠はありません。食物アレルギーの有無に関わらず、離乳食の開始は5〜6カ月頃が目安です。ただし、皮膚症状等が出ている場合はかかりつけ医の指示のもと、皮膚症状の緩和に合わせて離乳食を開始します。食物アレルギーがあっても離乳食の開始を遅らせず、生後5〜6カ月頃から始められることを丁寧に保護者に説明しましょう。
ベビーフードは表示を確認して	ベビーフードを利用する際は、対象の月齢や原材料を確認しましょう。 ※そのほか、「授乳・離乳の支援ガイド（2019年版）」や病院・市区町村等が開催する母親学級などで指導される厚生労働省作成のガイド等に沿って進めます。
月齢に合わせた食材をまんべんなく	医師から除去の指示があったもの以外の食材は下の表に沿って、様子を見ながら進めていきます。

> 保育所におけるアレルギー対応ガイドライン（2019年版）や授乳離乳の支援ガイド（2019年版）を参考に、個人差を考慮した支援をしていきましょう

		離乳初期 生後5〜6カ月	離乳中期 生後7〜8カ月	離乳後期 生後9〜11カ月	離乳完了期 生後12〜15カ月
			1回あたりの目安量		
Ⅰ	穀類(g)	つぶしたかゆからはじめる	全がゆ 50〜80	全がゆ 90〜 軟飯 80	軟飯 90〜 ご飯 80
Ⅱ	野菜・果物(g)	すりつぶした野菜等も試してみる	20〜30	30〜40	40〜50
Ⅲ	魚(g)	慣れてきたら、つぶした豆、豆腐、白身魚、卵黄等を試してみる	10〜15	15	15〜20
	または肉(g)		10〜15	15	15〜20
	または豆腐(g)		30〜40	45	50-55
	または卵(個)		卵黄 1〜全卵 1/3〜	全卵 1/2	全卵 1/2〜2/3
	または乳製品(g)		50-70	80	100

より詳しい内容については、授乳・離乳の支援ガイド（2019年改定版）**P34**をご参照ください。

https://www.mhlw.go.jp/content/11908000/000496257.pdf

※日本人の主食である米や、大根、にんじん、かぼちゃ、さつまいも等は、食物アレルギーの原因にはなりにくいため、離乳食を始める頃に取り入れやすい食材です。

【離乳食にも共通の考え方】

保育所等の給食では、家庭と同じ対応は行わず、幼児食でも離乳食でも、原因食物をを「完全除去」（原因食物を提供しない）か、他の園児と同じ給食を提供するかのどちらかひとつを原則としています。

保育所等の給食で個々の食べられる範囲への対応を行わないことは、食物アレルギーをもつ子どもの安全を第一に考えての対応が原則です。そのことを、保護者と園とで共通認識をもって進めていきましょう。

離乳食のおたすけアイデア
家庭での注意　保育所での注意

「保育所におけるアレルギー対応ガイドライン（2019年版）」や「授乳離乳の支援ガイド（2019年版）」を参考に、個人差を考慮した支援をしていきましょう

フリージング離乳食

～家庭へのアドバイス～

衛生面に十分注意する事が大切です。

① フリージング離乳食に便利なシリコンカップを使う時は、汚れが残りやすい材質ですので熱湯消毒し水気を拭き取りよく乾燥させましょう。
② 自然解凍ではなく電子レンジで解凍をしましょう。
③ 長くても1週間内で使い切りましょう。
④ 作った日がわかるように保管しましょう。作った都度日付をラベリングしたり油性ペンで書いておく等のひと工夫をしましょう。
⑤ 細菌が増える原因となるので、再冷凍・再解凍はしないようにしましょう。
⑥ 離乳食の冷凍保存は家庭で良く行われることですが、冷凍保存をするときは粗熱を確実にとってから冷凍庫に入れることです。食中毒予防の視点から保護者にしっかりアドバイスしましょう。粗熱が残っていると、他の食材を腐りやすくするリスクが高まります。

～保育所給食の考え方～

保育所では調理前の食品や調理後の料理を冷凍して使うことは控えましょう。離乳食は特に衛生管理が重要です。また、家庭用冷凍庫を使用している保育所は、業務用冷凍庫と比べて冷凍設定温度が高いことが多いので、毎日庫内の温度をチェックし、都度使い切ることを原則としましょう。保育所給食では、HACCPの考え方を含みつつ「大量調理施設衛生管理マニュアル」に準拠した調理を行うことを基本とします。監査等にも対応できるよう、記録等の具備も必須です。

「大量調理施設衛生管理マニュアル」は、集団給食施設等における食中毒を予防するために、調理過程における重要管理事項等について、厚生労働省が示したものです。保育所等集団給食施設等では、衛生管理体制を確立し、重要管理事項について点検・記録を行うとともに、必要な改善措置を講じる必要があります。

ベビーフード ～利用する時の留意点～

◆ 子どもの月齢や固さに合ったものを選び、与える前には潰してみる等して味や固さ、温度の確認をしましょう。
◆ 開封後の保存に注意し、食べ残しや作りおきは与えないようにしましょう。びん詰やレトルト製品は、開封後はすぐに与えましょう。

市販されているベビーフードの種類

＜ウェットタイプ＞
レトルトパウチ、瓶またはその他容器に密封する前または後に殺菌したもので、そのまま、もしくは必要に応じ希釈・調理等をして食べられる物を指します。

＜ドライタイプ＞
噴霧乾燥、真空凍結乾燥等により乾燥したもので、必要に応じ水またはその他のものによって調製するもの、もしくは調味等の目的で米飯等とともに食べる粉末状、顆粒状、フレーク状、固形状等のものを指します。

段階の異なる複数の離乳食を提供しなければならない保育所では、衛生的な保存の観点からも、ドライタイプのベビーフードを活用すると便利です。

～ベビーフード等の加工食品も必要に応じて味方につけて～

保護者のうち、3人に1人の割合で離乳食を「作るのが負担・大変」と感じているという調査報告（乳幼児栄養調査結果〈平成27年度調査：10年に1度の大規模調査〉）があります。また、「授乳・離乳の支援ガイド（2019年改訂版）」でも「離乳食は、手作りが好ましいが、ベビーフード等の加工食品を上手に使用することにより、離乳を作ることに対する保護者の負担が少しでも軽減するのであれば、それも一つの方法である。」と示されています。保護者からの相談があった場合は、「離乳食は必ず手作りでなければならない」といった印象を与えないよう市販の調理済ベビーフードや簡単にできるおいしい離乳食レシピ等をお伝えしながら、保護者の負担感に配慮した支援をしていきましょう。

市販の離乳食の硬さ、とろみのつけ方、食材の大きさ、味付けの濃さ等を保育所給食や家庭の離乳食作成の参考にするとわかりやすいです。また、災害時の保存食として、食べなれている市販のベビーフードを購入し、使い捨てできるスプーン等とともに常備しておくと安心です。離乳食を持参いただく場合、瓶詰めのベビーフードは、万が一瓶が破損してしまう場合も考慮し、お皿に出してキラリと光る破片混入等がないか確認してから提供するか、瓶詰の持参は禁止してもよいでしょう。

参考資料：乳幼児栄養調査（厚生労働省・平成27年）「ベビーフードを活用する際の留意点について」

仮性アレルゲンを含む食材に注意!

仮性アレルゲン

食材に含まれる成分により、アレルギーのような症状が起きることも

　食材に含まれるある成分は、食物アレルギーに似た症状を引き起こすことがあります。たとえば、やまいもを食べたり、触ったりしただけで口や手がかゆくなることがあります。これは、やまいもにアレルギー反応を起こしているのではなく、やまいもに含まれる、かゆみを引き起こす成分が原因で症状が引き起こされることが多いです。

　このような成分を"仮性アレルゲン"といいます。一般的に「アクが強い」と言われているものには注意が必要です。

野菜や魚介類、果物等に多い仮性アレルゲン

　仮性アレルゲンは、食品中に含まれている化学物質です。アレルギー反応と同じ様な皮膚の発赤や痒みを起こします。仮性アレルゲンには、ヒスタミン、アセチルコリン、セロトニン等があり、さまざまな食べ物に含まれています。特に野菜類、魚介類、果物類の中には、これらの成分が多く含まれているものもあります。

　ここに示した食材は、必ずしも除去しなくてはいけないものではありません。しかし、一度に多くの量を食べると、症状が出る場合があるので、注意が必要です。食べる時は加熱、湯きり、アク抜き等をしっかり行うと仮性アレルゲンが減少します。

　何らかの症状が現れた時、それが食物によるアレルギー反応なのか、仮性アレルゲンによる症状なのか私たちには判断できません。必ず医師に相談するようにしましょう。また離乳食でも、乳児期は体調が悪い時は、これらの食べ物を控えた方が安心です。

野菜類・きのこ類
ほうれん草、なす、トマト
えのきたけ、里芋、やまいも等

肉類・魚介類
サンマ、タラ(鮮度の落ちたもの)

果物類
バナナ、キウイフルーツ、パイナップル等

乳糖不耐症もアレルギーではありません

牛乳等に含まれる乳糖を分解する酵素(ラクターゼ)が先天的に少ない場合や、酵素のはたらきが弱い場合には、乳製品を飲むと下痢等の消化不良の症状を起こします。腸炎等の病気をした後に起こることもあります。

離乳食のすすめ方 カレンダー

5〜6カ月頃

母乳・ミルク

離乳食回数

母乳やミルクは欲しがるだけ

5〜6カ月頃
⇒1日1回（ひとさじから）

離乳開始から1カ月頃
⇒1日2回

なめらかにすりつぶしたペースト状のもの。つぶしがゆ等からはじめます。おかゆを嫌がる場合はいも類や野菜からチャレンジしましょう。1カ月ほど経って離乳食に慣れてきたら絹ごし豆腐や白身魚、卵黄等も少しずつ試してみましょう。

赤ちゃんの咀嚼機能のようす
口を閉じて、取り込みや呑み込みができるようになる

スタート 離乳食スタート

時間 月齢	AM 6:00	AM 10:00	PM 2:00	PM 6:00	PM 10:00
5〜6カ月頃	🍼	🍚🍼	🍼	🍼	🍼
離乳開始1カ月頃	🍼	🍚🍼	🍼	🍚🍼	🍼

1回あたりの目安（12〜18カ月頃）

軟飯	90g
野菜・果物	40〜50g
魚又は肉	15〜20g
又は豆腐	50〜55g
又は卵	全卵1/2個〜2/3個
又は乳製品	100g

12〜18カ月頃

母乳・ミルク

離乳の完了とは母乳やミルクを飲んでいない状態ではないので、欲しがる時は様子を見て与えても問題ありません

歯ぐきで噛める固さに調理し、手づかみ食べで自分で食事をする楽しみを育みます。食事のリズムを整え、1日3回食を大切に生活リズムも整えましょう。

1日3回
離乳食回数

赤ちゃんの咀嚼（そしゃく）機能のようす
歯ぐきで食べ物を噛むことができるようになる。1歳前後で前歯が生えそろい、離乳の完了期の後半ごろに奥歯が生え始める

ゴール 離乳の完了期
（幼児食へ移行する準備期）

食物アレルギー発症のリスクが考えられる子どもの離乳食の進め方の考え方
※以下を園職員で共有し、保護者支援をしていきましょう。
・湿疹がある乳児の場合は、口唇ケアと肌のスキンケアによる症状軽減を大事に。
・離乳食の開始はむやみに遅らせない。
（アレルギー疾患を持っていない子どもと同じ生後5〜6カ月からが開始の目安）
・気になる食材は、外気が穏やかな体調の良い日中に、ごく少量からスタートする。
・米（おかゆ）や野菜等からスタートし、白身魚や豆腐、鶏ささみ等、順次ゆっくり進める。
・鶏卵は、加熱鶏卵を単品でごく少量からスタートする。
・除去食が必要な子どもでは、代替食により適正に不足栄養を補う。
・食介助者もゆったりとした気もちで関わる。

離乳食は、「飲む食事」から「かんで食べる食事」へ移行する練習期間です。ミルクや母乳に頼っていた乳児が、すぐさま食べ物を口から入れる練習をします。その環境の変化は乳児にとってとても大きいものです。はじめのうちは個人差もありますが、異物である食具が口に触れるのを嫌がったり、口からべえ〜っと出して機嫌が悪くなることも。そんな乳児が、ゴックンと飲み込めるようになることは大きな前進です。個性がありますから、ゆったりのんびり見守りましょう。1カ月ほどかけて、ゆっくり離乳食に慣れて行けばよい、そのくらいゆったりした気持ちで始められるように保護者をあたたかくサポートしていきましょう。その後慣れてきたら、乳児の消化能力の発達や噛む力等に合わせて進めます。

7〜8カ月頃

母乳やミルクは欲しがるだけ

母乳・ミルク

舌でつぶせる固さに調理し、いろいろな味や舌触りを楽しめるように食品の幅を広げていきましょう。

1日2回

離乳食回数

1回あたりの目安（7〜8カ月頃）

全がゆ	50〜80g
野菜・果物	20〜30g
魚又は肉	10〜15g
又は豆腐	30〜40g
又は卵	卵黄1個〜全卵1/3個
又は乳製品	50〜70g

時間＼月齢	AM 6:00	AM 10:00	PM 2:00	PM 6:00	PM 10:00
7〜8カ月頃	🍼	🍚🍼	🍼	🍚🍼	🍼

赤ちゃんの咀嚼機能のようす
乳歯が生えはじめ、舌と上あごで食べ物をつぶせるようになる

9〜11カ月頃

母乳やミルクは欲しがるだけ

母乳・ミルク

歯ぐきでつぶせる固さに調理し、家族等と一緒に食卓を囲み、共食を通じて食の楽しい体験を重ねて育みます。食事のリズムを大切に1日3回食にすすめます。

1日3回

離乳食回数

1回あたりの目安（9〜11カ月頃）

全がゆ	90g〜
軟飯	80g
野菜・果物	30〜40g
魚又は肉	15g
又は豆腐	45g
又は卵	全卵1/2個
又は乳製品	80g

時間＼月齢	AM 6:00	AM 10:00	PM 2:00	PM 6:00	PM 10:00
9〜11カ月頃	🍼	🍚🍼	🍚🍼	🍚🍼	🍼

赤ちゃんの咀嚼機能のようす
歯ぐきで食べ物をつぶすことができるようになる

食物アレルギーに配慮した離乳食 基本の「キ」

離乳食の始めどき！
- 身近な大人の食べる様子を見て、モゴモゴ口を動かしたり、食べたいな、という表情を見せるようになった。
- ミルクや母乳を好んで飲み、順調に体重が増えている。
- ご機嫌で体調が良い。
- 支えがあれば、お座りが出きている。
- 生後5-6カ月になった。
- 首のすわりがしっかりしてきた。

管理栄養士からのワンポイント！
子どもの離乳食の受け入れができている状態か確認しましょう。確認する目安として、ミルクなどの飲む量や体重の増加パターン、睡眠やご機嫌、皮膚の状態等を丁寧に観察し、心配がある場合は早めに小児科を受診し、相談します。

〜離乳食期の子どもの噛む力や消化レベルをとらえて〜

たんぱく質源の食品は、とりわけ「適した順番」と「適量」そして「噛む力」を考えて提供します！
食品に含まれるたんぱく質は、よく噛んで消化のよい状態にして、小さな分子量のアミノ酸やペプチドに分解されることで、乳児の小腸の壁から負担が少ないかたちで吸収されます。

乳児は消化のはたらきが未成熟ですから、たんぱく質を大きな分子のまま吸収することがあります。そのため、噛む力に合った"形状"の離乳食を、適した順番で、少量ずつから始め、適量をあたえることは、食物アレルギーに気を付けた食べ方をするうえで大事なことです。

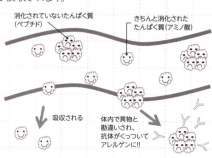

生後5〜6カ月頃
エネルギー源の補給を中心に考えます。

乳児にとって最良の栄養源である、母乳やミルクは子どもがほしがるだけ与えることを大切にします。一方、やがて乳のみではたんぱく質や鉄・カルシウム等健やかな育ちに欠かすことのできない栄養素が不足していく時期でもあります。子どもの様子に合わせて、1日1回、1さじ程度（赤ちゃんスプーンで、約3さじ）からスタートしましょう！

アレルギーの有無に関わらず離乳食は5-6ヶ月から始めます。食物アレルギーが不安だからと自己判断で離乳食の開始を遅らせることがないようにします。

なめらかにすりつぶしたヨーグルト状やトロトロのポタージュ状が目安です。なじんできたら、水分を少なめにして、ケチャップ状にしていきます。

おかゆに慣れたら、やわらかく煮た消化のよい野菜、いも類などを1種類ずつ試しましょう。アレルギー反応が無ければ、複数の野菜やいもを組み合わせてもよいでしょう。1カ月ぐらいたって、さまざまな食材が食べられるようになってきたら、消化のよい絹ごし豆腐や白身の魚なども試してみることができます。

生後7〜8カ月頃
おかゆになじんできたら、かぼちゃやにんじんなどをプラスします。不足が見えてくるビタミンやミネラルの補給を考えます。

パサつきやすい白身魚やささみは、おかゆに混ぜたり、とろみを付けると食べやすくなります。

1日2回食で、食事のリズムをつけていきましょう。様々な味や舌ざわりを楽しめように食品の種類を増やしていく時期です。

3mm角 原寸大　5mm角 原寸大

舌と上あごでつぶせる硬さ。絹ごし豆腐はつぶすのに最適です。野菜やおかゆも指でつぶせる位軟らかくします。

アレルギーと診断されていなければ、卵は、固ゆでの卵黄を、だんだん量を増やして最大卵黄1個以内となるようにしましょう。乳製品は、ごく少量を加熱する料理に使用することから始め、徐々にヨーグルトなど非加熱のものを試していきましょう。小麦は少量のうどんから試して量を増やしていくとよいでしょう。

生後9〜11カ月頃
おかゆと灰汁が少ない野菜に慣れてきたら、赤身肉や魚をプラスしていきます。たんぱく質の補給を考える時期です。

鉄分が不足しやすくなる時期です。

食事のリズムを大切に、1日3回食に進めていきましょう。歯や歯ぐきでつぶせる硬さのものは、少し大きめにして、もぐもぐかむ練習を開始しましょう！

5mm角 原寸大　8mm角 原寸大

引き続き、指でつぶせる硬さが歯ぐきでつぶして食べやすい硬さです。硬さがあるにんじん等の野菜も軟らかくなるまで火を通しましょう。

鉄分の不足を引き続き注意したい時期です。赤身の魚や肉、レバーなども取り入れていきましょう。少し脂ののった青魚や肉類も、1種類ずつ、新鮮なものをごく少量から試していきましょう。果物は、皮をむいて食べるものは少しずつ生のものも取り入れましょう。油は、少量の植物油から取り入れます。

生後12〜18カ月頃
ほとんどの食材を食べることができるようになりますが、塩分や脂の多いものは避けます。

手づかみ食べも、大切な食の練習です。

1日3回の食事のリズムを大切に、生活リズムを整えはじめる時期です。自分で食べる楽しみ、手づかみ食べを取り入れてみましょう。

1cm角 原寸大　1×3cm 原寸大

自立的に手づかみでたべる楽しさを体感する頃でもあります。手で握りやすいスティック状など長さのある切り方も組み合わせて提供します。

歯ぐきでかめる硬さ（柔らかな肉団子程度）、フォークや指で軽くつぶせる位の硬さに整えます。この頃は前歯の上下が生え揃う子どもが多く、一口量を前歯で噛み切ることを練習します。

味が濃いもの、刺激が強いもの、極端に脂っこいものなど以外は、大人と近いものが食べられるようになります。衛生面から生の魚や魚卵、生卵などは避けます。それ以外は大人からの取り分けや家族と同じ食事ができるようにします。

食物アレルギーに配慮した 離乳食レシピ

卵、乳、小麦を **使わない！**

Part1 おそれず無理をしない離乳食のススメ

5〜6カ月頃

甘味が舌に良く馴染む！
スイートポテト風

【材料 1回分】
さつまいも(うらごし) …… 30g
溶いた育児用ミルク ……… 10ml

【作り方】
① うらごししたさつまいもに育児用ミルクを少量ずつ混ぜ、食べやすいかたさにゆっくり調整します。

さつまいものかわりに、かぼちゃでも甘味が芳醇に美味しく作れます。スイートポテト風は赤ちゃんの舌に馴染み受け入れられやすい味です。
また、芋の量を増やし、砂糖を加えて同様に調理し、オーブントースターで焦げ目をつけると幼児のおやつにも応用できます。

7〜8カ月頃

めん類も、食べやすい！
青菜とフォーの スープ

【材料 1回分】
フォー…乾麺 ………… 15g
ほうれん草(葉先) …… 10g
鶏ひき肉…………… 15g
だし汁 ……………… 100ml
片栗粉【A】………… 小さじ1/2
水【A】……………… 小さじ1

【作り方】
① フォーはやわらかめにゆでて、粗みじんに切る。ほうれん草の葉先はやわらかくゆでて水にとり、軽くしぼって繊維が細かくなるよう、繊維と垂直に刻む。
② 小鍋にお好みのだし汁を入れて火にかけ、鶏ひき肉をほぐしながら入れ、フォーを入れてくたくたに柔らかくなるまで煮る。(冷凍ほうれん草も使いやすいです)
③ ②にほうれん草を入れ、一度火を止めてAの水溶き片栗粉をまわし入れ、とろみが程よく付くまで加熱する。

「フォー」は小麦アレルギーが不安な時期にも安心して使えます。
平たい米麺で、ベトナム麺ともいわれるフォーの形状はきしめんに似ていますので、手づかみ食べ等にも適しています。原料は米粉と水。フォーは冷めると固くなる性質があるので食べるタイミングに配慮しましょう。青菜は繊維が残らないよう、気を付けて調理します。

9〜11カ月頃

優しい味の
ふわふわ 豆腐ハンバーグ

【材料 5個分】
鶏ひき肉………………… 80g
豆腐(絹ごし) …………… 80g
片栗粉…………………… 小さじ2

【作り方】
① ボウルにすべての材料を混ぜ合わせる。
② 食べやすい大きさにわけて、形を整える。
③ 蓋をして、弱めの中火で中まで火が通るように両面を焼く。

フライパンで焼く時は1cm程度の厚みを持たせると、崩れにくく焼きあがります。
お好みで、だし、しょうゆ、片栗粉をあわせて火にかけた、薄味のしょうゆあんをからめてもおいしく仕上がります。
豆腐といっしょに作ることで、かたくダマにならずふんわりのどにやさしい仕上がりになります。
また、具材を沢山混ぜずシンプルにつくることで、アレルギー症状が現れた時にもアレルゲンの特定につながります。

スタートアップ離乳食のポイント

　保育園での離乳食の提供は、家庭となるべく同じペースで少量から提供することが基本です。
　たとえば、卵アレルギーの子どもは、卵のアレルゲンに反応するIgE抗体を、乳アレルギーの子どもは、乳に反応するIgE抗体を持っています。
　IgE抗体がどれくらいつくられやすい(アレルギーになりやすい)体質か、どの食品に反応するIgE抗体がつくられるか等は、置かれている環境や体質によって違うので見当をつけるのは難しいものです。だからこそ、離乳食の提供で気を配りたいことは「いっきに沢山の量を提供しない」ことです。「あら？口のまわりが急に赤くなったわ」というくらいの軽症で気づくためにも、子どもが口にするものは、家庭で複数回試してもらって、そのうえで園でも「少しの量から丁寧にゆっくり進めていく」というキホンを、家庭と園で共有しましょう。

Part1 アレルギー疾患をもつ子どもの"食"の考え方　107

ヒヤリハット事例から学ぶ 対策のキホン

患児データ	3歳　女児 アレルゲン：大豆 症状：なし

もやしで混乱

大豆アレルギーの子どもに給食の中華スープでもやしを提供しました。提供後に、調理員から「もやしを出してしまったわ?!」と大慌てで報告がありました。改めて確認すると、提供したもやしは「緑豆もやし」であったため、大豆アレルギーの子に提供しても問題はありませんでした。

管理栄養士から ＼ アドバイス ／

[問題点]
● 職員間でアレルギー除去献立の情報共有がされていなかった(使用食材の事前の確認は不可欠です)。
● 食材発注時にアレルゲン(もやしの種類)の確認を行っていなかった。
● アレルギー対応が必要な対象児のアレルゲンについての正しい知識を持っていなかった。

[必要な対策]
● 献立は必ず保護者とアレルゲンチェックを行い、その結果を調理員他、該当の園児に携わる職員全員に共有する。
● 食材発注者は発注時にアレルゲンについて最新の情報と照合し、毎回複数のチェックを複数人で行う。
● アレルゲンについて不明点があれば、必ず確認を行う(なんとなく、や、○○だと思う、は取り除く)。
● 普段から提供しているアレルゲンの知識を正確に職員間で共有しておく。その他、園の状況に応じた対策を丁寧にとらえておく等。
● 事故防止のためのアレルギー対応マニュアルを作成し共有する。
● 誤配・誤食が起らないよう、安全の確保に必要となる人員を配備し、管理を徹底することが肝要です。配膳や盛り付け等の事故が起りやすい場面では、当日のアレルギー担当者をあらかじめ決めておき、職員全体でシミュレーションを行う等、安全担保のための手順を設定しておくことが大事です。

大豆アレルギーに提供 ✕
大豆もやし　枝豆
大豆アレルギー ➡ **P.75**

大豆アレルギーに提供 ◯
黒豆もやし　緑豆もやし
ブラックマッペ(黒豆)もやし　緑豆もやし
献立の考え方 ➡ **P.59**

大豆アレルギーにおいて、大豆もやしはアレルゲンになりますが、緑豆もやしやブラックマッペ(黒豆)もやしは豆の種類が異なるためアレルゲンにはなりません。また枝豆は、大豆が熟す前の段階で収穫したものです。そのため、大豆アレルギーがある場合、枝豆も除去が必要です。

※本事例は保育所給食のシーンを紹介しています。保育所給食は、コンタミネーションレベルの対応はしないことが前提ですが、もやしは通年手軽に使用される食材なので、家庭でのアレルギー対応としてアドバイス等をする際は、ごくまれに緑豆もやしで症状が出る場合があります。その際は、はるさめ等にも注意が必要なことも添えましょう。

患児データ	1歳　男児 アレルゲン：乳 症状：顔面のかゆみと腫れ

くしゃみの飛沫でアレルギー症状

患児は、生後1カ月より乳アレルギーがあり、患児の給食は「乳」を完全除去対応していました。保育所でのおやつの時間、他の園児がヨーグルトを食べながら、患児の正面の席でくしゃみをしました。患児は飛沫を浴びたとたん、顔中を掻きむしり、まぶたはパンパンに腫れあがりました。**保育士がすぐに流水で患児の顔を洗い、水を絞ったタオルで冷やし、保護者**へ連絡。生活管理指導表に基づき、アレルギー症状が起きた際に服用するように患児のかかりつけ医から処方されていた薬を飲ませたところ、症状は軽快しました。

> 万が一接触してしまった際には、まずは流水でアレルゲンをしっかり洗い流すことが大切です。

管理栄養士から ＼ アドバイス ／

[問題点]
● 患児の正面に、通常の食事をとっている園児を座らせていた。
● 喫食スペースのアレルギー対応環境の整備・計画がなされていなかった。

[必要な対策]
● アレルゲンの飛沫で症状が出ることがある。給食の際の座席は他の園児のくしゃみや子どもの好奇心等を考慮し、患児がアレルゲンに接触することのないよう、向かい合わせ等近い距離で座らせない、食事を介助する職員は子どもと子どもの間あるいは子どもがよく見える場所に位置する等、子どもと職員の配置にも注意が必要。
● 症状が出た場合、たとえ症状が治まっても、保護者に速やかに連絡をし、経過観察を記録し、医療機関の受診を奨める等、適切な対応がのぞまれる。
● 可能な限り献立の作成段階からアレルゲンとなる食材を極力使用しない等の環境整備配慮が必要。
● なんらかのミスが起こった場合は、ミスの大小にかかわらず、起こった時の状況分析と検証を行って、園の職員全体で共有し、同時にマニュアルを再度見直し、のちの予防・対策につなげていく。又、ヒヤリハット報告書を作成し園内で共有する。
● 事故が万一発生した場合は、「アレルギー対応マニュアルの見直し」「今後の対応に関する検討会の開催」「事故の原因の分析・報告書作成」が不可欠です。

2事例共通のまとめ 食物アレルギー対応は可能な限り"シンプル"にしましょう。誤食のメインである発生要因は、伝達が漏れていたり、原材料情報の見落としや配膳ミス等の人的エラーがほとんどです。煩雑で細分化された食物除去の対応は、人的エラー防止の視点から極力少なくしましょう。

※本事例は、管理栄養士 永瀬真琴さんのアドバイスを参考に改変しました。

Part 2

ケース別の
対策と支援

SUGAR

就学を見据えた
アレルギー対策と支援

　小学校就学以降は、からだの成長に伴い、内臓、血液、骨、筋肉等をつくるためのたんぱく質をはじめ、カルシウムや鉄等のミネラル（無機質）他、栄養素の必要量が増大します。それに伴い給食のボリュームや品数が増えます。アレルギー疾患を有する子どもが給食を美味しく安全に食べるうえで注意しなければならない項目もより多くなっていきます。

　小学校では教育の場へと移り、給食も当番制となったり、給食内容を自分で"知って""選んで"食べる形へと変わっていきます。アレルギー疾患を有する子どもが、自分のからだや食べることについて自ら理解し、友達に自分のアレルギーのことを知ってもらい、周りの理解を得ながら、負担なく楽しく給食に向き合えるよう、在園中に就学後を見据えた子どもと保護者への支援を丁寧に時間をかけて行っていく必要があります。

入学までに可能な限り…
「未摂取食材」を減らす

　小学校給食ではじめて口にする、ということがないように、1年くらい前から徐々に未摂取食材を減らしていけると安心です。本人の体調や保護者の都合、保育園の行事等、予想以上に時が経つのが早く、あっという間に年長児の期間が過ぎていくことも少なくありません。小学校の給食ではどのような献立、どんな食材が出るのか、内容や量等が具体的にイメージできるよう、小学校の献立表等を実際に保護者にお見せしながら、食べたことが無い食材はゆとりをもって"少量"から少しずつ食べていけるよう支援していきましょう。

入学までの流れ

❶ 正確な診断と治療を受ける（入学まで 1年〜半年前）

　かかりつけ医の他、必要に応じてアレルギー専門医のいる医療機関を受診します。正確な診断と治療を受けて、学校でのアレルギー対応について相談をしておきます。血液検査（IgE抗体等検査）のみ或いは簡易診断だけで長らく様子を見たまま、医療機関の受診期間が空いている、或いは、正確な診断が出ていない場合等にあっては、必要に応じて食物経口負荷試験等検査を行う事も視野にいれた診療が可能な医療機関の検討を奨めてみるのも良いでしょう。医療機関によっては、食物経口負荷試験等の予約をとるのに数カ月待ち等、時間がかかる場合がありますので、ゆとりをもって計画を立てられたら良いです。

❷ 給食のアレルギー対応について知る（食物アレルギーの場合）

　学校給食のアレルギー対応は、自治体によって異なります。教育委員会の学校給食担当の課等を訪ね、食物アレルギー対応の方針等必要事項を調べます。（私立の小学校は、小学校に直接確認をします。）

① 給食センター方式か、単独校（自校調理）方式の別
② アレルギー対応の食材・・・アレルゲン（卵・乳・小麦等）
③ アレルギー対応の方法・・・除去食、代替食、弁当持参等
④ 献立に使われている食材の内容を知る
⑤ 食物アレルギーの子どもを持つ保護者対象の説明会等の有無
⑥ アレルギー対応を希望する場合の申請書類等の確認

❸ 就学時健診

　食物アレルギー対応の給食指示書等、またはそれに類する医療機関からの診断書等具体的に今後提出が必要な書類が渡される等します。（通常の献立表で本人による取り除きだけであれば提出不要の場合もあります。）また、家庭における除去の程度についてその場で聞き取りがあることが多いのであらかじめスムーズに回答できるよう、保護者に寄り添った支援が必要です。

　就学時健康診断は、小学校へ就学する子どもを対象とした健康診断です。
　小学校入学に向けて、おおよそ前年の秋頃に就学時健診（就学前健診）、そして就学直前の2月前後に入学説明会等が開催されることが多いです。親子の不安を減らすためにも、事前にどんな検査があるのかを子どもにも分かる言葉で説明しておけると良いです。
　就学時健診を境に、アレルギーの聞き取りや面談等が行われることがほとんどです。今後の学校給食での食物アレルギー対応についての希望等も決めていくことになります。

面談等での確認事項の例
☐ 対象となる食品の除去食の提供（食品名：　）
☐ 対応不要の食品（本人による取り除き）
☐ 完全弁当持参（給食すべての停止）
☐ 詳細な献立表の交付 等
☐ 給食で使用の加工食品の成分表の提供
☐ 飲用牛乳の停止

❹ 入学説明会

　教頭・栄養教諭(学校栄養職員)・養護教諭等、給食・食物アレルギー対応に関わってくださる先生方と顔合わせをし、面談(話し合い)の申し込みをします。担任が決まるまでは、担任以外の先生方と話し合いをしていくことになります。入学説明会・就学時健診等で、「生活管理指導表」等の記入用書類を配布されることがほとんどです。食物アレルギーの場合は、必要に応じ食物経口負荷試験をする等して、正確な診断のもとに医師に記載してもらいます。

　「生活管理指導表」は、保育所で使用していた様式と変わり、「学校生活管理指導表(アレルギー疾患用)」を使っていくことになります。主治医(アレルギー専門医等)に書いていただく診断書ですので、保護者には負担少なくゆとりをもって準備できるようアドバイスをすると良いです。書類の提出時期は、市町村によって異なりますが、アレルギー対応給食に関する書類の提出等とともに年末年始あたりに提出の所が多いので、早めの準備が必要です。

❺ 入学前または入学直後の面談(話し合い)

　小学校の給食が始まるまでに、小学校において話し合いの場を持ちましょう。教頭・学級担任・学年主任・養護教諭・栄養教諭(学校栄養職員)・給食調理員(自校調理の場合)等、複数の教職員が揃って面談の時間をとってくださることが少なくありません。担任不在時にも対応できるよう職員全体で情報共有体制が敷かれます。話し合いを上手に進めるために、主治医と相談をする等して、以下についてあらかじめまとめておきます。早めに「学校生活管理指導表」の用意ができれば、具体的なアレルギー対応の準備計画が進みやすくなります。

> **アレルギー症状**：食物経口負荷試験の実施の有無、または最近のアレルギー症状の既往、食物依存性運動誘発アナフィラキシーの既往
> **緊急時対応**：発症時の対応内容・手順について、緊急連絡先の優先順位、救急搬送先
> **薬剤・エピペン®の保管場所・投与方法**：内服薬・吸入薬・エピペン®の預かりの必要性の有無及び保管・使用・投与方法
> **給食のアレルギー対応**：アレルギー対応の内容、方法
> **学校生活上の留意点**：給食当番、授業、行事でアレルゲンに関わる場合の配慮事項

子ども本人の理解へ向けて

　日常生活の中で、アレルゲンを含む食品を自分で判断して食べられるよう選択したり、友達や周りの人からアレルゲンを含む食品を勧められた時に、きちんと断りその理由を説明できるようにしたりする等、発達の段階に応じて自ら誤食事故を回避する能力を身につけられるようなはたらきかけが必要です。保護者と離れている時に震災が起こるかもしれません。徐々に自立できるように声がけをしていくとともに、食育の一環としておやつバイキングの実施等食品を選ぶ力が身につくような活動を園全体で取り入れる等工夫をしましょう。

| 家庭において一緒に買い物へ行き、安全に食べられるものを探す、表示の見方を教えるように勧める | 園全体として取り組む事ができ、安全に負担なく食べることに向き合える活動を、普段から積極的に取り入れる | 絵本や紙芝居・ペープサート等を使って日常生活をイメージしながらアレルギーについて考える機会を増やす |

~小学校へ提出する同意書の一例~
食物アレルギー対応給食の実施にあたり、次のことを確認して同意します。(すべての項目を確認の上、該当する箇所をチェックします。)
☐ 定期的及び必要に応じて、対応内容について学校側と協議する必要があること。
☐ このたびの申請及び給食対応の内容は、学校の全職員に情報が共有されること。
☐ 申請内容は審査の結果によりすべて実現するとは限らず、改めて詳細な面談を行った後に、決定されること。
☐ 栄養面・献立面で不足が生じる可能性があること。
☐ 不足があれば、一部弁当持参の必要な場合があること。
☐ 微量混入(コンタミネーション)の可能性は完全に排除できないこと。

※このような保育園とは違う様々な小学校独自のルール等があり、アレルギー対応のかたちも違いがみられます。アレルギーに関することは、複雑で分かりにくい部分も多く、保護者も戸惑いや心配があるでしょう。在園中に入学後の見通しをもって、保護者も子どもも心の準備ができるよう、分かりやすく説明できる一式を園でも用意し、こまめな面談を行う等できると良いです。

発達特性を踏まえたアレルギー対応・保護者支援
0歳から5歳までの発達とアレルギーで注意すること

	口腔・歯	手指
0歳児	●嚥下機能の始まり。 ●唇を使って食べるようになる。 ●乳歯が生え始める。 ●舌を上顎に押し付け、つぶすことが出来るようになる。 ●前歯が上下2本ずつ生える。 ●舌が前後左右上下に動く。顎を上下させ、歯ぐきですりつぶすことが出来るようになる。	●物を持たせると5秒程度持っている。 ●持っている物を取り上げようとすると少し抵抗する。 ●持った物を口に入れたり、振ったりする。 ●自発的に手を伸ばしてつかむ（リーチング）。 ●手指がもみじ状に開く。 ●小さなものを指でつまむ。 ●左右交互に持った物をのせる、入れる、くっつける、相手に渡すといったことができる。
1歳児	●前歯が8本生えそろう。 ●歯で噛み切れるようになる。 ●一口大に噛みとることを覚える。 ●奥歯や犬歯が生え始める。 ●硬さのあるものを少しずつ食べられるようになる。 ●虫歯になりやすい。	●つまむ、叩く、ひっぱる。手づかみ食べをする。 ●押す、投げる、めくる、通す、はずす。 ●手づかみ食べをする。 ●こぼしながらもスプーンやフォークを使って食べる。 ●コップで飲むことが出来る。
2歳児	●乳歯が18〜20本そろいだす。 ●奥歯が生えることですりつぶすことができる。 ●虫歯になりやすい。	●手指の機能がかなり発達してくる。 ●スプーンやフォークの使い方が上手になる。 ●スプーンやコップで食べ物や砂等をすくったり入れたりする。 ●箸を持ちたがる。 ●茶碗やお椀を持って食べることが出来る。 ●器への入れ分け、移し替えをする。
3歳児	●乳歯が20本生えそろう。 ●奥歯ですりつぶすようにして食べる。	●ボタン、スナップを留める。 ●箸を突き刺したり、すくうようにして食べるようになる。 ●自分で手を洗い、鼻をかめるようになる。 ●片手で紙を動かしながらハサミで形を切り抜くことに挑戦し始める。
4歳児	●しっかりと噛むことが出来るようになる。	●利き手が決まってくる。 ●手先が器用になり、箸をつかえるようになる子もいる。 ●ひとりでだいたい着脱できる。 ●道具を使う手と素材を支える手という両手の機能分化が進む。
5歳児	●顎の発育により口腔容積が増える。 ●永久歯へ生え変わりが始まる。	●細かい手の動きも上達し、ほかの部分との協調もできるようになる。 ●箸の使い方が上手になる。

　乳児期は、アレルギーマーチの始まりです。最初に出会うアレルゲンが食べ物です。からだの各器官が未発達で抵抗力も弱いため、アレルギー以外の病気にもかかりやすく、アレルギー疾患でなくてもアレルギーに類似した症状が出現することがあります。からだが未熟で検査がすべて行えるわけでなく、使える薬も種類が限られる等難しい時期です。

　乳児湿疹があったり、ぜん息のようなゼーゼー、ヒューヒューといったぜん鳴が起こることも、しばしばです。牛乳を飲むと頻繁に下痢をする場合等は、消化・吸収不良（乳糖不耐症）の可能性もあります。出現した症状が食物アレルギーを原因としているのか、その他のことであるか見極めも容易ではない頃ですので、小さな変化も注意深く観察しましょう。

　ヒトは食べ物を口にすると、それを異物と感知せず、消化してとり込む力があります。ところが、肌はアレルゲンとそうでない物を識別する力が弱いため乳児の肌が荒れているときにとり込まれてしまうと、アレルギーのメカニズムが作動してしまいます。そのため、湿疹やアトピー性皮膚炎のある乳児は、食物アレルギーになりやすいので、肌のスキンケアがとても重要です。口から食べるより前に皮膚から体内に入ってしまうと、食物アレルギーになりやすいので、むやみに離乳食を遅らせることは、食物アレルギーのリスクをむしろ高めることに繋がります。

食物アレルギーの発症は乳児で多くみられます。けれどその多くは、成長とともに自然に治っていきます。

年齢とともにアレルギーの進行状況が変わることを「アレルギーマーチ」と呼びますが、乳児の時は食物に対してアレルギー反応を起こしていたとしても、成長するにつれて、食物アレルギーが治り、ハウスダストや花粉等に反応するようになる等、アレルゲンも年齢とともに変化することを念頭に、丁寧に発達に応じたアレルギー対応をしていく必要があります。

心身	食物アレルギーで注意すること
●見たものに手を伸ばす。（目と手の協応） ●大人が食べているものに興味を示す。 ●座った姿勢で両手を自由に使って遊ぶ ●身近な生活用品、身の回りのものに対して興味を示すようになる。 ●情緒の表現・表情がはっきりしてくる。 ●自分で食べたい、触りたいが旺盛に。 ●大人の動作の真似をする。 ●自分の思いや要求を身振り手振りなどで盛んに大人に伝えようとする。	●新しい食材は1さじから始め、食物アレルギーの反応がないか注意する。 ●鶏卵等のアレルギーの発症を心配して、自己判断で除去したり、あえて摂食開始を遅らせたりしないようにする。（5〜6カ月からスタートさせる）
●自信や自発性が高まる。　●好き嫌いや遊び食べ等が出てくる。 ●意味のある言葉を言う。　●道具の使い方が分かる。 ●感染症にかかることが多くなる。 ●ものを仲立ちとした触れ合いやものの取り合いが多くなる。 ●見立てる。象徴機能の発達。	●1歳で魚卵・ピーナッツ・果物でのアレルギーが出現する場合がある。 ●1歳以降に食べられるものが増えてくる反面、どの食品でアレルギーが起こるか分からない時期なので、初めて食べさせる食品は、子どもの様子をよく観察しながら与える。
●「自分でやりたい」という自立心が芽生えるが、「やりたいのにできない」ことにいら立つことがある。 ●気分のムラが激しく、食事を嫌がることがある。 ●他の子どもへの関心が高まる。 ●感染症にかかることが多い。 ●ごっこ遊びができるようになる。 ●物事の概念化をするようになる。	●2〜3歳で木の実類（クルミ・アーモンド・カシューナッツ）でのアレルギーが出現する場合がある。 ●イヤイヤ期で子どもが食べてくれない時には無理やり食べさせなくてもよい。 ●ハウスダストやダニ等のアレルゲンに敏感に反応するようになり、ぜん息を発症しやすくなる。（3歳までに約80％が発症している。）
●経験を言葉で伝える。　●集団での食事に関心をもつ。 ●歩き回らず、座って食事をすることが出来る。 ●始めから終わりまで一人で食べることが出来る。 ●ほぼ大人と同じものを食べられるようになる。 ●チャレンジ精神旺盛で、なんでもできるという自信に満ちあふれている。 ●手伝いをする。	●乳児期のアレルギー疾患が軽快したり、治ることもある頃。 ●幼児期のアレルギーは、乳児期にくらべて消化器をはじめとするからだの各器官が発達する時期。 ●食物アレルギーについては、原因食品を食べても症状が出なくなることもあるので医療機関に頻回に通い、除去食の見直しを考えるとよい頃でもある。
●情緒が豊かになる。　●率先して自分で食事をする意識が芽生える。 ●食の好き嫌いがはっきりしてくる。　●簡単な指示に従うことが出来る。 ●他人の心や立場を気遣う感受性をもつことができるようになる。 ●手伝ったり人に親切にすることを喜ぶ。	●4歳頃からそばアレルギーが多くみられるようになる。 ●自分で食べるものを選ぶ力をつけるため、また食育の一環として食物アレルギーについての絵本を読み聞かせるのも効果的。
●身の回りのことがほとんど自分で出来る。 ●自分なりの判断ができる。 ●前後、左右や時刻、時間などに関心をもつ。 ●言葉が達者になる。 ●自分で食器を流しに持っていく等、食事の片づけを行うことが出来る。 ●食事のマナーを覚え始める。 ●思考力・認識力が豊かに身につく。	●食物アレルギーの多くは乳児で発症するが、ほとんどは学童期に入る頃あるいはその前後に改善されていくことが多い。 ●給食で初めて口にする食べ物の症状出現に備えて、学校給食開始よりも前に食べることが可能かどうかを確認したり、年長児のこの時期をかけてゆっくり就学後の給食喫食準備に備える。

〜小学校就学に向けて〜

　食物アレルギーについて子どもと園内でも家庭でも直接ゆっくり話題にする環境を作り、子ども自身がアレルギーについて理解を深められるようなはたらきかけが大切です。クラスの友だち等からアレルギーについて聞かれた時に、子どもの言葉できちんと説明できるよう、支援していきましょう。

　アレルギーについて当事者だけでなく周囲の友だちや先生等の理解を得られるような環境を、子どもと一緒に考えます。

　給食の献立に興味がもてるような取り組みも在園中に行いましょう。小学校に入学すると、市販のおやつ等に触れる機会も多くなるので、子ども自ら市販品や外食メニュー等を選べる力が身につく食育環境も大切です。

年齢別　食物アレルギー新規発症の原因食品

　一般的に、どの年齢層でも3大アレルゲンと言われる「卵」「乳」「小麦」がアレルギーの大きな原因であると考えられがちですが、実は年齢が上がるにつれ、アレルギーの新規発症の原因食物は変化していきます。また、子どもたちをとりまくアレルゲンも変化しています。

　アレルギーによって引き起こされる症状についても、年齢によって傾向に違いがあります。保育園では、アレルギーの現状・動向を知りアレルギー対応の内容も見直しながら進めていくことが大切です。

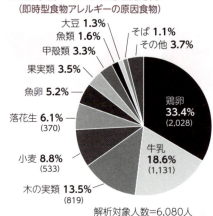

■全年齢における原因食物
（即時型食物アレルギーの原因食物）

鶏卵 33.4%（2,028）
牛乳 18.6%（1,131）
木の実類 13.5%（819）
小麦 8.8%（533）
落花生 6.1%（370）
魚卵 5.2%
果実類 3.5%
甲殻類 3.3%
魚類 1.6%
大豆 1.3%
そば 1.1%
その他 3.7%

解析対象人数＝6,080人

年齢ごとに新規発症の原因食物は変化します

　新規発症（初発例）の原因食物は0歳は、鶏卵、牛乳、小麦の順でしたが、成長とともに大きく変化し、1・2歳では鶏卵、木の実類、魚卵、3-6歳は木の実類、魚卵、落花生、おおむね小学校就学後の7-17歳は甲殻類、木の実類、果実類、高等学校卒業位の成人に近づく頃の18歳以上は小麦、甲殻類、果実類の順でした。木の実類は1・2歳で2位（24.3％）、3-6歳で1位（41.7％）、7-17歳で2位（19.7％）といずれも上位2品目に入ってます。魚卵 は1・2歳で3位（13.0％）、3-6歳で2位（19.1％）、7-17歳で4位（7.3％）で、6歳までの割合が高い割合でした。落花生（ピーナッツ）は1・2歳で4位（9.3％）、3-6歳で3位（12.5％）でしたが、7歳以降では5％未満でし

■新規発症の原因食物 （年齢別原因食物〈初発例〉）

	0歳 (1,736)	1・2歳 (848)	3-6歳 (782)	7-17歳 (356)	≧18歳 (183)
1	鶏卵 61.1%	鶏卵 31.7%	木の実類 41.7%	甲殻類 20.2%	小麦 19.7%
2	牛乳 24.0%	木の実類 24.3%	魚卵 19.1%	木の実類 19.7%	甲殻類 15.8%
3	小麦 11.1%	魚卵 13.0%	落花生 12.5%	果実類 16.0%	果実類 12.6%
4		落花生 9.3%		魚卵 7.3%	魚類 9.8%
5		牛乳 5.9%		小麦 5.3%	大豆 6.6%
6					木の実類 5.5%
小計	96.1%	84.2%	73.3%	68.5%	69.9%

（　）内は解析対象人数
各年齢群ごとに5％以上を占めるものを上位5位表記

た。甲殻類は7歳以上の年齢での割合が高く、7-17歳で1位（20.2％）、18歳以上で2位（15.8％）でした。小麦は0歳で3位（11.1％）でしたが、保育園在園中頃の1・2歳及び3-6歳では新規発症（初発例）としての割合は5％未満と低く、7-17歳で5位（5.3％）と再び増え、18歳以上で1位（19.7％）でした。

　木の実類の増加傾向について 2005年以降の傾向をみると、上位品目の鶏卵、牛乳、小麦がほぼ横ばいであるのに対して2014年以降、木の実類は増加しています。また、木の実類の内訳をみると、クルミの割合が急激に増加していて、次いでカシューナッツが増えています（右図参照）。

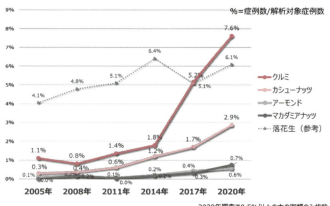

■木の実類の症例比率の推移

2020年調査で0.5％以上の木の実類のみ抜粋

グラフ・表は消費者庁「令和3年度食物アレルギーに関連する食品表示に関する調査研究事業報告書」
(https://www.caa.go.jp/policies/policy/food_labeling/food_sanitation/allergy/assets/food_labeling_cms204_220601_01.pdf)より加工して作成

アレルギーマーチとは？

アトピー性皮膚炎、食物アレルギー、気管支ぜん息、アレルギー性鼻炎・結膜炎は、ダニ等の環境アレルゲンに対するIgE抗体を産生しやすい素質をもつ人に多く発症します。子どもの成長によって発症しやすいアレルギー疾患が変化する現象はアレルギーマーチと名づけられています。アトピー性皮膚炎があると食物アレルギーのリスクも高くなります。

①アトピー素因（家族歴がある 等）

②乳児湿疹・アトピー性皮膚炎

③食物アレルギー

④気管支ぜん息・アレルギー性鼻炎・結膜炎

> **アレルギーマーチ**
> アレルギー疾患の発症の様子は"アレルギーマーチ"という言葉で表現されますが（下図参照）、これは遺伝的にアレルギーになりやすい素質（アトピー素因※）のある人が、年齢を経るごとにアレルギー疾患を次から次へと発症してくる様子を表したものです。もちろん全員がそうなるわけではなく、1つの疾患だけの人もいますが、多くの場合、こうした経過をたどります。
>
> ※アトピー素因
> アレルギーの原因となる要因に対してのIgE抗体を産生しやすい、本人もしくは親きょうだいに気管支ぜん息やアトピー性皮膚炎、あるいはアレルギー性鼻炎などの疾患が見られることを言う。
> * IgE抗体：ダニ、ホコリ、食物、花粉などが微量でも人体に入ってきた時に、それらを異物と認識して排除するために免疫反応がおこり、血液中にIg（免疫グロブリン）E抗体が作られる。アレルギーの程度が強いほど血液中で高値を示す。
> ―保育所におけるアレルギー対応ガイドライン2019年版（P5より）―

上記①➡②➡③➡④の順に成長につれてアレルギーが発症し、アトピー性皮膚炎・乳児湿疹がアレルギーマーチの出発点であるとされています

乳児期に食物アレルギーを発症し、間もなくアトピー性皮膚炎、少し成長してぜん息、アレルギー性鼻炎等が出てくるということはよくあるパターンです。

もちろん個人差があり、アレルギー性鼻炎のあとにぜん息が出たりすることもある等、全員が同じ経過をたどるわけではありません。一方、心身が大きく変化する子どもでは、成長によってアレルギー疾患が治る可能性があるという点も知られています。

アレルギーマーチを止めるには？

遺伝的に発症リスクの高い人は、アレルギー疾患の予防のために、ダニやほこり等のアレルゲンを除去するための環境整備や、ウイルス感染を回避するための手洗い、うがい、基礎体力向上等の対策を行った方がよいとされています。

しかし、アレルギー疾患の発症にはさまざまな要因があり、生活の中からその全てをとり除くことは非常に困難です。またアレルギー疾患の発症には子ども自身の要因も関係していることから、アレルゲンの除去は必ずしも発症予防につながるわけではありません。

そのため、発症要因の除去に予防的に取り組むことは大切ですが、アレルギー疾患の発症に「**できるだけ早く気づくこと**」と「**適切な治療と管理により症状をコントロールしていくこと**」が非常に重要なのです。
次のページ以降、年代別の特徴や発症に気づくためのポイント等を紹介していきます。

■アレルギーマーチのイメージ

※本図はアレルギー疾患の発症・寛解を表示したもので「再発」については示していない（2010 改編図）。
日本小児アレルギー学会「小児アレルギー疾患総合ガイドライン2011」（2011年5月）より
（原図：馬場 実、改変：西間三馨）

出典：厚生労働省「保育所におけるアレルギー対応ガイドライン（2019年改訂版）」（https://www.mhlw.go.jp/content/000511242.pdf）

乳児から幼児へ 0〜1歳編

保育園に入園してくる子どもの年齢は、最短「生後57日以上から」となっています。最近では、乳児のうちから入園してくる子どもも多く、園によっては、入園対象年齢が「生後4カ月以上」や「1歳以上」等といったくくりで募集しているところもありますが、低年齢から保育を行ううえで、アレルギーが園で初めて現れることを十分踏まえた対策が必要です。

特に乳児期に出現するアレルギー疾患のうち、最も多い「食物アレルギー」と「アトピー性皮膚炎」に丁寧に対応できる体制が求められます。「乳児（0歳）から幼児（1歳）へ」のこの時期の子どもは、からだが未発達のために行えない検査もあり、現れる症状がアレルギーを原因とするものなのか、その他から起因しているものなのか、原因の判別がむずかしい時期に保育を必要としています。

からだの状態も急に変化する0〜1歳児は、体調の変化を注意深く観察することが大切です。

食べ物は最初に出会うアレルゲンであり、乳児期は、アレルギーマーチ（P115参照）の始まりの時期でもあります。この時期のアレルギー疾患の症状としては、下痢や嘔吐、腹痛等の消化管症状や、湿疹やじんま疹等の皮膚症状が出るようになります。しかし、まだからだの各器官が未成熟で抵抗力も弱いため、さまざまな病気にかかりやすく、アレルギー疾患ではなく、アレルギーに似た症状が現れることも少なくありません。

6カ月頃は、乳児期後半への飛躍的な移行があり、10カ月には「生後第二の新しい発達の力」が芽生える時期を迎える"発達が著しい頃"です。

健診も頻繁に受けている頃でもあり、母子保健法に定められている「1歳6カ月」と「3歳」の健診は法的義務として実施されていますが、3〜4カ月健診についてもほとんどの自治体で実施されています。入園児の健康診断の様子を母子健康手帳等と照らしながら丁寧に聞き取りましょう。

0歳〜1歳児に起こりやすい症状と関連するアレルギー疾患

● 消化管症状 ●
下痢、嘔吐、腹痛

● 皮膚症状 ●
湿疹、じんま疹、発赤、唇のはれ

● 呼吸器症状 ●
せき、ぜん鳴、呼吸困難

| 関連するアレルギー疾患 | ●食物アレルギー　●アトピー性皮膚炎　●乳児消化管アレルギー　●ぜん息 |

食物アレルギーやアトピー性皮膚炎等のアレルギー疾患を発症するリスクがある子どもでは次のポイントを参考にそれらの発症に早めに気づくことが大切です。また、すでにアレルギー疾患を発症した子どもでは、適切な治療をしっかり行って、ぜん息の発症予防につなげることが重要となります。

日常生活におけるぜん息発症予防のポイントとして、この時期にウイルス感染をくり返すとぜん息を発症しやすくなるといわれているため、感染症を予防することがカギとなります。

また、アレルギーマーチでは、アレルギーの原因となるアレルゲンが、乳児期から幼児期にかけて、食物からダニやハウスダスト等に変化していくとされています。そのため、ダニ、ハウスダスト等食物以外のアレルゲン除去等の環境整備を行うことも重要です。

さらに、アトピー性皮膚炎を発症している場合は、スキンケアによって皮膚の状態を良く保つことで皮膚から体内にアレルゲンが侵入するのを防ぎ、ぜん息の発症予防につながる可能性があるとされています。

近年、皮膚バリア障害（乳児期初期の湿疹）からアレルゲン感作（アレルギー）が始まって、アレルギーマーチに移行する症例の報告が増えています。乳児期初期の湿疹をいかに最小限に予防・治療してアレルギーマーチにならないようにするかが肝要です。

食物アレルギーの発症
保育者・保護者の目線

■ じんま疹等の皮膚症状や呼吸器症状、消化器症状等が出てしまった！！

そのような場合、以下の項目を記録しておきましょう

- 何を食べたか。
- どれだけ食べたか。
- 食べてから発症までの時間は？
- 症状の持続時間は？
- 症状の特徴は？
- 症状の再現性はあるか？

食物アレルギーの症状として皮膚症状のイメージが強くありますが、呼吸器症状(ゼイゼイ、ヒューヒューと呼吸が苦しくなる)、腹痛や下痢、嘔吐等の消化器症状が見られることがあります。とくに消化器症状はアレルギーと認識しにくいことがあるので、左の項目を記録としてのこしておくと、受診の際の状況説明に役立つだけでなく、保護者と園との情報共有の一助となります。あらかじめ保護者から了承を得ている場合は、症状出現時の写真を撮っておくと後で役立ちます。確認をすることができるので便利です。

生後1～2カ月くらいの乳児は、皮脂の分泌が多く、赤ちゃんニキビといわれるような赤いブツブツがみられますが、アトピーではありません。生後2～3ヶ月頃になると乳児の皮膚は乾燥し、ガサガサしてくる場合が少なくありませんが、乾燥肌であれば必ずアトピーというわけでもありません。

アトピー性皮膚炎の発症
保育者・保護者の目線

アレルギー反応を起こしやすい体質をもつ場合、バリア機能の低下によって、アレルゲンなどの刺激が皮内に侵入することで発症しかゆみが出現します。湿疹が慢性的に現れる乳児アトピー性皮膚炎の主な要因としては、アトピー素因、バリア機能障害、外的要因の3つが挙げられます。

■ 皮膚は全体的に乾燥肌。
■ かゆみのある湿疹が、長期継続している。（乳児では2カ月、それ以上では6カ月以上）
■ 湿疹の出る部分は左右対称。
■ 湿疹が出やすい場所は、乳児期、幼児・学童期で異なる特徴が見られる。

0～1歳に起こりやすい症状と関連するアレルギー疾患

乳児の場合

ほお・額・頭・口のまわり・首の付け根・耳に湿疹が出やすく、悪化してくると体や手足にも湿疹が広がる。耳の付け根が赤くただれる「耳切れ」は、よく見られる症状。

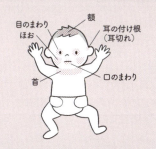

ひどくなると体や手足にも出る。

幼児の場合

顔の湿疹は減り、かわって首・ひじの内側と外側・ひざとその裏側など、関節部に現れるようになる。

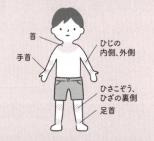

湿疹のあった皮膚がかたくゴワゴワしてくる。

～肌に負担のかからない食事介助を～

0歳～1歳児は、離乳食の時期でもあり、保育者・保護者等が食事介助をすることで食事を行います。この頃の子どもは口に含んだものを吐き出してしまったり、上手く口が開けられなかったりすることがあります。

食事のよごれや食べこぼしをきれいにするために、子どもの皮膚を強く拭いてしまうと肌が傷つきます。なかでもよごれやすい口の周りや手指等は、ソフトな感触のタオルを使ってやさしく拭きましょう。手づかみ食べも出てくるこの時期の食事には、冷水で濡らしたやわらか生地のオシボリを適宜使うことがのぞましいです。よごれや食べこぼしを残ったままにせず、清潔を保つことで肌のトラブルを防ぎアレルギーの発症リスクを抑える工夫が必要です。

2〜6歳編

運動機能の発達や新しい行動の獲得がめざましい幼児期

2-6歳は、消化器等のからだの各器官が発達することもあり、乳児期のアレルギー疾患が軽快したり、治ることもある時期です。とくに食物アレルギーについては、原因食品を食べても症状が出なくなることもあるため、主治医と相談の上、除去食の見直しを考える良いタイミングです。

一方で、ダニやハウスダスト等のアレルゲンに敏感に反応するようになり、ぜん息を発症しやすくなります。右記のデータでは、3歳までに約80％が発症していることがわかります。

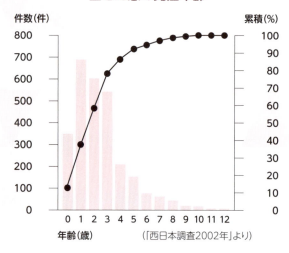

■ぜん息の発症年齢

（「西日本調査2002年」より）

【保育所における気管支ぜん息対応の基本】
・気管支ぜん息症状の予防には、アレルゲンを減らすための環境整備が極めて重要である。そのため、保育所での生活環境は、室内清掃だけでなく、特に寝具の使用に関して留意する必要がある。
・保護者との連携により、気管支ぜん息の治療状況を把握し、運動等の保育所生活について、事前に相談する必要がある。

保育所におけるアレルギー対応ガイドライン2019年版(P9)

ぜん息の発症
保護者・保育者の目線

■ ゼーゼー、ヒューヒューという呼吸音(ぜん鳴)がある。　■ 咳がなかなか治まらない。
■ 同じ症状をくり返し起こす。　■ 症状は夜間から明け方にかけて出やすい。
■ 冷たい空気、たばこの煙、ハウスダスト、運動等により症状が出やすい。
■ 台風や季節の変わり目等で症状が出やすい。
■ 家族、または本人がアレルギーを持っている（アレルギー体質である）。

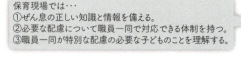

保育現場では…
①ぜん息の正しい知識と情報を備える。
②必要な配慮について職員一同で対応できる体制を持つ。
③職員一同が特別な配慮の必要な子どものことを理解する。

発作が起きている時は、下のような姿勢をとると呼吸が少し楽になります。

起座位

ぜん息の発症
悪化の予防

薬物療法と環境整備で病状のコントロールを！

発作を起こすと気道の状態が悪化し、さらに発作が起こりやすくなるという悪循環になる場合があります。薬物療法と、発作の原因となるダニ等のアレルゲンを減らす環境整備を行い、できるだけ発作を起こさないように病状をコントロールしましょう。

【乳児のぜん息発作が重症化した時の症状】
・機嫌が悪く、ミルクの飲みが悪くなる。
・苦しそうな表情をし、時にうめき声を上げる。
・泣き叫んだり、暴れたりして興奮する。
・眠れない。
抱かれている方が楽なため、横になるより、抱かれることを好みます。（起坐呼吸）

出典：「喘息予防・管理ガイドライン2024」（「喘息予防・管理ガイドライン2024」作成委員会）より一部改編

発達とアレルギーに関する

Q. 成長すれば誰でもアレルギーは完全に治りますか？

A　アレルギー体質（アレルギーを起こしやすい体質）は、遺伝によるところが大きいため、残念ながらその体質を変えることはできません。したがって成長すれば誰でもアレルギーは完全に治るわけではありません。しかし、アレルギー疾患の発症要因は複雑であり、アレルギー体質であっても発症しない子どももいます。

　アレルギーが出た場合でも、小児期までに発症した疾患は治る可能性が高いといわれています。これは、乳幼児期から小児期が終わるまでに、免疫系、内分泌系、自律神経系等からだの各機能が成熟に向かい、それにともなってアレルギー疾患の症状が改善していくためと考えられています。0〜1歳児の子どもは、離乳食の時期でもあります。離乳食をはじめるにあたって気になるのが乳児の食物アレルギーです。重症な場合は呼吸が苦しくなったり、意識を失ったりすることもありますが、この頃の子どもは意思を伝えることが難しいため、細やかに保育者等が観察をすることが大切です。離乳食を進める時は食物アレルギーに注意しながら"少量ずつ"食材の幅を拡げていくことが賢明です。そうして丁寧に食に向き合っていきますが、乳児の食物アレルギーの多くは小学生になる前に治ることが多いことも知られています。

　アレルギー疾患は症状をコントロールすることで、他のアレルギー疾患の予防にもつながります。アレルギー疾患とわかっても、あわてて自己判断せず、わからないことは主治医に相談しましょう。

Q. 体力のある子どもの頃であればアレルギー疾患は予防できますか？

A　現在、アレルギー疾患を完全に予防する方法や薬は、残念ながらありません。しかし、アレルギーについてのさまざまな研究の結果、アレルゲン対策や治療をしっかり行ってアレルギー症状をコントロールすることが、他のアレルギー疾患の予防につながると考えられています。なかでも皮膚のスキンケアの重要性が指摘されています。

　ただ一部では、アレルギー疾患は保護者がとても不安に思う病気のためか、妊娠中に卵や牛乳をとらないようにする等、生まれてくる赤ちゃんのアレルギー疾患の予防対策を自己判断で進めてしまうこともあるようです。しかし、根拠なく食事制限をすれば、必要な栄養素が不足し、子どもの成長に悪影響を与えることもあります。

　まずはアレルギーに関する正しい知識を持ち、不安な場合は主治医に相談しましょう。

Q. 子どものアレルギー疾患は大人になって再発しますか？

A　アレルギーマーチ（P115参照）にみられるように、アレルギー疾患は子どもの頃発症し、成長に伴い自然にあるいは治療によって症状が治まっていくケースがほとんどです。しかし、中にはそのまま成人まで移行したり、また症状や発作が出なくなって何年も経過し、成人になって忘れた頃に症状が再発することもあります。

　はっきりしたことはわかっていませんが、たとえばぜん息の場合、成長してからだの各器官が成熟していくと、アレルギー反応が抑えられて発作症状が出なくなっていきますが、気道の炎症がわずかながらでも残っていた場合に、かぜや過労、ストレス等をきっかけに、そのくすぶっていた炎症が再燃するのではないかと考えられています。

　大人になってからアレルギー疾患が再発しないためにも、症状が出なくなったからと自己判断で治療をやめたりせず、医師と相談しながら子どものうちにアレルギー疾患をしっかり治療・管理コントロールしておくことが大切です。

体験談「保護者の目線で…親としてアレルギー疾患を有する子どもとの毎日を振り返って」

親子の思いに寄り添うアレルギー対応を

　息子の食物アレルギーが分かったのは0歳の時でした。乳児湿疹だと思っていた症状がいつまでもよくならず、小児科で診察してもらったところ、『食物アレルギー』と診断されました。現代と医療の状況も大きく違うひと昔前の話になりますが…。

　改めて血液検査を行い、卵、乳、小麦の除去を開始することになりました。

　アレルギー用ミルクは息子が飲んでくれなかったため、医師に相談し、母親が卵、乳、小麦を除去した上で、母乳で対応することになりました。

　食物アレルギーへの基本的な対処法は「アレルゲンの除去」だと頭ではわかっていても「母親である私だって好きなものを食べたい」という気持ちと、「息子のために今は我慢するべき」という気持ちが拮抗し、精神的にも徐々に追い詰められていました。また、アレルギー疾患の症状軽減のためにも、息子の肌を常に清潔に保つため、汗をかいたらすぐにシャワー。その後は全身に保湿剤を丁寧に塗る。寝る前は体温が上がり痒みが増すので、眠りにつくまでずっと抱っこの連続。慣れない育児に、続く睡眠不足、食べられないストレスが重なり、振り返ると精神的にもかなり参っていた日々であったと思います。

　スタートからうまくいかない離乳食づくり、幼児食づくりにも苦戦しました。使える食材に制限があるためメニューの幅が広げられず、当時は市販品にも頼れず、悪戦苦闘の日々。それだけでなく、外遊びが大好きな息子はお天気の日に外で駆け回ると汗をかき、知らない間に掻きむしっています。それまで以上にスキンケアに気を配ることが欠かせません。2歳になった頃から保育園にお世話になりました。園では除去食での給食対応だけでなく、毎回の飲み薬やこまめな汗拭きに着替え、塗り薬等、他の子に比べてかなり手がかかるため、園の先生方には申し訳ない思いでいっぱいでした。そんな時、さりげなく掛けていただいた保育士さんの言葉を、今も忘れることができません。「手が掛かるなんて、そんなこと気にしないで下さいね。ママも頑張っていますよね、ちゃんと休めていますか？　お迎えゆっくりでいいですからね」そのあたたかい言葉に、気持ちがスーッと楽になりました。子どものことだけではなく、親の私のことまで気にかけてくださり、アレルギー対応の大変さを共感してくれたことで、初めて「私、頑張っていたんだ」と自分のことを少し認めることができたような気がしました。保育士さんのお蔭でスーっと肩の力が抜けて軽やかになり、息子と愛情たっぷりに向き合うことができたと思います。

　改めて息子が生まれてからの日々を振り返ってみても、園の先生方の存在は子育てをする上で大きな存在であったと思います。先生方は、食物アレルギーの知識を持ち、適切に対応してくださるだけでなく、親の思いに寄り添いながら接してくださる、親子の心を温めてくれる魔法のような力があり、今でも子育ての壁にぶつかると、当時声を掛けてくださった保育士さんの言葉を思い出し、また前を向いて頑張る元気をもらっています。現代のアレルギー事情は十数年前よりずっと良くなっています。けれど、アレルギー疾患を持つ子どもは増えています。医療がどれほど進んでも、保護者の思いは変わりません。保護者も子どもも気負いなく園に通え、医療機関と上手に付き合っていけるような園からのアドバイスはありがたいものです。園と家庭との連携を絶やさず、気負いなく保護者も子どもも大事に歩みを進めていけるよう、保護者にいつどんな時にも寄り添ってもらえたら嬉しいです。

〜管理栄養士 喜多野さんより保護者としての体験談を頂戴し改編させていただきました〜

（栄養セントラル 管理栄養士 五十嵐・貝原）

連絡帳を介した保護者への支援
食育・アレルギー対応 保護者支援に活かす

7カ月児　鶏卵のアレルゲン特性 ⇒ P.62

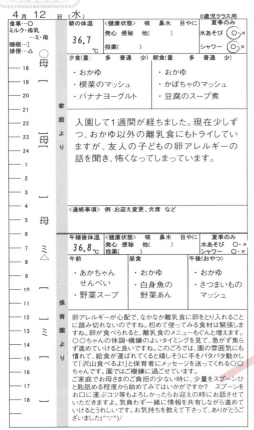

管理栄養士から アドバイス 視点のいろいろ

鶏卵は、とくに卵黄の部分に血液の材料となる鉄を豊かに含み、乳幼児の貧血予防の助けとなります。また、良質なたんぱく質（必須アミノ酸がバランスよく含まれる）が摂れる優れもの。栄養的には、ビタミンCと食物繊維以外の栄養素を全て含んでいます。更に、離乳食向けにやわらかく調理しやすく、通年入手しやすいお財布事情にも優しい特徴を備えます。

食物アレルギーを気にして、なかなか鶏卵を使った離乳食に手が出せない保護者も一定数いますが、豊富な栄養価や使い勝手の良さを考えるともったいないです。

気負わず無理なく使えるよう支援していきたいですね。鶏卵は、食べ始める時期が遅すぎないほうがアレルギーになりにくいことも分かっています。生後5・6カ月頃から離乳食をスタートさせたら、アクの少ない米粥や野菜に慣れ、そのタイミングで試してみると負担が少ないです。心配されている鶏卵のアレルゲンの大部分は卵白部分のたんぱく質ですが、鶏卵の場合、熱を加えて調理することでアレルゲン性が低下するので、卵黄部分のアレルゲン性は強くないといわれています。

ですから、離乳食は卵黄部分をごく少量からでスタートするのが保護者の負担も少なくスムーズに先に進めます。除去をしているケースでも、卵黄から食べられるようになるのが普通です。鶏卵は熱を加える時間が長いほどアレルゲン性は低くなりますので、離乳食では20分ほど丁寧に茹でて作る「固ゆで卵黄」から食べるようアドバイスすると良いです。保護者には、お便りの往来だけでなく、スプーンでひと口量から子どもの表情をみながら笑顔で食べさせることができるよう、保護者の心に届く支援を重ねていきましょう。4月（新年度）は職員や子どもの入れ替え等もあり落ち着かない時期ですが、家庭での様子を細やかに教えてもらえるような信頼関係が根っこにあれば、きっとうまくいきます。

「授乳・離乳の支援ガイド（2019年版）」にも、卵黄の開始時期が生後7・8カ月から5・6カ月へと時期が前に倒れた格好で改訂されています。家庭で少量ずつ試してもらった上で、園でもお試し保育等の兼ね合いをみながら、見通しをもった食育計画をもとに、いっきに何もかもを伝えようとせず、ゆったりと関われたら良いです。あくまで家庭の様子や個人差に配慮しながら固定観念にとらわれずに、進めていくことが賢明です。

こんな書き方も・・・

ご様子を教えて下さってありがとうございます。小学校入学への嬉しいお気持ちと学校給食がいよいよ始まると思うと、乳の解除についてはご不安もありますね。給食の牛乳を全量入学と同時に飲めるようになる必要はありません。焦らず徐々に・・体がついてくると、家庭で慣らし少しずつ飲める量も増えてきます。学校給食の献立・申込み等のルールも分かる範囲で一緒に確認しながら秋の就学時健診の際に学校から質問されることや、お話しておいたほうが良いこと等を、ご都合のよろしい時にお話をいたしましょう。〇〇くんの現況では学校生活で乳に触れることによるアレルギーの心配も軽減されてきていると思います。学校給食・放課後の学童保育等で提供される加工品やおやつのこと等も含めて、医療機関でも引続き相談されながら、園でもお話をしていきいましょう。〇〇くんのペースで無理なく給食利用も進めていけたらよいですね。

小学校に進学すると保育園のように細やかな個別対応が難しくなってしまう不安な気持ちを持たれている保護者や、食に関する相談はなかなかしづらいとおっしゃる保護者もあります。親子が少しでも不安を抱えず、自信をもって小学校入学を迎えられるよう、医療機関受診の様子を正しく聴き取り、家庭と園との絶え間ない連携が自然に交えられるような環境づくりに注力したいものです。小学校給食は、一回の喫食量も多くなりますが、園では、就学後、子ども自ら食べ物を安全に正しく選択する力等を身につけられるよう、少しずつ家庭でも入学に向けた心の準備ができるような継続的なかかわりが欠かせません。

5歳 年長児

	家庭での様子	保育園での様子
睡眠	21:30～7:00	卒園製作準備と近隣小学校のお散歩のため（睡眠なし）
食事	ごはん、味噌汁、鶏からあげ、おひたし	ごはん、煮魚（さんま）、ブロッコリーマヨネーズ風サラダ、味噌汁（さつま芋・にんじん揚げ）にんじんが少し残りましたがあとは完食でした！
排便	20:30（1回）	無し
連絡事項	昨日受診し、自宅での牛乳の完全解除に向けて順調に進んでいると医師より言われました。ただ・・・小学校に上がると給食で毎日200mlの牛乳が出されるようですが、入学までに完全解除にたどり着くことができるのか、それまでに症状が出なくなるのか、不安です。本日もよろしくお願いいたします。お迎え予定時刻　18:30	受診結果のご連絡、ありがとうございます。完全解除に向け、順調に進んでいるとのことなによりです。けれど不安なお母さまのお気持ち、分かります。給食の牛乳の量は多めですが、学校生活で全く乳に触れられないということから軽減され、パン等の加工品も少しずつ家庭で食べることができるようになっていると、少しタイミングは後になっても、完全解除になる日も遠くないかもしれません。来月には就学時健診も控えていることから。焦らず、〇〇くんのペースを観ながらで進めていけたらと考えています。今月どこかでお話できたら、面談はいかがでしょうか？

かけがえのない命を守りぬくために
災害時の備えと保育所での食の支援

　2011(平成23)年3月11日に発生した東日本大震災。被災した保育所は福島・宮城・岩手で722カ所にのぼり、保育中の園児の尊い命が奪われました。毎月の避難訓練や災害を想定した日々の取り組み、保育者の冷静な判断の大切さを痛感した出来事でした。首都圏では、直接的な津波の被害はなかったものの、多くの帰宅困難者が発生し、閉所時間後も保育を継続した園も数多く見られました。その後に改定された「保育所保育指針(平成30年2月)」では、災害への備えに関する節が新たに設けられ、園には「非常災害時対応マニュアル」の作成を求められています。

　"アレルギー対応食"や"アレルギー用ミルク"の支援があるときと無いとき、いろいろなシーンを想定して準備をしましょう。あれば、食物アレルギーの子どもを優先します。また、子どもは自分が食べられないものを理解できない年齢もあることを再度認識して対応にあたりましょう。子どもにおやつや食べ物をあげる時は必ず食物アレルギーの確認を入念に行い、子どものお世話をする職員は子どもに「食物アレルギーサインプレート」などをつけて、周囲に可能な限り伝えましょう。

　ここでは、災害時の食物アレルギー疾患を有する子どもを含んだ食の対応をメインに、備蓄や災害対策へのキホンの考え方を今一度確認していきましょう。

いざという時の保育所の「防災マニュアル」

防災の「PDCAサイクル」と「SHELLモデル」

　わたしたちは、地震や津波、台風といった自然災害の発生を未然に防ぐことはできません。しかし、災害が発生したときに起こり得る危険や損害を想定し、園独自の防災マニュアルをつくることは園の責務と言えます。

　防災マニュアルをつくる際に欠かせないのが、リスクマネジメントです。これは、災害等の被害を回避、または最小限にすることを目指す活動のことです。

　PDCAサイクルは、Plan(防災計画)・Do(実行)・Check(評価)・Action(改善)のサイクルを繰り返すことにより、継続的な業務のブラッシュアップを図る方法です。この手法は、リスクマネジメントだけでなく、食育等保育現場のあらゆる場面で活用することができます。

　PDCAサイクルのPlan(防災計画)を立てるときには「リスクの把握」「リスクの分析」が必要になってきます。この把握・分析に役立つのが「**SHELLモデル**」という考え方です。SHELLは**人間**(L:Liveware)を中心として、それを取り巻く4つの**要因**(Software・Hardware・Environment・Liveware)があり、その要因が互いに影響をしあい、中心となる人間の行動が決まってくるというものです。その4つに潜んでいるリスクを把握・分析することは、リスクマネジメントに有効であるだけでなく、災害対策を立てるときにも役立ちます。

　PDCAサイクルやSHELLモデルを活用して、園の実情に合った防災マニュアルを作成し、もしものときに備えましょう。自治体の監査でも提出を求められることがが多い大事な書類です。

〈防災のPDCAサイクル〉　　　　　　　　　　　【SHELLモデル】

S：Software/ソフトウェア　訓練、規則、マニュアル、教育等
H：Hardware/ハードウェア　施設、設備等
E：Environment/環境　園の環境、立地特性、天候等
L：Liveware/当事者：自分
L：Liveware/当事者以外の人：職員・保護者・地域の人等

出典：経済産業省「想定外から子どもを守る保育施設のための防災ハンドブック」より抜粋　https://bosaijapan.jp/app/uploads/2018/12/METI.pdf

---

チェック!!

保育所保育指針解説(平成30年2月)より　〜監査等の備えにも必要です〜
厚生労働省(2)災害発生時の対応体制及び避難への備え

ア　火災や地震等の災害の発生に備え、緊急時の対応の具体的内容及び手順、職員の役割分担、避難訓練計画等に関するマニュアルを作成すること。設備運営基準第6条第1項において、「児童福祉施設においては、軽便消火器等の消火用具、非常口その他非常災害に必要な設備を設けるとともに、非常災害に対する具体的計画を立て、これに対する不断の注意と訓練をするように努めなければならない」ことが定められている。

保育所の立地条件や規模、地域の実情を踏まえた上で、地震や火災等の災害が発生した時の対応等について各保育所でマニュアルを作成し、保育所の防災対策を確立しておく必要がある。

マニュアルの作成に当たっては、それぞれの保育所に応じた災害の想定を行い、保育所の生活において、様々な時間や活動、場所で発生しうることを想定し、それに備えることが重要である。

マニュアル①災害発生時のフローチャート

状況に応じた食事の提供の考え方

ひとことで災害の発生と言っても、火災や地震、津波、台風等の水害、火山の噴火、原子力災害等、災害のケースや規模、また、園の立地や被災状況によって、さまざまなリスクが発生し、それぞれに異なった対応をしなければならないのは言うまでもありません。

しかし、災害発生時の食の支援（食事提供）に限定して考えると、対応は大きく分けて「避難所へ移動」か「園で待機」の2つです。

下記は災害発生から、保育の再開までの食事提供の考え方を簡単なフローチャートで示したものです。次のページからは、フローチャートに沿って各項目を詳しく見ていきましょう。

避難所へ移動

【避難所へ移動の際の食事提供の考え方】
避難所で炊き出し等の食事が確保できるまでの調理不要の軽食は必需品です。持ち運びに便利なおやつやミルクも欠かせません。
★ アレルギー疾患のある子ども専用のアレルギー対応ミルクやアレルギー対応食、ワッペンなども忘れずに！！

園で待機

【園で待機の際の食事提供の考え方】
保護者に園児を引き渡すまでの食事は出来るだけ食べなれたものが良いです。被災状況によっては、長時間保護者が迎えに来られないことも。ライフラインの遮断を想定して、簡易的で職員皆が作れる食事を準備しておきましょう。

> 東日本大震災では、保護者に引き渡したあとの死亡、行方不明の子どもは111名にものぼりました。保護者と一緒に園に待機した方が良い場合もあります。被災時、職員の人員不足の可能性もあります。どのような状況にもアレルギー対応食の備えは欠かせません。

施設の被害状況確認

- ★ 備蓄保管場所
- ★ 調理室・調理設備
- ★ 喫食場所となる保育室
- ★ 人員の確保
- ★ 業者や関連機関への通信手段

ライフラインの確認

- ★ 電気　★ 水道　★ ガス
- ★ 場合によっては給水施設の確認

> 一般的にライフラインは「電気→水道→ガス」の順に復旧すると言われています。

保育の再開

【保育再開の際の注意点】
食材流通の滞り、外部委託業者や園の設備の破損、ライフラインの長期的な遮断、職員不足等を想定する。

～災害時を想定したチェックを事前に行いましょう～

☐ ライフラインの確保と確保できない場合の対応を検討していますか？
　・ガスや電気が止まった場合（調理設備、調理機器等の使用の可否を確認）
　・水が止まった場合

☐ 配膳・下膳の方法を明確に共有していますか？
　・電気が寸断されエレベーターが使用できない場合の配膳・下膳方法

☐ 衛生管理について検討・情報共有されていますか？
　・調理時の衛生管理に関する注意点や給食施設再開時の注意点

☐ 災害時の調理場所の検討を行っていますか？
　・安全な場所で衛生的に調理できるか。

～実際の調理の際＆支援食材を受け入れる際・提供する時の10の注意点～

① 支援食材受け入れの際は、検品、記録を忘れずに行います。
② 衛生的な保管場所の確保は最優先に行います。
③ 食品分類毎に整理・保管します。
④ 食品の消費期限の確認は必ず行います。
⑤ 食品提供の際の検食や安全確認食等による安全を担保します。
⑥ 従事する職員者の体調管理の確認は必ず行います（嘔吐や下痢がある場合は例え臨時であっても調理に従事しません）。調理業務に携わる応援スタッフも、健康状態（可能な限り検便結果も含む）の確認を行います。
⑦ 水が使えない場合は、手指にアルコール消毒後、使い捨て手袋を使用します。
⑧ 加熱済調理食品の提供に限定して、生のままの提供は避けます。
⑨ 給食提供の記録は必ず備えます。（調理日時、献立や材料名、調理実施者名等）
⑩ 保存食も置いておきます。

マニュアル②備蓄の基本 ・・・・・・・・・・・・・・

災害のみならず停電や断水等にも対応した備蓄

災害食備蓄量の計算

備蓄量は、災害時に全園児を保護者へ引き渡すまで必要とされる災害食の量です。地域によっては、「少なくとも1食分」としているところもありますが、保護者のお迎えが困難になり、園または避難所に宿泊する可能性もあります。救援物資がすぐに届く保証もなく、また、園それぞれの実情に合わせて備蓄量を検討する必要がありますが、ここでは基本の最低3日分を例に見ていきます。

※可能であれば、5日分、7日分の備蓄の検討がのぞましいです。
※避難所で過ごす場合も、安全を確認できた場合にあっては、職員が園に不足分の食料等を取りに行くこと等も想定します。

Step1 1日に必要な食数を知る

＜基本の食数＞
昼食（1食）＋おやつ（0.5食）＝1.5食分／日
1食の構成は主食＋副食（主菜、副菜）を組み合わせ
必要最低限のエネルギーと栄養素が確保できるようにする。

Step2 食品選びのポイントを知る

- □ 常温で長期間保存ができる
- □ 水が不要（又は少なくて良いもの）
- □ 加熱調理が不要（又は少なくて良いもの）
- □ 食器・食具が不要
- □ 個包装でそのまま配布可能
- □ 持ち運びに便利

- □ 必要最低限のエネルギーや栄養素が確保できる
- □ 食べ慣れている
- □ ごみが出にくい
- □ においが少ない　　　　　　　等

Step3 備蓄量の計算

1人分の量(A)×人数(B)×使用回数(C)＝各食品の備蓄量
人数＝①＋（②×2）
①＝1歳以上の入所児数（定員もしくは在籍数のいずれか多い方。
　　　　余剰分は保護者や宿泊分として活用。）
②＝職員数（パート職員も含めた日常的に保育所にいる実際の人数）
　※大人は子どもの2倍と考えて、（B×2）とします。

〈例〉	食品名	1人分量	保育児数	職員数	使用回数
主食	アルファ化米	50g	90	23	3
副食	レトルトカレー	100g	90	23	3
おやつ	果物缶	40g	90	23	3

アルファ化米：50×（90+（23×2））×3＝20.4kg（20,400g）

保育所での防災訓練の際に、子どもたちにアルファ化米等の備蓄食を見たり、触ったり、食べたりすることができる機会を作ることで、災害時の食について普段から関心を持つ事が出来ます。また、いざという時にも、見たことのない食品とならないよう、食べたことのある"馴染みのある食事"を災害時に食べることができるよう、災害食に慣れ親しむ環境を普段から整えましょう。

家庭でも備蓄を兼ねて、普段の食卓で食べる機会がとれるようはたらきかけましょう。

〈保護者用の備蓄について〉

地震の大きさにもよりますが、特に都市部では大量の帰宅困難者の発生も考えられます。東日本大震災ではまだ寒い3月の夜、飲まず食わずで何時間も歩いてお迎えに急いだ保護者も少なくありませんでした。保護者の分も含めた準備迄は難しいかと思いますが、少しでも余剰分を保護者や宿泊者にまわせるよう、「定員もしくは在籍数のいずれが多い方」を計算に用いると良いでしょう。

Part 2 ケース別の対策と支援

災害時、3日間あれば自衛隊員や消防署員は被災地に到着できるといわれていますが、発災時の自衛隊等の最優先活動は人命救助です。東日本大震災では、救援物資（水や食料）が被災地に届くまで5日かかったと言われています。救援物資が届くまで、自助でまかなう必要があるのです。災害の規模や園の立地等によって、必要とされる備蓄量は変わってきますが、最低でも3日分は用意しておくように準備しましょう。南海トラフ巨大地震対策では7日分の備蓄が推奨されています。

保管方法

備蓄食品のある倉庫の鍵の保管場所は、全職員で共有し、災害時は誰でもすぐに倉庫を開けられるようにすることが肝心です。また、何を、いくつ取り出せばよいかも全職員が知っておく必要があります。ここでは、備蓄の種類や方法、取り出し方のポイント等について見ていきます。

備蓄の種類

流通備蓄
契約業者から必要時に物資を提供してもらう

＜メリット＞
◎ 園での保管場所が不要
（備蓄スペースが十分にない園にとっては大きなメリット）
◎ 常に新しい物資に更新され、経費を削減することができる

＜デメリット＞
△ 業者が被災したら利用ができない
△ 交通や流通がマヒしたら機能しない
△ 防災無線が必要

現物備蓄
自園の倉庫等に保管

＜メリット＞
◎ 現物がすぐ手に入る

＜デメリット＞
△ 購入や保管等にお金がかかる
△ 備蓄量が多い場合、賞味期限切れ前の消費が困難
△ 保管スペースの確保
△ 保管場所の被災で利用ができなくなることも

> 現物備蓄にはデメリットがあるものの、即座に避難場所への持ち出しが可能等多くのメリットがあるため、大半の保育施設では現物備蓄を採用しています。ですが、大量に備蓄をするためには工夫が必要なのも事実です。

停電で照明がつかなくても段ボールの印字が読めるか確認しましょう。

現物備蓄における課題の解決策

△ **購入や保管等にお金がかかる**
➡「預かり備蓄システム」を活用する。購入は保護者、預かりは園とする等、どちらが何を準備するのか、あらかじめルールを考えておきましょう。食物アレルギー対応食品等園児1人1人に合った備蓄が可能となる方法をたぐります。

△ **備蓄量が多い場合、賞味期限切れ前の消費が困難**
➡避難訓練の際に、備蓄食品を使って給食を提供するという方法も。子どもは普段食べ慣れていない食品を災害時だからしかたなく食べる、ということができない可能性があります。喫食状況を確認することは、災害時のメニューを見直すよい機会。備蓄食品を提供する際は、災害時に提供する予定のメニューが望ましく、ライフラインの遮断を想定した調理や配膳（室内灯を消す等）を行うなど普段からできる対策を考えましょう。

△ **保管スペースの確保**
➡「ローリングストック」法で保管する。普段使う食品を多めに買い置きし、古いものから使う。使ったら買い足す方法。常温保存で賞味期限の長い缶詰やレトルト食品、フリーズドライ食品、ロングライフ牛乳、粉ミルク、ビスケット等、ローリングストック法はスペースを取りづらい園にとってメリットが大きいです。

△ **保管場所の被災で利用ができなくなることも**
➡非常時持ち出し品と持ち出さないものとに保管場所を分ける、階を分ける、園内だけでなく屋外や指定の避難所に分散して保管することで、備蓄品すべてが被災するリスクを軽減することができます。

～保育所等にぴったりのローリングストック法～

保管スペースが少なく、対象年齢もまちまちである1日3食の提供ではない保育所等施設では、ローリングストック法で計画的に備蓄をすることをお勧めします。ローリングストック法は、災害時に備えた食品の備蓄方法のひとつです。普段の給食に利用する缶詰やレトルト食品などをやや多めに在庫として保有し、製造日の古いものから使っていき、使用した分を補充しながら、一定量の備えが常にある状態にしておく方法です。

備蓄品を一度に更新するには保育園等の規模によらず、費用がかさみます。賞味期限のあるうちに施設で順次使い回しながら食材を入れ替えていくと、予算配分も計画的に効率よく行えると同時に、都度、内容の検討もできて便利です。

また、特別な配慮を要する子どもや未満児の食事形態を調整するためのとろみ剤や微量栄養素の調整食品、アレルギー対応食等もローリングストックとして備蓄しておくと安心です。

マニュアル③備蓄リスト ⋯⋯⋯⋯⋯⋯⋯⋯⋯⋯

避難所生活は食物アレルギーの子どもが誤って原因食物を食べる"誤食"のリスクが高まります！食物アレルギー疾患を有する子どもも喫食可能で必要最低限のエネルギーと栄養素が確保できるもの、そしてなにより食べなれた食品を用意しましょう。

リストの作成

リストは、大きく分けて2つ必要です。

1つ目は「非常時持ち出し品リスト」。

これは、災害時に園にとどまらず、避難所へ移動する際に持ち出す必要のある携行品のリストです。職員数等により持ち出し量に限度があるため、最低限必要なものをリスト化し、準備します。

2つ目は「災害時備蓄リスト」。保育施設では、保護者に園児を引き渡すまでの食料等を指しますが、避難所で長時間過ごすことや、流通がストップした状態で園を再開することを想定し**最低3日分の食料**を準備します。

避難所では、アレルギー疾患を有する子どもへの個別対応が難しく、誤食のリスクが高いので、アレルギー疾患を有する子どもを含めた全園児が喫食可能なものを準備することがのぞましいです。※あくまで例です。園の実情に合わせて準備しましょう。

非常時持ち出し品リスト例
リュック等にまとめて持ち出しやすい場所に小分けにして備える

【調理室】
- ☐ お菓子等の軽食・簡易食料
- ☐ 食物アレルギー対応食
- ☐ ベビーフード
- ☐ 飲料水
  - ※ミルクに適した軟水がお勧め
- ☐ 紙皿・割りばし等の食器・器具
- ☐ 使い捨て手袋
- ☐ 消毒用アルコール
- ☐ トイレットペーパー・ティッシュペーパー（アルコールタイプと非アルコールタイプ）
- ☐ ウェットティッシュ
- ☐ ラップ
- ☐ ポリ袋・ゴミ袋

【保育室】 ※乳児・幼児共通
- ☐ 園児名簿
- ☐ 緊急時児童引き渡し票
- ☐ 食物アレルギー疾患を有する子どものワッペン
- ☐ 防災マップ
- ☐ LEDホイッスルライト

- ☐ 飲料水
- ☐ 救急セット
- ☐ 懐中電灯・電池
- ☐ 筆記具・はさみ・カッター
- ☐ 使い捨て手袋
- ☐ 消毒用アルコール
- ☐ ティッシュ・ウェットティッシュ
- ☐ ポリ袋・ゴミ袋
- ☐ バスタオル(防寒を兼ねる)
- ☐ 着替え

【乳児用】
- ☐ 災害時ミルク
- ☐ スティック／キューブミルク
- ☐ 哺乳瓶・水筒
- ☐ 紙おむつ・おしり拭き
- ☐ 抱っこ・おんぶ紐

【幼児用】
- ☐ お菓子等の軽食・簡易食料
- ☐ おまる

【事務室等担任以外】
- ☐ 園児名簿
- ☐ 全家庭緊急時連絡名簿

- ☐ アレルギー疾患を有する子どもの一覧表
- ☐ 防災マップ
- ☐ 防災関係機関連絡先一覧表
- ☐ 軍手・ロープ・ブルーシート
- ☐ 拡声器・無線機・ホイッスル
- ☐ 旗等の目印
- ☐ 飲料水
- ☐ 救急セット
- ☐ 携帯用カイロ
- ☐ 懐中電灯・電池
- ☐ 筆記具・はさみ・カッター
- ☐ ガムテープ・油性マジック
- ☐ 現金(小銭)
- ☐ 携帯電話・充電器
- ☐ ラジオ
- ☐ 簡易トイレ
- ☐ ティッシュ・ウェットティッシュ
- ☐ ポリ袋・ゴミ袋
- ☐ ノートPC・ポータブルWi-Fi

非常時持ち出し品リスト例
リュックにまとめて持ち出しやすい場所に備える

備蓄品は大きく分けて①食品・飲料水②生活用品(日用品)③救急用品があげられます。

①については、「そのまま食べられるもの」「水や調理が必要」なものに分けられます。災害時最初の2日分は調理が不要な「そのまま食べられるもの」の提供を想定して準備するとよいでしょう。

②の生活用品には、食事の際に使う紙皿やスプーン等の食器、カセットコンロや固形燃料等の熱源、キッチンバサミや紙皿に敷く等使い勝手のよいラップ等が含まれます。

※紙コップは幼児が使い慣れておらず、中身をこぼしやすく、違和感を感じて飲まないということの無いよう普段の給食等で使用しておくことが大事です。

～取り揃えるだけでなく、実際に使い勝手を確認しておきましょう～

断水によって、食器の洗浄ができなくなったりすること、食器の破損や散乱によって使うことができなくなってしまう場合等を想定しておきます。備蓄品と同様に3日分程は、用意しておきたいものです。使い捨て紙コップ、紙皿、アルミカップ(小分け用)、食器、箸、スプーン、ストロー、キッチンはさみ(切り分け用)等が揃っているか、アルミホイル(食器にかぶせたり調理等に使用頻度が多く重宝します)やラップ、缶切り(缶切り不要な備蓄をしていても必要な場面が出てくることが想定されます)、軍手(大量の缶詰をあける際、指が痛くなるのを防いだりケガ防止に必需です)、ビニール袋、輪ゴム(ゴミ処理や調理に割と多めに消費します)、調理済み食品搬出用コンテナのようなもの、ビニールシート等、サイズ違いの重ねられる鍋、やかん、お玉、ゴムベラ・木べら等… 園独自に必要なものをピックアップし、使い勝手を確認することが大事です。

～水分確保も大事～

様々なストレスや、トイレが整備されないこと等、環境の変化等が原因で、子どもも、水分をとる量が減りがちです。脱水に注意が必要な子どもたちには、のどにつるんと食べやすいゼリーや酸味と糖分が程よく含まれた食欲アップに役立つジュース等の準備を忘れずに。

災害時、何が必要になるかを想定し、備えるためにリスト作成はとても有効です。インターネットで検索すると、色々な防災グッズや、実際被災した園で「これがあって役に立った！」等の情報を得ることができます。ただ、災害のケース（水災や火災、噴火等）によっても役立つ防災グッズは異なってきます。ここでは、どんな災害が起こっても必要な基本的な備蓄品について見ていきます。

ここでは、備蓄品の①〜③をくわしく見ていきます。

①食品・飲料水

食物アレルギー対応食品を備蓄する際は、他の食品と分けてアレルギー対応食と一目で誰でも分かるように保管します。分別する手段は、ラックや箱、保管室を分ける等があり、場所を分けておくことで配膳ミスを防ぎます。

育児用ミルク（アレルギー対応含む）		キューブタイプは量の加減は難しいですが、計量の必要がないので便利で衛生的に使えます。液体ミルクはそのまま提供できるので便利ですが、普段から子どもが飲めることを確認しておきましょう。プラスチック製哺乳瓶と乳首も併せて準備を。哺乳瓶や乳首の代替として紙コップやスプーンでも授乳ができるよう、子どもも保育者も試しておきましょう。
長期保存可能で水や調理が不要そのまま食べられる食品（アレルギー対応含む）	主食	缶詰やレトルトパックのご飯・粥・パン、乾パン、コーンフレーク、シリアル
	主菜	肉・魚・大豆などの豆類の缶詰 ※スチール缶はさびやすいので、アルミ缶のものを。缶切り不要のプルトップ缶を。 カレーなどのレトルト食品、魚肉ソーセージ、無菌充填豆腐 主菜はたんぱく質が多いおかずであるため、極力アレルギーの原因となる食材を使用していない食品を揃えましょう。
	副菜	梅干し、漬物、野菜ジュース等。あと口がさっぱりするジュースから選びましょう。
	果物	日持ちする果物、缶詰の果物、ドライフルーツ、ゼリー
	その他	ビスケットやクッキー（米粉含む）、煎餅、チョコレート、羊羹などの嗜好品、飲むゼリーなどの栄養補助食品
長期保存可能で水や調理が必要な食品（アレルギー対応含む）	主食	アルファ化米・粥・レトルトご飯、パスタ、ホットケーキミックス、乾麺、即席麺
	主・副菜	玉ねぎ、にんじんなどの根菜、フリーズドライ食品、高野豆腐、干し椎茸、カットわかめ
	その他	スキムミルク、粉末飲料

野菜ジュースやロングライフ牛乳

避難生活では炭水化物過多になりやすいため、たんぱく質、ビタミン、ミネラル、食物繊維の不足が無いような食事提供の準備をしましょう。（衛生上、個別パックのものが望ましいです。）コップで飲む以外にも普段から園で紙パックの野菜ジュースやロングライフ牛乳を給食等にとり入れ、実際に子どもたちが飲める経験をしておきましょう。

帰宅時の安全が確保されないケースや交通網遮断等緊急時を想定し、アレルギー用ミルク、粉ミルク、液体ミルク、乳幼児用の缶ジュース、乳幼児用菓子類、ベビーフード、ミネラルウォーターの備えが必要です。

※アレルギー用食品は個別に種類を揃えておく必要があります。また、多少値段が高い傾向にありますが使い捨てほ乳ビン等調乳セットはとても重宝です。離乳食をすりつぶすための食具も忘れずに準備します。

〜保育園等の備蓄食品の条件〜
・ライフラインに頼らず、子どもに食べやすく"おいしい"品食であること。
・開封するだけで食べられる調理済み食品であること。
・常温保存が可能で、個別包装であること。
・賞味期限内であること。
・喫食対象者のニーズに対応していること。
　（園児は年齢も配慮が必要な内容もまちまちです）
・アレルギーの有無によらず共食できる献立であると誤食のリスクを減らすことができ、安心です！

〜防災白書（内閣府）〜

チェック!!

新型コロナウイルス感染症の影響下での自然災害においても、必要な支援と感染症対策が実施できるように、新型コロナウイルス感染症の感染状況を踏まえた防災対策等を園でも維持・向上していく必要があります。
防災白書には、災害対策基本法に基づき「防災に関してとった措置の概況」及び「令和3年度の防災に関する計画」についてとりまとめられてます。コロナ禍で豪雨や地震、大雪等の災害が発生した場合等、園でも新型コロナウイルス感染症対策とセットで防災の準備をしておきましょう。

②生活用品

- ■ ガスコンロ・ボンベ
- ■ 消毒液
- ■ ライター・マッチ
- ■ 使い捨て手袋
- ■ ゴミ袋
- ■ 食品用ラップ
- ■ 割り箸・紙皿・紙コップ
- ■ プラスチック製スプーン・フォーク
- ■ ポリタンク
- ■ ランタン
- ■ 飯盒（はんごう）
- ■ ラップ（食器に被せたり、からだに巻くことで包帯や保温の効果があります）
- ■ 消臭剤
- ■ 虫取り粘着シート
- ■ エマージェンシーブランケット
- ■ トイレットペーパー
- ■ ティッシュ・ウェットティッシュ
- ■ ペーパータオル
- ■ マスク
- ■ おまる・簡易トイレ
- ■ 簡易ストーブ・石油
- ■ テント
- ■ 取っ手のついたビニール袋（点線部で切り、2枚にすると2人分の子ども用食事エプロンとしても使えます）

③救急用品

■絆創膏　　■ガーゼや包帯、三角布　　■消毒薬　　■トゲ抜き

マニュアル④ 献立と調理

ライフラインの状況に応じつつ食中毒を予防する衛生管理を

災害時の献立

災害時は、栄養の管理された食事の提供は難しいのが現状です。しかし前頁の備蓄リストのような、ワンプレートでも「主食」「主菜」「副菜」となる食品を組み合わせて献立を作ることで、栄養の偏りを軽減することができます。また、発災直後は「おやつ程度のもの」⇒「簡易的な食事」の2段階で提供します。ここでは、簡易的な食事の献立作成のポイントを考えてみましょう。

Point① 「主食」「副食（主菜+副菜）」を組み合わせる

- 主食：炭水化物、主菜：たんぱく質、副菜：ミネラル・ビタミン・食物繊維
- 使用可能な場合は、給食室にある食品（冷凍・冷蔵品）から使う。
- 災害時の食事はどうしても塩分・糖分が多く濃い味になりがちです。出来る範囲で副菜も積極的にとり入れましょう。

Point② 食事提供の手順書を作成する

発災時、給食担当者が不在の場合もあります。予定された食事を全職員が適切に提供できるように、手順書を作成しておく必要があります。

- 「〇食目」で表示する。
- 1人分の備蓄品の種類・組み合わせ・量を記載し、可能であれば写真を添付する。
- 使用する食器や器具と、使用方法も明記する。
- 手指の消毒をしてから手袋をはめる。
- 食中毒等を起こさせないために、環境衛生の方法やポイントについても具体的に記しておきます。

<例>1食目－幼児1人分（乳児1人分）

【献立・分量】
- 缶詰パン ………… 1/2缶(1/3缶)
- ツナポテト缶 ……… 1缶(1/2缶)
- みかん缶 ………… 6粒(3粒)
- 水 ……………… 紙コップ1杯

【用意するもの】
- 紙皿2枚/1人　● ペーパータオル1枚/1人(パンの皿用)
- スプーン1本/1人　● とりわけ用スプーン2本　● 包丁
- まな板　● クッキングシート　● 使い捨て手袋

【作り方】
① まな板を洗わずに済むようクッキングシートをまな板に敷く。
② 缶詰からパンをまな板に出し、1人分にカットする。
③ カットしたパンはペーパータオルで包む。
④ ツナポテト缶は缶全体をウェットティッシュで拭いてから開封し、分量を紙皿に盛る。
⑤ みかん缶も缶全体をウェットティッシュで拭いてから開封し、紙皿に盛る。

缶詰を選ぶ際、「小麦・卵・大豆・鶏肉を含む～」等の表示がなるべくない缶詰を。普段から選定して使用メーカー・缶詰は統一して。誤食によるアレルギー事故を起こさないためにも念入りなチェックが欠かせません。

紙皿にラップを被せることで衛生的であり、また、ゴミの量を減らすことができます。

ライフラインが寸断された場合にも、衛生的に安全な給食を提供できるよう対応方法を事前に具体的に決めておくことが大切です。災害時には職員数が確保できない状況が想定されます。少人数でも履行できる単純でヒューマンエラーの出にくい作業工程を検討することが肝要です。

検討した対応方法は、普段から実施訓練等により、全職員で共有・確認しておくことがのぞまれます。災害時以外の停電や断水時等にあっても、それらの対応方法を活用することができるように環境を整えます。

～施設ごとの災害対策～

災害対策は、施設の規模や種類によって違ってきます。災害時に、施設が地域でどのような役割を担っているのかを確認したり、どの部門が担当するのか、施設利用者以外の人の食料（職員、地域住民等）をどうするのか等を検討しておく必要があります。その上でどの様な場面にも対応できる献立と調理手順を準備しておきましょう。普段から災害時等の対応について検討をこまめに行い、災害時等の対応マニュアルを作成する等の施設内体制整備に取り組むことが大切です。

～塩分にも配慮した食べ方～

避難所では、排水も問題になります。下水の使用が難しくなるとカップ麺等の汁が捨てられず、汁を飲み干さなければならないケースが起こります。

塩分の高い食事は、子どもたちの健康を蝕みます。"災害時こそ、栄養や食事が重要"という認識を持って準備を行いましょう。

～災害時の栄養問題～

避難所での食事が、おにぎりやカップ麺などの炭水化物に偏ってしまう、子ども用の減塩（うす味）の料理が殆ど無い等、避難所全体あるいは地域全体の栄養不良の問題が起こりやすいという心配があります。

個別の問題としては、食物アレルギーや特別な配慮を要する子ども、しょうがい児、乳児、妊産授乳婦等の「栄養弱者」と呼ばれる対象者たちが、配られた食事を食べられないという問題があります。このような問題に対応できる事前の準備が保育園等では不可欠です。これまで、災害時の栄養はあまり重視されてきませんでしたが、災害時、特に子どもは極度の疲れやストレス、感染症・風邪、エコノミークラス症候群、下痢・便秘、口内炎、肥満、虫歯等、様々な健康問題が起こります。その多くは"食事に"関係していることが分かっています。

～感染リスクを考えた準備を～

災害時は断水によって手指の流水洗浄が難しい場面が想定されます。密集した環境下での集団生活等によって、ノロウイルス等による感染性胃腸炎等や新型コロナウィルス、インフルエンザなどの感染が拡大するリスクが高まります。手指の清潔保持が難しい子どもに馴染む手づかみ食べの際のひと工夫、例えばラップや紙で包んで直接手が触れないような提供の仕方、消毒の方法も含め、幾通りも考えておきましょう。

災害時は、どうしても炭水化物に偏りがちです。また、日常と違う状況下では、大人以上に子どもたちも便秘や口内炎等、体調不良を起こしやすくなります。普段給食で提供している献立とはいかないまでも、栄養バランスを考えた食事提供の工夫が必要です。園の状況で備蓄の種類も変わってきますが、努めてたんぱく質、ビタミン、ミネラル、食物繊維の摂れる献立を提供しましょう。また、衛生管理を徹底し、安全・安心な給食を確保できるように入念な準備が必要です。

災害時の調理方法

　災害時は、電気・ガス・水道のライフラインが遮断されている可能性があります。特に水は1人当たり1日最低でも3Lは必要となりますが、水道の復旧には時間がかかるため、災害時は水をなるべく使用しない工夫が必要です。また、衛生面を考慮し、できるだけ手を触れずに提供できる缶詰や個別包装のものを利用します。
　下記は災害時、水を節約できる調理方法です。参考にして、準備しましょう。

キッチンばさみで空中調理

断水時、まな板を使わず、キッチンばさみを使って食べ物をカットし、調理する方法。

ポリ袋でパッククッキング

低密度ポリエチレン： ボウルの代わりに使って食材を混ぜる。
高密度ポリエチレン： 耐熱温度90-110℃なので、湯せん調理が可能。カット野菜等に火を通すことができる。袋内の空気を抜いて真空状態で調理するのがポイント。

おにぎりにも皿代わりにもラップを活用

洗い物を出さないために皿等をラップを被せて使う。また、ラップを手袋代わりにして、おにぎりを握ることもできる。

アルミホイルで石焼き芋

熱いものをのせるお皿や落とし蓋の代わりにもなるアルミホイル。長期保存可能なサツマイモ等を、アルミホイルで包んで暖をとる焚火に入れておけば、石焼き芋の完成。

クッキングシート

フライパンの焦げ付き防止に、油の代わりに敷いて焼くことが可能。また、ラップの代わりに皿に敷いたり、なべ蓋の代わりとしても使うことができる。

キッチンペーパー

布巾やタオルの代わりに。

ウェットティッシュ

台拭きや手洗い用の水の代わりとして。子どものお口回りを拭くのに重宝します。

消毒スプレー/除菌シート

手洗い代わり、身辺の除菌に。衛生環境を整えることが難しい避難所等で多方面に活躍します。

＜その他＞
- ボウルに水を貯め、汚れの少ないものから洗い、使用後はトイレ等に使う。
- 停電時は、備蓄品ではなく冷蔵庫内のものを優先して使う。※停電後長時間経過したときは利用を避ける。
- 極力、洗浄が必要な食材の使用は避ける。　● 冷凍庫に保冷材を保管し、停電時に活用する。

～園では、とりわけ"水が大事"です～

飲み水や料理に使う他にも、水は避難生活のあらゆる場面で活躍します。水とティッシュがあれば、簡易的なウェットティッシュを作れますし、食前やトイレの後に手指を洗浄できます。子どもたちの用を足したあとのおしりの清潔に、水を浸したおしり拭きも必要です。また歯磨き代わりに口内をすすぐための水や、個別に濡れタオルも作れます。子どもたちにとって、水は欠かすことができません。

～献立提供に欠かせない衛生管理～

断水により手洗いが出来なくなることを想定しておきましょう。
衛生状態の悪化した環境でも、食中毒等が起きないよう最善の方法で提供します。
＊手洗い等の衛生管理に必要な物品の用意をリチェックしましょう。
＊使い捨てエプロン、使い捨て帽子（三角巾）、ゴミ袋、使い捨て手袋、使い捨てマスク、逆性石けん、手指消毒用アルコール、ウェットティッシュ、ペーパータオル等…

～調理施設再開時の注意～

冷蔵庫が浸水した場合は、庫内を洗浄した後、消毒用アルコールを噴霧します。温度計で10℃以下になっていることを確かめてから使用します。

マニュアル⑤ 配膳と片づけ

食物アレルギー疾患を有する子どもへの誤食を防ぎ、水の使用を最小限とし、ゴミの少ない片づけを

調理から配膳まで、備蓄品の利用について施設内で全職員が共有している事が大事です。栄養士や調理員等が出勤できない場合も想定されるため、誰もが使えるように、調理・配膳手順等をわかりやすくまとめておくことは欠かせません。1人前の配膳写真や調理手順の写真等があれば、よりわかりやすくなります。視覚的に確認できるものの準備は必須です。

配食と片づけの工夫

災害時は、食事提供に追われ、記録を備えることがおろそかになりがちですが、実際に提供した献立を正しく控えておくことが大切です。又、提供した備蓄食料の種類・数、消費した使い捨て食器や熱源等を備蓄リストに記入しておきましょう。不足が生じたものや、困ったこと等を記録しておくことで、マニュアルの見直しにも役立ちます。極力ゴミを出さないようにすることも大切です。
ここでは災害時の配膳と片づけの工夫についてみてきましょう。

①配膳
- 断水を想定して、ウェットティッシュで食具、机、手指を拭く。
- 使い捨ての紙皿等を利用し、職員が配膳する。

※慣れた食器のほうが、園児はこぼしにくいので、可能であれば3歳未満児だけでも普段使っている食器にラップを被せて提供できると良いです。

②喫食
- 哺乳瓶や乳首がないときの代替手段として、紙コップやカップ、スプーン等を利用した授乳方法も体験しておく。（カップフィーディング）
- 普段使い慣れていない紙皿・コップはこぼす可能性があることを念頭に入れておく。
- 停電時は安定して置けるランタンが便利。

③片づけ
- ゴミの収集が行われなくなることを想定して、ゴミの出し方を幾通りか検討しておく。
- 洗い物を極力出さないように敷いたラップ等を取り除き、破棄する。
- 使い捨て紙コップやプラスチック製スポーク（先割れスプーン）等の食具は、衛生面の観点から再利用せず破棄する。

食物アレルギー疾患を有する子どもへの対応
① 胸に「〇〇アレルギーです」と書いたシールやワッペンをつけ、誰でも一目でわかるようにする。
② コーナーを設けて、決まった場所で喫食する。
③ 配食ミスを防ぐために、できるだけ特定の人が対応をする。
④ 提供する食べ物のアレルギー表示を、職員等で複数回チェックをする。
⑤ 配食時は、必ず本人確認をする。
⑥ 園児同士の食べ物の交換はしないように呼びかけ、注意する。
⑦ 万が一に備えて、エピペン®の保管場所を確認する。

④ゴミの処理
- ゴミの分別を徹底する。
- 園の環境衛生を保つため、既存のゴミ回収場所以外にダストボックスやゴミの保管スペースを確保する。

※屋外の場合は動物による喰い荒らしや放火等の恐れのない場所を。

- 生ゴミは十分に水気を切り、腐敗が進まないように配慮する。
- 腐敗臭を抑えるために蓋つきのバケツに入れて保管する等、幾通りの方法を知っておく。
- 消臭剤を活用する。

※乳・ミルク等の紙パックの処理等は、乳アレルギーの子どもに触れないよう、徹底した処理をしましょう。

お勧めサイト
災害時に備えた食品ストックガイド：農林水産省（https://www.maff.go.jp）
災害時の簡単レシピや保育所での災害食のヒント（乳幼児・慢性疾患・食物アレルギー疾患を有する子ども等に向けて、家庭備蓄を行う際に必要な情報、災害時における食事の注意点等をとりまとめた「要配慮者のための災害時に備えた食品ストックガイド」が公開されています）。参考にしましょう。

災害時の状況下でも、保育所給食施設が安全・安心な食事を提供できるよう、全ての施設で、マニュアルや食料備蓄の整備、研修や訓練の実施といった災害に備えた食の体制整備を進めましょう。災害時のマニュアルの具備は必須です。監査等の際にも確認されることが多いです。
子どもや保護者も交えた避難訓練の実施や避難訓練の際に実際に災害時の食事を食べてみる等、日々の園全体で取り組む経験が万一の災害時の大きな助けとなります。

～アレルギー対応食品の備えを忘れないで！～

保育園（所）等の通所施設は、休園（所）の措置となることが多いですが、自粛登園となった場合は給食を継続するケースもあり得ます。保育園（所）の様な通所施設においては、園児の保護者のお迎えが難しい事態に備えた備蓄も必要となります。乳幼児に必要な食品（離乳食・育児用ミルク等）やアレルギー対応の食品は、アレルギー疾患を有する子どもの有無にかかわらず備えましょう。とりわけアレルギー対応食は、3歳以上児・3歳未満児・離乳食の時期の子どものそれぞれ給食の代わりとおやつも必要です。全てを園で用意するのか、保護者からストックとしてお預かりするのかなどルールを決めておくとよいでしょう。（園によっては、炊き出し等の支援場所として利用される場合があります）

～炊き出しでは～

炊き出しでは、可能な限り原因食物が調理に使われていないか、確認しましょう。同時に、大量調理という特性上、アレルゲンの少量混入は避けられないものと考え、どこまでどのくらいなら食べられるか、普段から医師の指導のもと、確認をしておくことが欠かせません。善意で食べ物を子どもに与えてくださるケースも想定されます。そのような場合、園としてはどの様に対応するか、あらかじめ決めておきましょう。

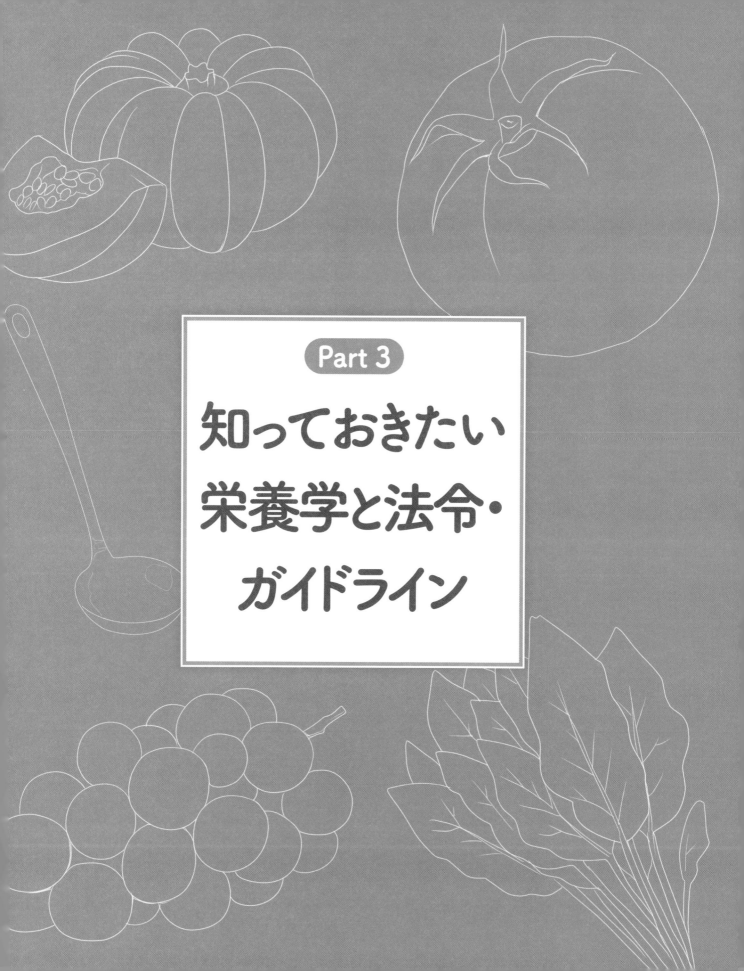

Part 3
知っておきたい栄養学と法令・ガイドライン

おさらい栄養学

栄養の基本的概念

　栄養素のはたらきは、大きく分けると「エネルギー源となる」、「からだの構成成分となる」、「からだの調子を整える」の3つがあります。エネルギー源となる栄養素は、3大栄養素（エネルギー産生栄養素）とよばれる糖質、脂質、たんぱく質が該当します。これに、ミネラル（無機質）とビタミンの微量栄養素を加え5大栄養素とされています（図1）。このように各栄養素には特有のはたらきがありますが、からだのなかでは他の栄養素との協力がなければそのはたらきは発揮できません。そのためバランスよく栄養素を摂ることが大事なのです。特に、子どもの栄養については、大人と違い「絶えず身体・精神的に成長（獲得）している」点から、ことさらに大事なことなのです。からだの各器官や機能の発達には重要な時期があり、その時期に何らかのしょうがいを受け正常な発育を獲得できなかった場合、必ずしも大人になってからその能力を獲得できるとは限りません。

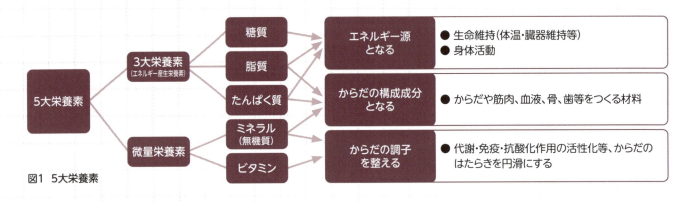

図1　5大栄養素

> **MEMO　栄養と栄養素は違う**
> 　「栄養」とは、摂取した食品中の「栄養素」を、からだに摂りこみ発育および生命の維持に利用し、不要となった代謝産物を体外に排泄する一連の流れを指します。

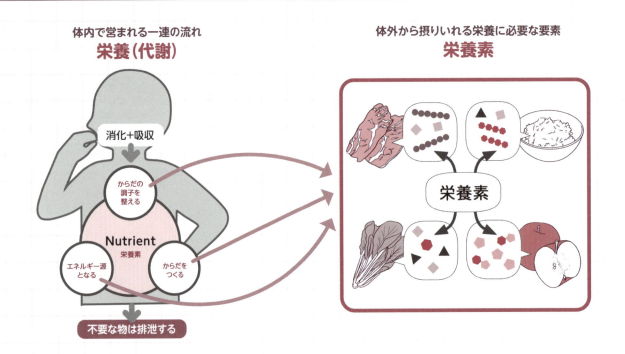

栄養素

【糖質】

糖質は、炭水化物から食物繊維を除いたものを指します。糖質は、体内に取り込まれ1g当たり4kcalのエネルギーを作り出しますが、食物繊維はヒトの消化酵素では消化できないためほとんどエネルギー源にはなりません。

糖質は構造により「単糖類」「少糖類」「多糖類」に分けられ、そのはたらきにも特徴があります（表1）。

不足すると？

3大栄養素の中でも糖質は、脳やからだを動かすために最も素早くエネルギーをつくり出すことができる栄養素です。また、脳にとっては、単糖類に分類されるブドウ糖が貴重なエネルギー源となるため、不足した状態では、脳のはたらきが低下し、集中力がおちたり、イライラしたりすることもあります。また、大事なエネルギー源が不足した状態が続くと、からだのたんぱく質を分解してエネルギーをつくり出そうとするため、筋肉が減り、痩せていくことにもなります。

摂りすぎると？

単糖類や少糖類は甘みが強いため、菓子類等で摂りすぎると甘いものに依存したり、精神状態が不安定になったりすることもあります。また、過剰に摂った糖質は脂肪となり、肥満を招くこともあります。

単糖類 → これ以上分解できない、一番小さな単位の糖のイメージです。
二糖類 → 少糖類の中でも二糖類は、単糖類が2つつながった糖のイメージです。
多糖類 → 単糖類がたくさんつながった糖のイメージです。

表1 糖質の種類

分類	種類・構造のイメージ	所在	特徴
単糖類	ブドウ糖（グルコース）	果物、野菜、血液	主にエネルギー源として利用 摂りすぎは体脂肪となって貯蔵される
単糖類	果糖（フルクトース）	果物、はちみつ	素早くエネルギーにかわる 甘みが強い 摂りすぎは体脂肪となり貯蔵される
単糖類	ガラクトース	牛乳（ブドウ糖と結合して乳糖として存在）	乳児の脳の発達に関与 乳製品や甜菜（てんさい）等に含まれ、他の糖と結合して存在する
少糖類	ショ糖（砂糖）（スクロース）	砂糖きび、甜菜（てんさい）	甘みが強く、甘味料として広く使用 摂り過ぎは虫歯の原因に
少糖類	麦芽糖（マルトース）	麦芽、水あめ	清涼飲料水、アイスクリームなどに使用 やさしい甘さ、からだへの摂りこみが早い
少糖類	乳糖（ラクトース）	人乳、牛乳	乳児の重要なエネルギー源 腸内の有用な乳酸菌やビフィズス菌のエサとなり、腸内環境を整える
多糖類	でんぷん	米、いも、小麦	ブドウ糖がたくさん結合したもの（植物性） 体内で分解されブドウ糖になり吸収される
多糖類	デキストリン	あめ	とうもろこしやじゃがいもなどのでんぷんが分解されたもので、でんぷんとブドウ糖の中間
多糖類	グリコーゲン	肝臓、筋肉	ブドウ糖がたくさん結合したもの（動物性） 動物における貯蔵糖質

糖類構造イメージイラスト考案：管理栄養士 貝原・五十嵐

【食物繊維】

食物繊維は炭水化物から糖質を除いたものであり、水に溶ける「水溶性」と、水に溶けない「不溶性」の2種類に分けられます。不溶性食物繊維は、水分を抱え込みながら大腸をゆっくりと移動するため、お腹が空きにくく、食べ過ぎを防ぐ効果があります。また、水溶性食物繊維は腸内環境の改善や便秘の予防に有効といわれており、「水溶性」と「不溶性」とで特徴が異なります（表2）。

表2 食物繊維の種類

溶性	成分	多く含む食品	はたらき	留意点
水溶性	ペクチン	熟した果実、りんご、みかん、キャベツ、大根	水に溶け便をやわらかくし、排便をスムーズに	摂りすぎは下痢のもと
水溶性	βグルカン	大麦、オーツ麦	〃	〃
水溶性	コンニャクマンナン	こんにゃく	〃	〃
水溶性	アルギン酸ナトリウム	こんぶ、わかめ	〃	〃
水溶性	アガロース、アガロペクチン	てんぐさ、寒天（おごのり）、ところてん	〃	〃
水溶性	カラギーナン	紅藻類	〃	〃
不溶性	セルロース	大豆、ごぼう、小麦ふすま、穀類の外皮	水分を吸い込み膨らみ腸を刺激し、排便をスムーズに	摂りすぎは便が固くなって腹痛になることも
不溶性	ヘミセルロース	大豆、小麦ふすま、穀類の外皮	〃	〃
不溶性	プロトペクチン	未熟なりんご、野菜	〃	〃
不溶性	リグニン	大豆、小麦ふすま、穀類の外皮、完熟野菜、セロリ	〃	〃
不溶性	キチン	甲殻類の皮、きのこ	〃	〃
不溶性	イヌリン	人参、ごぼう	〃	〃

【脂質】

脂質は、炭水化物、たんぱく質と並ぶ3大栄養素のひとつですが、1g当たり約9kcalと炭水化物およびたんぱく質の約2倍のエネルギーがあることから、効率のよいエネルギー源とされています。多くは皮下や腹腔内等に「中性脂肪」として、蓄えられ体温の放散予防、外的衝撃からの保護等の役割を果たしています。また、細胞膜やホルモンの構成成分としても重要な栄養素で、脂溶性ビタミンの吸収を助ける等の役割もあります。

一般にトリグリセリド（トリアシルグリセロール、中性脂肪）と言われる、1分子のグリセリン（グリセロール）に3分子の脂肪酸が結合したものを基本構造（図2）とし、「脂肪酸」の種類によって、脂質の性質に違いがあらわれます。（表3）

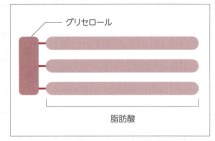

図2 脂肪の構成イメージ

表3 脂肪酸の主な種類と特徴

構造による分類	二重結合による分類	脂肪酸の名称		多く含む食品	特徴
飽和脂肪酸	—	酪酸		牛乳、バター、チーズ	腸運動の促進によるバリア機能亢進 腸内では食物繊維の腸内細菌による分解で産生
		パルミチン酸		ラード、牛脂	動物性：からだに蓄積しやすいので注意 ココナッツオイル（植物性）：からだに蓄積されにくい
		ステアリン酸		ラード、牛脂	血中コレステロールを低下
不飽和脂肪酸	一価不飽和脂肪酸	ω9系(n-9系)	オレイン酸	オリーブ油、キャノーラ油	肌の潤いに大事
			パルミトレイン酸	マカダミアナッツ、魚	血中コレステロール値の低下 摂り過ぎ：アレルギーの原因になることも
	多価不飽和脂肪酸	ω6系(n-6系)	リノール酸*	ごま油、ひまわり油	血中コレステロール値の低下 皮膚のバリア機能に関与
			γ-リノレン酸	母乳、月見草油	腸運動の促進による血中コレステロールの低下 摂り過ぎ：アレルギーの原因になることも
			アラキドン酸*	肝油、レバー	高血圧予防
		ω3系(n-3系)	α-リノレン酸*	エゴマ油、亜麻仁油	抗血栓作用
			エイコサペンタエン酸(EPA)	青魚	LDL(悪玉)-コレステロール値の低下
			ドコサヘキサエン酸(DHA)	青魚	LDL(悪玉)-コレステロール値の低下

*必須脂肪酸：からだのなかで合成できないか合成量が少ないため、食品等から摂取しなくてはならない脂肪酸

不足すると？

脂肪酸には、からだのなかで合成できないか、合成量が少ないため、食品等から摂取しなくてはならない必須脂肪酸があります。また、子どもにおける脂質の不足では、細胞の機能が正常に保たれず、脳の発達の遅れ、エネルギーの生成能力の低下等、成長に悪影響を及ぼします。脂質を多く含む肉、魚、乳製品等を偏らないように摂りましょう。

摂りすぎると？

成人では、肉の脂身や卵、牛乳・乳製品等に多く含まれる飽和脂肪酸の摂取量を少なくすることにより、血清総コレステロール値及びLDL（悪玉）コレステロール値が低下すること、また、循環器疾患リスクが小さくなるとされています。一方、乳児及び小児期の飽和脂肪酸の摂取量による健康への影響については、動脈硬化症が小児期に始まり、若年成人期に進行し、中年以降に冠動脈疾患を発症することがわかってきました。また、十分には解明されていませんが、小児においても、飽和脂肪酸の摂取量が少ない（または減らす）とLDL（悪玉）コレステロール値が低い（下がる）と報告されています。したがって、小児においても脂肪酸の質を考慮した摂取は必要であると思われます。多価不飽和脂肪酸に分類され、魚油に多く含まれるω（オメガ）系脂肪酸は、LDL（悪玉）コレステロールを減らすはたらきがありますが、酸化されやすいため、新鮮な食品から積極的に摂取しましょう。

【たんぱく質】

　たんぱく質は、糖質、脂質とともに3大栄養素と呼ばれるエネルギー源のひとつで、1g当たり4kcalのエネルギーを供給することができます。筋肉や内臓、血液、骨、髪の毛、皮膚、つめ等のからだを構成する組織の主成分、成長ホルモン等のホルモンを作る原料等、「からだを構成する」はたらきが優先される栄養素です。ヒトのからだの約2割を占めますが、体内で貯めておくことができないので、絶えず成長（獲得）している小児においては、毎食、いろいろな食品から摂取してほしい栄養素になります。

　たんぱく質は、20種類のアミノ酸が組み合わさり、ヒトのからだを構成しています。アミノ酸は、11種類の「非必須アミノ酸」と9種類の「必須アミノ酸」に分類され、「必須アミノ酸」は、体内で合成することができないか、合成量が少ないため、食事から摂らなければならないアミノ酸です（表4）。

表4 必須アミノ酸

アミノ酸	はたらき
ロイシン	肝臓の働きを活性化、筋肉を強化
イソロイシン	成長を促進、筋肉を強化
バリン	身体の成長促進、筋肉強化
フェニルアラニン	神経伝達物質の材料
メチオニン	解毒作用、抗腫瘍作用、抑うつ効果
リシン	成長促進、身体組織の修復
スレオニン	成長促進、脂肪肝予防
トリプトファン	神経伝達物質、免疫力アップ
ヒスチジン	特に幼児の発達に関与、神経機能のサポート
アルギニン*	成長ホルモンの合成

*小児では、体内合成量が少ないため、必須アミノ酸となる。

　アミノ酸によりたんぱく質が生成され、からだが構成されていますが、その生成を十分に発揮するには条件があります。各必須アミノ酸を一定割合以上含む質のよいたんぱく質の供給が必要になります。この質の評価には、「アミノ酸スコア」を指標として活用します。十分なたんぱく質の生成ができる必須アミノ酸の組成基準として「アミノ酸評点パタン」があり、この基準を占める割合である「アミノ酸スコア」が高いほどアミノ酸によるたんぱく質の生成が十分にできます。動物性食品のアミノ酸スコアのほとんどは満点の100ですが、植物性食品のほとんどは100を下回ります。アミノ酸評点パタンのうち1つでも100を下回ると、その下回るアミノ酸スコア分しかたんぱく質の生成は出来ないことを意味します（図3）。
　そのため、アミノ酸スコアの高い食品と組み合わせて、アミノ酸の補足を行うことが推奨されています（表5）。

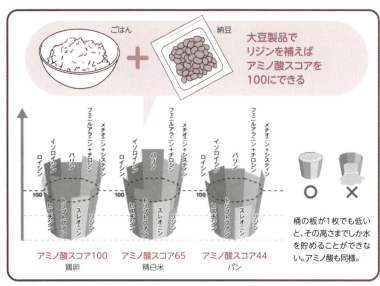

図3 アミノ酸を桶状に並べた図
出典：ハイパフォーマンススポーツセンター（https://www.jpnsport.go.jp/hpsc/study/sports_nutrition/tabid/1483/Default.aspx）

表5 食品のアミノ酸スコア

	食品	スコア
動物性食品	肉（牛・豚・鶏）	100
	鶏卵	100
	牛乳（普通）	100
	母乳	100
	魚（アジ・サケ・マグロほか）	100
植物性食品	ごはん（精白米）	58
	うどん（ゆで）	34
	パン（食パン）	33
	スパゲッティー（ゆで）	36
	小麦（薄力粉）	40
	小麦（強力粉）	35
	米粉	57
	じゃがいも	71
	さつまいも	88
	かぼちゃ	77
	にんじん	72
	ほうれん草	87
	バナナ	66
	豆腐	100
	豆乳	100
	納豆	100
	あずき（ゆで）	100
	みそ	100

アミノ酸スコア＝食品たんぱく質中の第1制限アミノ酸含量(mg/dN)*1÷アミノ酸評点パタンの当該アミノ酸量(mg/gN)×100*2

*1 食品たんぱく質中の第1制限アミノ酸含量(mg/dN)は文部科学省「日本食品標準成分表2020年度版(八訂)」により算出
*2 アミノ酸評点パタンの当該アミノ酸量(mg/gN)はFAO/WHO/UNU (1985) 2-5歳の評点パタンを使用
注：図3の数値との相違は、元となるデータの相違によるものです。

不足すると？
　筋肉や骨、皮膚等の材料が足りず、成長ホルモンの分泌も減少し成長しょうがいに繋がることもあります。また、免疫細胞が十分に作られず免疫力が低下したり疲れやすくなることもあります。

摂りすぎると？
　過剰に摂取した分は、脂肪として蓄えられるため肥満に繋がります。また、吸収されずに腸に送られた動物性たんぱく質が腸内で悪玉菌のエサになり悪玉菌の増殖に繋がるため、腸内環境が乱れることもあります。

～微量栄養素～

【ミネラル】

　ミネラルは無機質ともいい、ヒトのからだの構成元素として95％を占める炭素、水素、酸素、窒素を除いた元素を指します。ミネラルは、重要なはたらきを担っており、そのはたらきには、骨や歯等のからだの硬い組織の構成成分となる、酵素として代謝に関わる、体内イオンとなり体内水分の調整を行う等があります。摂取量の過不足で、これらに関係する欠乏症や過剰症を引き起こす可能性があります（表6）。

表6 ミネラルのはたらき

		はたらき	多く含む食品	欠乏症	過剰症
多量	カルシウム(Ca)	骨や歯の構成成分 細胞内の情報伝達 筋肉の収縮	**乳製品、大豆製品、小魚、青菜** 牛乳、チーズ、ヨーグルト、小松菜、水菜、切り干し大根、干しエビ、豆腐、油揚げ、煮干し、ししゃも	くる病、骨粗鬆症	高カルシウム血症、軟組織の石灰化
	マグネシウム(Mg)	骨や歯の構成成分 筋肉の収縮 エネルギー生成の補助	**海藻、青菜、穀類、種実** わかめ、昆布、干しひじき、焼きのり、きな粉、煮干し、ほうれん草、玄米、アーモンド、カシューナッツ、落花生、ココア	骨粗鬆症、脱力感、筋肉の痙攣、ふるえ、食欲不振	下痢
	リン(P)	骨や歯の構成成分 ATP(エネルギー源)の成分	**肉、魚、卵、豆類、乳製品** 煮干し、しらす干し、チーズ、きな粉、レバー、まぐろ、たまご、牛乳、豆腐、玄米	—*1	—*1
	ナトリウム(Na)	体水分量の調節 筋肉の収縮・弛緩を正常化	**調味料、加工食品** 塩、みそ、しょうゆ、顆粒だしの素、漬物	倦怠感、食欲不振	高血圧
	カリウム(K)	体水分量の調節 筋肉の収縮・弛緩を正常化	**果物、野菜、海藻、肉、魚** バナナ、メロン、アボカド、ほうれん草、ブロッコリー、かぼちゃ、にんじん、たけのこ、さつまいも、ひじき、大豆、きな粉、小豆	倦怠感、食欲不振、高血圧のリスク増加	—*1
微量	鉄(Fe)	赤血球の成分として酸素を運搬し各組織に酸素を供給する	**肉、魚介、大豆製品、青菜、海藻** レバー、あさり、しじみ、きな粉、豆腐、ほうれん草、小松菜、岩のり	貧血、運動機能の低下	急性中毒
	亜鉛(Zn)	味覚細胞(味蕾)の生成 ホルモンの合成や生成に関与	**魚介、肉、大豆製品、卵、海藻** いわし、レバー、牡蠣、カニ缶、たらこ、牛・豚・鶏肉、コンビーフ、大豆、きな粉、納豆、アーモンド、粉チーズ、煮干し、卵、焼きのり、切り干し大根、枝豆、焼き麩、とうもろこし、ドライフルーツ	皮膚炎、味覚障害、成長遅延、性腺発育障害	—*1
	銅(Cu)	鉄の酸素運搬の補助 抗酸化*2(≒老化予防)の補助	**魚介、肉、豆** レバー、干しエビ、いか、タコ、きな粉、くるみ、カシューナッツ、牡蠣、アーモンド、ピスタチオ、ココア、大豆	貧血、白血球減少、好中球減少	—*1
	マンガン(Mn)	骨・たんぱく質の構成に関与 抗酸化*2(≒老化予防)の補助 エネルギー代謝の補助	**穀類、種実類** 玄米、栗、落花生、焼きのり、大豆、ヘーゼルナッツ、くるみ	成長抑制、びまん性の骨の脱石灰化	—*1
	ヨウ素(I)	甲状腺ホルモン (新陳代謝促進)の材料 成長ホルモンの分泌	**海藻** 昆布、ひじき、わかめ、のり、さば、まだら、ところてん、たらこ	甲状腺機能低下 (知能発達・身体発育遅延)	甲状腺機能低下、甲状腺腫
	セレン(Se)	抗酸化*2(≒老化予防)の補助	**魚** マグロ、ツナ缶、かつお、さば、レバー、ぶり、卵黄、いわし、たらこ、かつお節、ねぎ	筋肉低下、皮膚・毛髪の異常	爪の変形、呼吸障害
	クロム(Cr)	インスリン(血糖低下)の補助 血中脂質の低下	**魚介、海藻、香辛料、大豆製品** あおさ、梅干し、昆布、きくらげ、ひじき、バジル、パセリ、黒砂糖、きな粉、チョコレート	—*1	—*1
	モリブデン(Mo)	代謝の補助	**大豆製品、穀類** きな粉、納豆、枝豆、焼きのり、レバー、落花生、小豆、大豆、米、グリンピース	—*1	—*1

*1 小児の欠乏症もしくは過剰症について十分な報告がなされていないもの
*2 抗酸化:「活性酸素」ができることを予防したり、活性酸素からの攻撃から細胞を守る作用。身体の酸化とは、取り込んだ酸素のうち余分な酸素が、フリーラジカルや活性酸素に変化して体内に生じた状態を指し、これらにより、シミやシワなどの見た目の老化や内臓の老化現象が生じる。

図4 代謝にはミネラルやビタミンによる助けが必要

【ビタミン】

　ビタミンは13種類あり、水溶性ビタミンと脂溶性ビタミンに分類されます。からだに必要な量は少ないものの、3大栄養素（糖質、脂質、たんぱく質）のはたらきを助けます。種類によってはたらきは異なりますが、ヒトのからだでつくることができなかったり、つくられても少なかったりするため食物から摂取しないと欠乏症を引き起こすものもあります。脂溶性ビタミンの摂りすぎでは、過剰症への留意も必要ですが、水溶性ビタミンは必要量以上は尿として排出されるため、その心配はほとんどありません（表7）。

表7　ビタミンのはたらき

		はたらき	多く含む食品	欠乏症	過剰症
水溶性	ビタミンB₁	糖質からエネルギーを産生する 糖質を栄養源とする脳神経系を正常にはたらかせる	**肉類、魚類、大豆製品** 豚肉、レバー、ハム、うなぎ、豆腐、納豆、厚揚げ、きな粉、胚芽米、玄米	脚気、ウェルニッケコルサコフ症候群、イライラする	ー*1
	ビタミンB₂	皮膚や粘膜の健康を維持する 3大栄養素からエネルギーを産生する	**肉類、魚類、海藻、乳製品** レバー、うなぎ、卵、納豆、魚類、牛乳、チーズ、ヨーグルト、焼きのり、干ししいたけ、ひじき、チーズ、ブロッコリー	成長抑制、口内炎、口角炎、舌炎、脂漏性皮膚炎	ー*1
	ナイアシン	3大栄養素の代謝に関与 皮膚や粘膜の再生に関与	**魚類、肉類、きのこ** マグロ、カツオ、ささみ、さば、たらこ、まいたけ、落花生、焼きのり	ペラグラ（皮膚炎、下痢、精神神経症状）	ー*1
	ビタミンB₆	たんぱく質の分解・合成 粘膜の成長促進	**魚類、肉類** マグロ、カツオ、ツナ缶、レバー、バナナ、ごま、焼きのり、ささみ、鮭	ペラグラ様症候群、脂漏性皮膚炎、舌炎、口角症、リンパ球減少症	サプリメント摂取による感覚性ニューロパチー、運動失調（動作の制御の喪失）
	ビタミンB₁₂	赤血球の生成 脳神経細胞の正常化	**肉類、魚介類** レバー、イワシ、あさり、シジミ、はまぐり、さば、卵	巨赤芽球性貧血、脊髄および脳の白質障害、抹消神経障害	末梢神経障害
	葉酸	赤血球の生成 脳神経細胞の正常化	**肉類、緑黄色野菜** レバー、モロヘイヤ、ブロッコリー、ほうれん草、アスパラガス、大豆、枝豆、焼きのり	巨赤芽球性貧血、脱力感、疲労、集中力低下	ー*1
	パントテン酸	エネルギー代謝に関与 ストレスホルモン*2の働きに関与 免疫力アップ	**魚類、肉類** 卵、ささみ、レバー、鮭、いわし、たらこ、ブロッコリー、さつまいも、トマト、納豆、落花生	手や足のしびれ、灼熱感、頭痛、疲労、不眠、食欲不振	灼熱感
	ビオチン	皮膚や粘膜、髪の毛の健康を維持 アレルギー症状の緩和	**肉類、卵、豆類、大豆製品** レバー、卵、大豆、牛乳、しいたけ、ナッツ類、あさり、落花生	皮膚炎、萎縮性舌炎、食欲不振、むかつき、吐き気、憂うつ感、顔面蒼白	ー*1
	ビタミンC	細胞と細胞を結ぶたんぱく質の形成に必要 皮膚や粘膜の健康を維持する 動脈硬化の予防 様々なストレス（寒さ、疲労、苦痛、睡眠不足、働き過ぎ、病気）時における抵抗力となる	**野菜、果物、いも類** ピーマン、カリフラワー、ゴーヤ、パプリカ、ほうれん草、さやえんどう、キャベツ、キウイフルーツ、オレンジ、いちご、柿、ブロッコリー、じゃがいも、さつまいも	壊血病（疲労倦怠、いらいらする、顔色が悪い、皮下や歯茎からの出血、貧血、筋肉減少、心臓障害、呼吸困難）	ー*1
脂溶性	ビタミンA	暗闇での目の反応を助ける 皮膚の健康を維持する のどや鼻から入る細菌などから守る	**緑黄色野菜、肉、魚** レバー、卵、にんじん、モロヘイヤ、かぼちゃ、ほうれん草、大根の葉、小松菜、春菊、にら、パセリ、しそ、メロン、スイカ、みかん	角膜乾燥症、失明、成長阻害、骨および神経系の発達抑制、免疫能の低下	中毒症状：頭痛、吐き気、めまい、関節・骨の痛み、脱毛
	ビタミンD	カルシウムの吸収促進	**魚、卵、きのこ類** いわし、かつお、かじき、さけ、しらす干し、卵、さんま、豚肉、干ししいたけ、まいたけ、エリンギ、えのき、きくらげ	くる病、骨粗しょう症、免疫力低下	高カルシウム血症、腎障害、軟組織の石灰化障害
	ビタミンE	活性酸素*3の攻撃から守る 血行促進	**魚、青菜、ナッツ** サーモン、ツナ缶、いわし、ぎんだら、いか、めかじき、卵、モロヘイヤ、かぼちゃ、赤ピーマン、しそ、落花生、アーモンド、大豆、豆乳	ー*1	ー*1
	ビタミンK	血液を固めて止血する因子を活性化する 骨の形成をうながす	**大豆製品、青菜、小魚など** 納豆、小松菜、モロヘイヤ、ほうれん草、ブロッコリー、チンゲン菜、白菜、鶏肉、ツナ缶	乳児：消化管出血、頭蓋内出血 血が止まりにくい、骨粗しょう症	ー*1

*1 小児の欠乏症もしくは過剰症について十分な報告がなされていないもの
*2 ストレスホルモン：ストレス時に副腎皮質から分泌されるホルモンを増大させることでストレスをやわらげる。
*3 活性酸素：紫外線への過度の暴露や運動などにより、取り込んだ酸素のうち余分となった酸素が、フリーラジカルや活性酸素に変化して体内に生じ、これらによりシミやシワなどの見た目の老化や内臓の老化現象につながる。

水分

　水分はからだの多くの割合を占め、乳幼児では体重の65〜70％にもなります。栄養素および老廃物の運搬や体温の調節等に関与しています。乳幼児は、体重当たりの体表面積が大きく、腎機能が未熟であるため、水分喪失量は大人よりも多くなります。その上、発育による物質代謝が活発なため多量の水分を必要とし、単位体重（kg）当たりの水分必要量（ml）は、大人の30〜40ml/kgに対し、乳児で100〜150 ml/kg、幼児で60〜90ml/kgとされています。

日本人の食事摂取基準（2025年版）

　健康を維持するために必要な1日当たりのエネルギーおよび栄養素の摂取量を示したものが「日本人の食事摂取基準（2025年版）」（以下、食事摂取基準）です。その他の目的として、健康の増進、生活習慣病の予防等も掲げられています。食事摂取基準で示される指標の目的には、摂取不足からの回避、過剰摂取による健康しょうがいの予防、生活習慣病の予防等があります。また、栄養素等とからだへの影響について5年ごとに見直しがなされ、厚生労働省から発表されます。

【食事摂取基準の指標について】

　「推定エネルギー必要量」は1日に必要なエネルギー量について、該当する性別、年齢から推察し設定されています。0〜17歳では、日本小児内分泌学会・日本成長学会合同標準値委員会による小児の体格評価に用いる身長、体重の標準値を基に標準的な子どもの身長・体重を算出し使用します。エネルギーの摂取量及び消費量のバランスの確認には、乳児・小児では、該当する性・年齢階級の日本人の身長・体重の分布曲線（成長曲線）を用います（表8）。

表8 推定エネルギー必要量（kcal/日）

性別	男性			女性		
身体活動レベル*	Ⅰ	Ⅱ	Ⅲ	Ⅰ	Ⅱ	Ⅲ
0〜5 （月）	－	550	－	－	500	－
6〜8 （月）	－	650	－	－	600	－
9〜11 （月）	－	700	－	－	650	－
1〜2 （歳）	－	950	－	－	900	－
3〜5 （歳）	－	1,300	－	－	1,250	－
6〜7 （歳）	1,350	1,550	1,750	1,250	1,450	1,650
8〜9 （歳）	1,600	1,850	2,100	1,500	1,700	1,900
10〜11 （歳）	1,950	2,250	2,500	1,850	2,100	2,350
12〜14 （歳）	2,300	2,600	2,900	2,150	2,400	2,700
15〜17 （歳）	2,500	2,850	3,150	2,050	2,300	2,550
18〜29 （歳）	2,250	2,600	3,000	1,700	1,950	2,250
30〜49 （歳）	2,350	2,750	3,150	1,750	2,050	2,350

*身体活動レベルは、低い、ふつう、高いの3つのレベルとして、それぞれⅠ、Ⅱ、Ⅲで示した。
注:活用に当たっては、食事摂取状況のアセスメント、体重およびBMIの把握を行い、エネルギーの過不足には、体重の変化またはBMIを用いて評価すること。

厚生労働省「日本人の食事摂取基準（2025年版）」（https://www.mhlw.go.jp/content/10904750/001316461.pdf）より加工して作成

> **MEMO**
>
> **成長曲線**
> 　一定期間における成長の方向を確認する指標になります。ポイントは、「成長曲線に並行して成長しているか」、「どちらかに向かって遠ざかっていないか」、「成長曲線に向かって近づいているか」等です。一時点における成長の程度（肥満・やせ）だけでなく、成長の方向を判断するために用いるのに適しているとされています。

〜摂取不足の回避を目的とした指標（推定平均必要量、推奨量、目安量）〜

■**推定平均必要量**　ある集団に属する50％の人が必要量を満たすと推定された摂取量です。同時に、50％の者が必要量を満たさないとも推定されます。

■**推奨量**　ある集団に属するほとんどの人（97〜98％）が充足している量として定義されています。

■**目安量**　特定の集団において、ある一定の栄養状態を維持するのに十分な量として定義されていますが、十分な科学的根拠が得られず「推定平均必要量」が算定できない場合に算定されています。

〜過剰摂取による健康しょうがいの予防を目的とした指標（耐容上限量）〜

■**耐容上限量**　健康しょうがいをもたらすリスクがないとみなされる習慣的な摂取量の上限と定義されています。習慣的にこの値を超えて摂取すると、過剰摂取によって生じる潜在的な健康しょうがいのリスクが高まります。

〜生活習慣病の予防を目的とした指標（目標量）〜

■**目標量**　生活習慣病の発症予防を目的として、現在の日本人が当面の目標とすべき摂取量として設定されています。

この指標に基づいて、設定されたエネルギーおよびたんぱく質の値を該当する年齢における体重1kg当たりで示したものが、表9になります。表8では、子どもが1日に摂取すべき量は、成人の値よりも少ないですが、体重1kg当たりに必要なエネルギー量を成人（18〜29歳）と比較すると、約2倍であり高いことがわかります。絶えず成長（獲得）し、からだの各器官や機能の発達が行われている小児では、成人よりも多くのエネルギーや栄養が必要だとわかります。

表9 体重1kg当たりに必要なエネルギーおよびたんぱく質

| 月齢・年齢 | 策定項目 | エネルギー(kcal) | | | | たんぱく質(g) | | | |
| | | 男性 | | 女性 | | 男性 | | 女性 | |
		kcal/kg	成人との比較[*1]	kcal/kg	成人との比較[*1]	g/kg	成人との比較[*1]	g/kg	成人との比較[*1]
0〜5(月)	目安量[*2]	87	2.1	85	2.1	1.6	1.6	1.7	1.7
6〜8(月)	目安量[*2]	77	1.9	77	1.9	1.8	1.8	1.9	1.9
9〜11(月)	目安量[*2]	77	1.9	77	1.9	2.7	2.7	3.0	3.0
1〜2(歳)	推奨量[*3]	82.4	2.0	80.6	2.1	1.7	1.7	1.8	1.8
3〜5(歳)	推奨量[*3]	79.5	1.9	75.7	2.0	1.5	1.5	1.6	1.6
18〜29(歳)	推奨量[*3]	41.5[*4]	1.0	38.7[*4]	1.0	1.0	1.0	1.0	1.0

[*1] 成人（18〜29歳）の値÷乳幼児の値　[*2] 目安量：一定の栄養状態を維持するために十分と推定される摂取量
[*3] 推奨量：ほとんどの人が必要量を満たすと推定される摂取量　[*4] 身体活動レベルIIの推定エネルギー必要量より算出
厚生労働省「日本人の食事摂取基準（2025年版）」より加工して作成
（https://www.mhlw.go.jp/content/10904750/001316461.pdf）

MEMO おやつの必要性

　乳幼児の消化器官の構造や機能は未発達です。そのため、1日3食の食事で必要な食事量を摂取することは出来ません。おやつは、食事同様に必要なものとし、食事で不足する食品群等を活用して、適量を与えていきましょう。
　設定する栄養素は、3大栄養素であるたんぱく質、脂質、炭水化物、その他に、食物繊維、ビタミンA・B₁・B₂・C、カルシウム、鉄、ナトリウム（食塩）について考慮することが推奨されています（表10）。
　食事管理の流れでは、各施設の性、年齢、健康状態、栄養状態等を把握・評価し、給与栄養目標量を設定します。献立の作成は、給与栄養目標量を満たすよう（10%前後で収まるよう）にしますが、食品構成表を参考にすると便利です。食品構成表は、各食品群の目安量が示されており、使用する食品の偏りを防ぐことで、給与栄養目標量に近い献立作成ができます。

保育所における給与栄養目標量の作成

　個人もしくは集団に対して食事を提供する際の給与する栄養素量の目標を給与栄養素目標量といいます。これを目安・目標として保育所の献立を立案していきます。献立作成時に重要となる値です。

　保育所で提供される給食等におけるエネルギーおよび栄養素は、地方自治体により異なりますが、食事摂取基準で示されている1日の45〜50%前後になるように設定します。例えば、45%の内訳は、昼食で1日の3分の1程度、おやつで1日の10〜20%になります（表10）。また、年齢区分は1〜2歳児と3〜5歳児の2区分で設定し、3〜5歳児では、ご飯を持参する場合がありますので、その場合は「ご飯110g」を差し引いた数値がエネルギーおよび各栄養素の給与栄養目標量となります。

表10 ある保育所における給与栄養目標量（設定例）

1〜2歳児（未満児）における給与栄養目標量

栄養素等の設定項目	エネルギー(kcal)	たんぱく質(g)	脂質(g)	炭水化物(g)	食物繊維(g)	ビタミンA(μgRAE)	ビタミンB₁(mg)	ビタミンB₂(mg)	ビタミンC(mg)	カルシウム(mg)	鉄(mg)	食塩相当量(g)
食事摂取基準の設定項目	推定エネルギー必要量	エネルギー産生栄養素バランス[*1]目標量[*2]			—[*3]	推奨量[*4]	推奨量	推奨量	推奨量	推奨量	推奨量	目標量
食事摂取基準(A)(1日あたり)[*5]	950	30.9〜47.5	21.1〜31.7	118.8〜154.4	7.0	400	0.50	0.60	40	450	4.5	3.0未満
昼食+おやつの比率(%)(B)(注1)	50	50	50	50	50	50	50	50	50	50	50	50
保育所における給与栄養目標量(A×B/100)を丸めた値	475	15.5〜23.8	10.6〜15.9	59.4〜77.2	3.5	200	0.25	0.30	20	225	2.3	1.5未満

3〜5歳児（以上児）における給与栄養目標量

栄養素等の設定項目	エネルギー(kcal)	たんぱく質(g)	脂質(g)	炭水化物(g)	食物繊維(g)	ビタミンA(μgRAE)	ビタミンB₁(mg)	ビタミンB₂(mg)	ビタミンC(mg)	カルシウム(mg)	鉄(mg)	食塩相当量(g)
食事摂取基準の設定項目	推定エネルギー必要量	エネルギー産生栄養素バランス[*1]目標量[*2]			目標量	推奨量[*4]	推奨量	推奨量	推奨量	推奨量	推奨量	目標量
食事摂取基準(A)(1日あたり)[*5]	1,300	42.3〜65.0	28.9〜43.3	162.5〜211	8.0以上	450	0.70	0.80	50	600	5.5	3.5未満
昼食+おやつの比率(%)(B)(注1)	45	45	45	45	45	45	45	45	45	45	45	45
米飯の持参なし 保育所における給与栄養目標量(A×B/100)を丸めた値	585	19.0〜29.3 中央値21.4[*6]	13.0〜19.5	73.1〜95.1	3.6以上	203	0.32	0.36	23	270	2.5	1.6未満
家庭から持参する主食 米飯110gの栄養量(D)(注2)	172	2.7	0.2	38.1	1.7	0	0.02	0.01	0	3	0.1	0
米飯の持参あり 保育所における給与栄養目標量(A×B/100−D)を丸めた値	413	16.3〜26.6 中央値21.4[*6]	12.8〜19.3	35.0〜56.9	1.9以上	203	0.30	0.35	23	267	2.4	1.6未満

[*1]「エネルギー産生栄養素バランス」は、総エネルギー量に占めるべき割合で、各種栄養素の摂取不足を回避するとともに、生活習慣病の発症予防および重症化予防を目的とした値
[*2]「目標量」は、生活習慣病の発症予防および重症化予防を目的とした値　[*3]「食物繊維」は、3歳未満では摂取実態の詳細が不明で、策定されていないため、「−」で示した。
[*4]「推奨量」は、ほとんどの人が必要量を満たすと推定される摂取量　[*5]「食事摂取基準（1日あたり）」は、小児における各年齢層（1〜2歳もしくは3〜5歳）における男児の値を使用
[*6]「中央値」は、保育所等給食で不足のないよう、保育所の栄養士等現場の目線から献立作成の際に押さえておきたいおおその値として付記した。
（注1）「昼食+おやつの比率」の1日に占める割合は、地方自治体によって異なる。　（注2）持参する米飯は、一般的に家庭から持参する量を調査した値等をもとに（主食調査結果:5年間の平均105g）、地方自治体の示す栄養基準に基づき、栄養価は文部科学省「日本食品標準成分表2020年度版（八訂）」をもとに算出したもの。
※当給与栄養目標量（設定例）は、日本人の食事摂取基準（2020年版）をもとに、地方自治体等が示す保育所給食の栄養目標量等を参考に編纂した。

厚生労働省「日本人の食事摂取基準（2020年版）の実践・運用」を管理栄養士 小島・貝原・五十嵐により一部改訂
（https://www.mhlw.go.jp/content/10904750/000586553.pdf）

保育所における食事提供の評価について……………………………

　「保育所における食事の提供ガイドライン」（厚生労働省平成24年3月）において、「食の提供における質の向上のためのチェックリスト」が示されています（表11）。本ガイドライン第4章では、第2章、第3章の内容を十分に踏まえ、保育所の食事の提供や保育所における食育について振り返り、より豊かな「食」の質の充実を目指すことを目的とした評価項目が示されています。保育所での食の質は、保育の質として重要であると保育所保育指針においても位置づけられており、保育の計画の作成及び評価を踏まえた改善等についても、保育所保育指針改訂後、記載内容が充実されています。保育所の食事の提供にあたっては、子どもの実態に即して計画を作成し、「保育所における食事の提供ガイドライン」の内容に照らしながら実践することが求められます。さらに、食育計画とそれに基づく実践を振り返って評価し、その結果を踏まえた改善を次の計画へと反映させていくことが、保育の質をより高めていく上で重要です。「質の高い食事提供・食育の実践」のための検討材料として、自園調理の振り返りだけではなく、外部委託、外部搬入をしている保育所においても関係者とともに確認しましょう。

表11 食の提供における質の向上のためのチェックリスト

乳幼児の発育及び発達の過程に応じて計画的な食事の提供や食育の実施に努めるため、食に関わる環境への配慮をふまえ、本ガイドラインのねらいを全職員で共有・理解して、評価のポイントを参考に、できるだけ多くの職員でチェックをしましょう！

	評価項目	評価	課題・改善が必要なこと
1	保育所の理念、目指す子どもの姿に基づいた「食育の計画」を作成しているか	1 2 3 4 5	
2	調理員や栄養士の役割が明確になっているか	1 2 3 4 5	
3	乳幼児期の発育・発達に応じた食事の提供になっているか	1 2 3 4 5	
4	子どもの生活や心身の状況に合わせて食事が提供されているか	1 2 3 4 5	
5	子どもの食事環境や食事の提供の方法が適切か	1 2 3 4 5	
6	保育所の日常生活において、「食」を感じる環境が整っているか	1 2 3 4 5	
7	食育の活動や行事について、配慮がされているか	1 2 3 4 5	
8	食を通した保護者への支援がされているか	1 2 3 4 5	
9	地域の保護者に対して、食育に関する支援ができているか	1 2 3 4 5	
10	保育所と関係機関との連携がとれているか	1 2 3 4 5	

1：よくできている　2：できている　3：少しできている　4：あまりできていない　5：できていない

※チェックリスト、評価のポイントとも出典は厚生労働省「保育所における食事の提供ガイドライン（平成24年3月）」（https://www.mhlw.go.jp/bunya/kodomo/pdf/shokujiguide.pdf）

＜評価のポイント＞

1. 保育所の理念、目指す子どもの姿に基づいた「食育の計画」を作成しているか
● 保育の理念に基づいた保育課程や指導計画に「食育の計画」が位置付いている。
● 「食育の計画」が全職員間で共有されている。
● 食に関する豊かな体験ができるような「食育の計画」となっている。
● 食育の計画に基づいた食事の提供・食育の実践を行い、その評価改善を行っている。

2. 調理員や栄養士の役割が明確になっているか
● 食に関わる人（調理員、栄養士）が、子どもの食事の状況をみている。
● 食に関わる人（調理員、栄養士）が保育内容を理解して、献立作成や食事の提供を行っている。
● 喫食状況、残食（個人と集団）等の評価を踏まえて調理を工夫している。また、それが明確にされている。

　調理員や栄養士等は、給食をつくるだけではなく、調理した食事を実際に子ども達がどのように食べているのかを注意深く観察することも大切な仕事です。また、食材の切り方ひとつをとっても子ども達の喫食状況が変わってきます。特に離乳食は調理した職員が0〜1歳担当の保育職員とともに食事の介助に関わり、子どもの咀嚼・嚥下状況や表情、食べる意欲や手づかみ食べ、食具の使い方を直接確認することは重要です。設定された「食育活動」のなかでのみ子ども達と関わるのではなく、このような細やかな視点により、自発的な子どもとの関わりが、献立の改善や調理の工夫に自然とつながります。

3. 乳幼児期の発育・発達に応じた食事の提供になっているか
● 年齢や個人差に応じた食事の提供がされている。
● 子どもの発達に応じた食具を使用している。
● 保護者と連携し、発育・発達の段階に応じて離乳を進めている。
● 特別な配慮が必要な子どもの状況に合わせた食事提供がされている。

　保育の原理のなかに、「一人ひとりに応じる」という原則があります。食事についても、食べる量や食事にかかる時間は一人ひとり異なり、その子どもに合った食事量と時間があります。したがって、自分に合った適量を決める力を育てていくことも保育の大切な目標です。子どもは概ね満3歳頃になると、主食の量や食べたことのある主菜等なら、自分の適量を判断できるようになります。そこで、自分で食べきれる適量を自ら言葉や表情・絵カード等で表し、保育者によそってもらうといった配膳方法を取り入れている保育所があります。バイキング方式とは異なり、器に盛りつける際に一人ひとりの子どもと「どれくらい？」「いくつ？」、「少し」、「2つ」等という対話を重ね、コミュニケーションを図るだけでなく、食べ残しの減少、偏食の予防、そして食事への関心、食べる意欲の向上がみられます。また、いつもと違う反応の子どもの様子から体調の変化や成長の具合等、何らかのサインを読み取ることもできます。

4. 子どもの生活や心身の状況に合わせて食事が提供されているか
- 食事をする場所は衛生的に管理されている。
- 落ち着いて食事のできる環境となっている。
- 子どもの生活リズムや日々の保育の状況に合わせて、柔軟に食事の提供がされている。

5. 子どもの食事環境や食事の提供の方法が適切か
- 衛生的な食事の提供が行われている。
- 大人や友達と、一緒に食事を楽しんでいる。
- 食事のスタイルに工夫がなされている（時には外で食べる等）。
- 温かい物、できたての物等、子どもに最も良い状態で食事が提供されている。

　食を通じたコミュニケーションは、子ども達に食の楽しさやありがたさを実感させ、精神的な豊かさをもたらすと考えられています。例えば、異年齢の子ども達が集うランチルーム等での楽しい食事では、子ども達は、苦手な食べ物があっても他の児の様子を見て自分から食べてみたり、年上の子どもが年下の子どもに食具の使い方やお皿の並べ方を手助けしたりといった姿が見られます。子ども同士の関わりや教え合いの体験が、一人ひとりの自信となり、身についていくことを実感します。また、大人と同じ食卓を囲むことで、同じ食事を味わう時間を通して、子ども達の食べる意欲や社会性も育まれると言われています。

6. 保育所の日常生活において、「食」を感じる環境が整っているか
- 食事をつくるプロセス、調理をする人の姿にふれることができる。
- 食事を通して五感が豊かに育つような配慮がされている。
- 身近な大人や友達と「食」を話題にする環境が整っている。
- 食材にふれる活動を取り入れている。

　乳幼児期にどのような味覚に慣れ親しんで育つかによって、濃い味を好むようになるか、伝統的和食のような薄味の中の「旨味」を好むようになるか等大きく左右されると言われています。乳幼児期には、味覚が育つ敏感期があることが明らかになってきており、「味見クイズ」等を通じた味覚体験を導入する保育所もあります。クイズでは、だしの素材（かつおの削り節、昆布、干ししいたけ、野菜、肉等）別の官能評価等を行い、給食の「すまし汁」や「みそ汁」等と関連付けることで食に対する関心も高くなります。

7. 食育の活動や行事について、配慮がされているか
- 本物の食材にふれる、学ぶ機会がある。
- 子どもが「食」に関わる活動を取り入れている。
- 食の文化が継承できるような活動を行っている。
- 行事食を通して、季節を感じたり、季節の食材を知ることができる。

　五感を通じて得られる感覚を大切にし、乳幼児期の体感・体得していく育ちを支える環境づくりの例として、おひつ、お茶碗やお箸を使うことで、立ち上る湯気やご飯・おひつの香りを五感で体感する取組み等があります。その他、梅干しづくりや味噌仕込みといった四季の中で繰り返される自然の営みを経験することで、人が生きるために昔から育んできた文化や知恵に触れる取り組み等もあります。

8. 食を通した保護者への支援がされているか
- 一人ひとりの家庭での食事の状況を把握している。
- 乳幼児期の「食」の大切さを保護者に伝えている。
- 保育所で配慮していることを、試食会やサンプルを通して伝え、関心を促している。
- レシピや調理方法を知らせる等、保護者が家庭でもできるような具体的な情報提供を行っている。
- 保護者の不安を解消したり、相談に対応できる体制が整っている。

　献立表に、身近な子どもたちの保育所での様子を紹介しながら「栄養バランス」等に関する情報を載せることで、保育所給食が生活から切り離されたものでなく、家庭と連続した食事であることに気付くツールにもなり得ます。例えば、献立表の端に「今日のポイント」という欄を設けて、豆類、牛乳、根菜類等の食材を載せ、「その日の栄養バランスがよりよくなる食材」の情報等を紹介することで、保護者への食に関する知識提供にもなります。また、「保育所では昼食やおやつに、このようなメニューでこのような食材を食べるから、その日の朝食や夕食の献立の参考にしてください」というメッセージも含まれています。

9. 地域の保護者に対して、食育に関する支援ができているか
- 地域の保護者の不安解消や相談に対応できる体制が整っている。
- 地域の保護者に向けて、「食」への意識が高まるような支援を行っている。
- 地域の子育て支援の関係機関と連携して、情報発信や情報交換、講座の開催、試食会等を行っている。

　行政機関が主催する子育て支援の場等に通うことが難しくなっている保護者に対して、保育所においても環境が許す範囲において人員確保等の課題を調整しながら、どのような子育て支援であれば地域の保護者に寄り添えるのか、食育の支援を行うタイミングや方法・内容等について、地域の社会資源ともまじわりながら、保育所と保護者両者にとって負担の少ないアプローチの方法を保育所全職員で定期的に検討をしてみましょう。

10. 保育所と関係機関との連携がとれているか
- 行政担当者は、保育所の現状、意向を理解している。
- 外部委託、外部搬入を行う際は、行政担当者や関係業者と十分に話し合い、保育所の意向を書類に反映させ、実践している。
- 小学校と連携し、子どもの食育の連続性に配慮している。
- 保育所の「食」の質の向上のために、保健所、医療機関等、地域の他機関と連携が図れている。

保育現場のアレルギー対応で活かしたい！
法令・ガイドラインと各種様式

保育所におけるアレルギー対応ガイドライン（2019年改訂版）
(平成31年4月　厚生労働省)

「基本編」と「実践編」の2部構成です。基本編では、アレルギーに対して、保育所の職員や医療関係者それぞれの役割を明確化した『**保育所の組織的対応**』と『**関係機関との連携**』について記載があります。また保育所における『**食事提供の原則**』『**誤食の防止**』『**緊急時の対応としてエピペン®の使用**』についても記載されています。実践編では『**生活管理指導表**』をコミュニケーションツールとして活用したアレルギー対応や、疾患ごとの「特徴」「原因」「症状」「治療」について、保育所が対応を行うにあたって必要な情報がまとめられています。適切なアレルギー対応のために全職員で共有しなければならないガイドラインです。

保育所保育指針解説
(平成30年2月　厚生労働省)

保育所保育の基本となる考え方や保育のねらい、および内容など保育の実施に関わる事項と、関連する運営に係る事項についてまとめられたものです。
「第3章 健康及び安全」のうち"疾病等への対応"の中に『アレルギー疾患への対応』の項目があり"**アレルギー対応における体制の構築の原則**"や"**安全な給食提供環境の整備**"が取り上げられています。

学校給食における食物アレルギー対応指針
(平成27年3月　文部科学省)

学校および調理場が地域や学校の状況に応じた食物アレルギー対応方針やマニュアル等を策定する際の参考となる資料として、**基本的な考え方や留意すべき事項等を具体的**に示し、学校や調理場における食物アレルギー事故防止の取り組みを促進することを目的として作成されています。『大原則』『Ⅰチェック表』『Ⅱ解説』で、食物アレルギー対応に必要な要点を全教職員で確認しながら共通理解を図ることができるように、そして対応の実施に当たっては、『Ⅲ総論』を適時参考として確認しながら進めていけるようになっています。

食物アレルギーの診療の手引き2023
(2023年　食物アレルギー研究会)

小児から成人までの食物アレルギーの診断・治療のレベルの向上と、食物アレルギー患者の生活の質の改善を図るために作成されています。アレルギーに関する各種検査についての詳細や『**加工食品のアレルギー表示について**』記載されています。食物アレルギーの管理・治療の原則は「正しい診断に基づいた必要最小限の原因食物の除去」であることを確認する上での一助となります。

食物経口負荷試験の手引き2023
(2023年　食物アレルギー研究会)

即時型食物アレルギーの診断・管理のレベル向上および食物経口負荷試験の普及を図るために作成されています。試験当日の流れや、各種アレルギーにおける『**原則として除去不要な食品**』について掲載されています。食物経口負荷試験について、園内で理解するための手引きとして目を通しておきたいものです。

食物アレルギーの栄養食事指導の手引き2022
(2022年　食物アレルギー研究会)

食物アレルギー患者の生活に携わるすべての関係者の参考になるようにと考えられています。栄養指導のポイントでは『**保護者（患者）の不安への理解・支援**』の項目が設けられ、様々な対応例や、基本的な面接技法と支援の手法が掲載されています。また、保育所における食物アレルギー対応の原則や**生活管理指導表の「診断根拠、除去根拠」の捉え方**について詳しく説明されています。

保育所におけるアレルギー疾患生活管理指導表 2019年版
アレルギー対応に賢く活用しましょう

保護者のアレルギーに対する理解を深め、保育現場でのアレルギー対応がスムーズになることで、子どもの健康と安全を守ることが目的！

アレルギーに詳しく、保護者の負担が少なく、かかりやすい医療機関を保護者に伝えられるよう、園での準備を整えておきましょう。

ポイント
「何のアレルギーか」これを最初に確認する箇所です。そのうえで、重篤な症状の有無を把握するためには、アナフィラキシーの有無は優先的にチェックしましょう。長い期間1回も食物経口負荷試験が行われていないような場合には、症状が軽快している可能性も考えられます。「いつ」出現した症状なのかを確認し、数年前のことである場合等は必要に合わせて医療機関を受診することを奨める等適切に対応するためにも必要な項目です。

ポイント
適正な受診ができているかをチェックするため「除去根拠」を注視しましょう。除去の根拠によっては、食物アレルギーが治っているケースも考えられます。
根拠によって、信頼性の高さ（確かさ）が違ってきます。
① 明らかな症状の既往
　診断根拠として信頼性が高いが、1年以上前のケースでは症状が軽くなっているか、治っている可能性も考えられる。
② 食物経口負荷試験陽性（＋）
　医療機関で直接症状が確認されているため最も信頼性が高い。
　（1年以上前の検査結果のケースでは症状が軽くなっているか、治っている可能性も考えられる。）
③ IgE抗体等検査結果陽性（＋）
　食物アレルギーであると確定診断する根拠にはならない。多数の食物の除去根拠として③のみの記載の場合は、除去する食物を減らせる可能性が考えられる。
④ 未摂取
　食べた経験が無いまま、医療機関でアレルギーリスクがあると診断された食物。実際にアレルギー症状が誘発されるか否かは不明。

ポイント
ここも未記入が多い箇所です。緊急時の対応等に大事な項目です。抜けの無い状態で受け取りましょう。

ポイント
記入漏れが目立つ箇所です。記録にも残しつつ、時系列で観察しながら正しく対応するためには、"いつ"の生活管理指導表か記入が必要です。

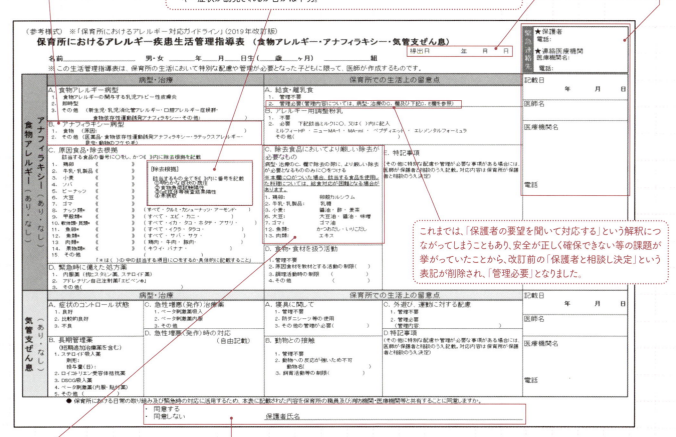

ここに医師のチェックが入っている場合、重篤な食物アレルギーと考えられます。このようなケースでは調味料等少量でもアレルゲンの摂取ができませんので、給食の提供が難しい場合が多いです。

医療機関との連携をもとに保育所内外での情報共有の確認欄として2019年版から新しく追加された署名欄です。ここも、記入漏れが目立つ箇所です。

生活管理指導表は、2019年に改訂された「保育所におけるアレルギー対応ガイドライン」において、園での活用が義務化されています。生活管理指導表が診療行為として明確に位置づけられるため、どの施設でも、園で特別な配慮が必要な子どもが居る場合に保護者に配布し、医療機関で記入してもらえるよう、保護者に説明できるようにしておきましょう。

むすびに

　子どもたちの安全・健康のために奮闘されている保育現場の方々へ敬意を込め、ご挨拶申し上げます。これまで保育士等養成科教育訓練、児童福祉施設等給食調理員教育訓練、大学等保育臨地実習の指導等を通して、保育現場の皆様と現代的課題を共有する機会に恵まれました。園内研修講師他、300回を超える保育士等キャリアアップ研修講師等として携わる中で、全国の保育職の皆様と「"真の"食育・アレルギー対応はどのように進めたらよいか」について、思いを交えて参りました。現場では、園の数だけ対応のかたち・労があり、手探りで子どもの成長に寄り添い、保護者・関係者と手を携え対応しているのが現実です。病院及び保育園の管理栄養士として、両視点から保護者と気持ちを重ねて参りましたが、「アレルギー対応の入り口」の段階から悩んでおられる現場職員・保護者が多く、「食物アレルギーは難しく、自信が持てない」といった相談もまた、両者から聞かれる共通の声です。刻々と変化するアレルギー対応に関する最新で正しい情報を、園の職員同士が理解・共有し備えることが「チーム保育」の前提であろうと思います。医療機関ではない園のチームである私たちが、どのようにアレルギー対応をしていくのが最善なのか、本書には医療・保育の両現場で経験してきた「実際の対応」「現場発」のキホンを可能な限り馴染ませたつもりです。食物アレルギー対応を園で実践するためには、基本的原理から離れず、対象とする園児をとりまく家庭等の背景を十分考慮し、生活を包括的に捉えていくことが肝要です。思いやりのある理解、それとあいまっての明快な思考をもって、出来得るかぎり最善のアレルギー対応ができますよう、ご一緒に丁寧に関わって参りましょう。

　本書の編集方針に賛同いただき再び貴重な機会を与えて下さった風鳴舎青田恵様、編集制作他幅広に根気強く取り纏めて下さった下島倫子様、"良い本を保育現場に"との思いを共有しご一緒くださった原正美様、小島菜実絵様、平川麻希様、貝原奈緒子様に心よりお礼申し上げます。豊岡絵理子様、浅川恭啓様、大下賢一郎様には大変お世話になりました。野際絢子様、貝原奈緒子様にはお子様の大切な写真を提供いただき原稿完成迄ご一緒できたことに感謝いたします。関根千春様には原稿考案に協力いただき有難うございました。

　また、特定非営利活動法人ちゅーりっぷの心おはな保育園染宮映美園長の園児・保護者・職員に常に丁寧に向き合う姿勢から得られる貴重な学びが、本書作成の原動力となりましたこと、良い機会をいつも与えて下さることに深く感謝しております。本書が、これからの保育シリーズ「保育現場の食育計画（風鳴舎/栄養セントラル学院著）」と共に、保育士等キャリアアップ研修のテキストとしてはもちろん、保育現場の皆様のおそばでお役に立てましたら幸いです。

2025年 冬
統括・著者代表 五十嵐条子

● 表紙・カバーデザイン　　　大下賢一郎
● 誌面デザイン・DTP　　　(有)ミューテーショングラフィックス　浅川恭啓
● 誌面イラスト　　　ランドリーイラストレーション制作所　豊岡絵理子
● 編集制作　　　下島倫子、平川麻希

保育士・栄養士・調理員等のための
保育現場の食物アレルギー対応
改訂版

基本から応用・保護者支援まで
実践力が身につく

2025年2月3日　改訂版第1刷発行
2025年7月18日　改訂版第2刷発行

● 編　　著　　栄養セントラル学院
● 監　　修　　原　正美
● 統括・著者代表　　五十嵐条子
● 著　　者　　五十嵐条子／貝原奈緒子／
　　　　　　　小島菜実絵／原正美／平川麻希
　　　　　　　（五十音順）
● 発　行　者　　青田恵
● 発　行　所　　株式会社風鳴舎
　　　　　　　〒170-0005　東京都豊島区南大塚2丁目38-1
　　　　　　　MID POINT大塚6F
● 印刷・製本　　株式会社ダイヤモンド・グラフィック社

この本のお問い合わせ先
● TEL. 03-5963-5266 ／ FAX. 03-5963-5267

・本書は著作権法上の保護を受けています。本書の一部または全部について、発行会社である株式会社風鳴舎から文書による許可を得ずに、いかなる方法においても無断で複写、複製することは禁じられています。

・本書へのお問い合わせについては上記発行所まで郵送もしくはホームページのお問い合わせにて承ります。乱丁・落丁はお取り替えいたします。
　https://fuumeisha.co.jp

©2025 eiyo central
978-4-907537-62-3
Printed in Japan